一个人，遇见一本书

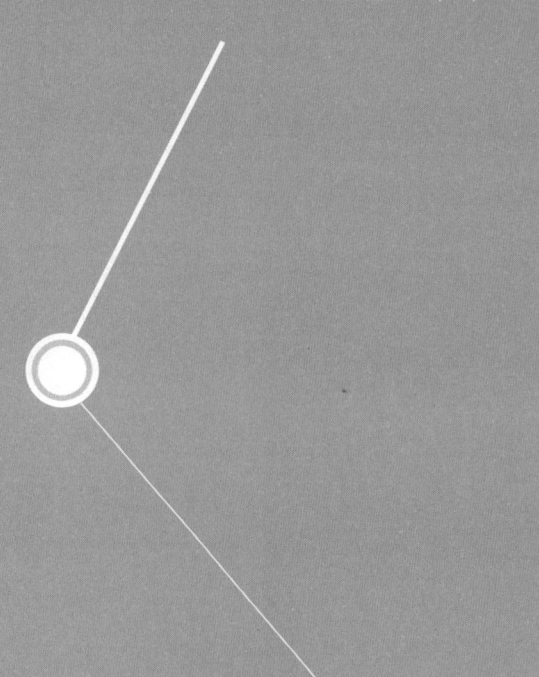

TopBook
饕书客

特战典争 008

鬼谋者—著

武田信玄

武田信玄

**狂飙的日本战国时代
他是少年掌权的一代英豪**
他一手缔造甲斐精锐铁骑　他是将骑兵战术运用到极致的卓越兵法家　疾如风，徐如林，侵略如火，不动如山　旌旗所指 战无不胜

陕西新华出版传媒集团
陕西人民出版社

图书在版编目（CIP）数据

武田信玄 / 鬼谋者著. —西安：陕西人民出版社，2009
　ISBN 978-7-224-09142-7
　Ⅰ. ①武… Ⅱ. ①鬼… Ⅲ. ①武田信玄（1521-1573）—传记 Ⅳ. ①K833.135.2

中国版本图书馆CIP数据核字（2009）第179891号

出 品 人：惠西平
总 策 划：宋亚萍
策划编辑：关　宁　王　凌
责任编辑：王　倩　韩　琳
整体设计：侣哲峰　崔　凯　李　阳
图文制作：毛小丽　唐懿龙　李　静　杨　博　王　芳　张英利　任晓强
　　　　　张玉民　符媛媛　张　静　任敏玲　张　斌　任海博

武田信玄

作　　者	鬼谋者
出版发行	陕西新华出版传媒集团　陕西人民出版社
	（西安北大街147号　邮编710003）
印　　刷	陕西金和印务有限公司
规　　格	787mm×1092mm　16开　14.25印张
字　　数	232千字
版　　次	2010年4月第1版　2018年9月第2次印刷
书　　号	ISBN 978-7-224-09142-7
定　　价	45.00元

CONTENTS 目录

序章 /001

卷之一：潜行如林

第一章　从清和源氏说起 /003
第二章　甲斐之武田 /004
第三章　生于战国 /007
第四章　父与母 /011
第五章　少年英杰 /015
第六章　元服之礼 /018
第七章　海野口的奇迹 /022
第八章　宗三左文字 /026
第九章　父与子 /030
第十章　宿命的轮回 /032

卷之二：侵略如火

第一章　信浓的群山 /039

第二章 守势 /046

第三章 诹访征服 /052

第四章 恶鬼与美人 /058

第五章 名君之政道 /061

第六章 信浓的智囊 /065

第七章 相模巨人北条氏康 /067

第八章 悲风上田原 /071

第九章 小笠原的结局 /076

第十章 砥石大溃退 /079

第十一章 奇迹般的逆转 /083

卷之三：兴云啸风

第一章 越后有苍龙 /089

第二章 龙虎初相逢 /094

第三章 龙之上京，虎之同盟 /099

第四章 第二次川中岛对决 /106

第五章 忍者之道：户隐与轩辕 /111

第六章 武田的女婿 /115

第七章 三战川中岛 /119

第八章 武田入道信玄 /125

卷之四：天地对决

第一章 龙战关东 /131

第二章 武田二十四将 /139

第三章 从妻女山到八幡原 /149

第四章 龙虎生死斗 /154

第五章　西上野之岚 /161
第六章　箕轮城陷落与剑圣传说 /167

卷之五：托体同山

第一章　太郎义信的阴谋 /175
第二章　京都远望 /181
第三章　第一次骏河侵攻 /185
第四章　驰骋关东 /191
第五章　三增岭合战 /196
第六章　再战骏河 /199
第七章　通往京都之路 /203
第八章　三方原之战 /207
第九章　信玄之死 /210
第十章　从长篠到天目山 /213

名将 武田信玄公
甲冑師 一龍

序 章

历史的长河，因为有乱世的存在，才会参差起伏、波澜壮阔；乱世的天空，因为有英雄如流星般闪过，如烟火般绽放，才显得缤纷绚烂。

公元1467—1615年，是日本最大的乱世——战国时代，在这一时期，涌现过一些类似中国春秋五霸般的乱世霸主，最有名者，莫过于被称作"天下人"的乱世的革新者织田信长，日本的统一者丰臣秀吉，江户幕府的开创者德川家康。"天下人"，指掌控天下的中枢——京都，拥有控制天皇进而号令日本地位的霸者诸侯。这些人，自然也都是在乱世群雄逐鹿中脱颖而出的胜利者，织田信长，奠定了日本由乱世走向统一的基础；丰臣秀吉，承接了织田信长意外身亡后的乱局，统一了全日本；德川家康，开创了统治日本三百年的江户幕府。

虽然"天下人"的威势足以转动整个日本战国的历史车轮，但在日本东部的山国甲斐，有一名武将，以一介地方豪雄，却被织田信长、丰臣秀吉与德川家康视作最大的敌人，他的赤备铁骑，将数位"天下人"踩蹋于马下；他的"风林火山"军旗，曾经势如破竹地直指京都；他与宿敌的五次对决，被视作日本战国的龙虎之战。这个人，就是号称"甲斐之虎"的战国武将——武田信玄。

武田信玄

卷之一 潜行如林

— 第一章 —
从清和源氏说起

日本古代社会，经历了一个由天皇政治向武家政治转变的过程。天皇政治，是朝廷拥有地方官吏的任命权及军事控制权，以天皇和上皇（类似中国的太上皇）为核心、文职公卿为辅佐的中央集权政治。在天皇政治经历了一段漫长的岁月之后，一个特殊的阶层——武士出现了，最初这一新兴阶层仅仅是作为地方的守护者而拥有私人的武装力量，后来在征讨日本东北部虾夷族的"前九年后三年之役"中，各地的武士以清和源氏为中心，逐渐形成了强大的武士集团。

在众多武士家族中，出身最高贵者莫过于天皇的后裔。天皇第三代以后的子孙，往往会被赐以"源、平、橘"等姓氏，由皇族转为臣籍，其后代又多有沦为地方上的武士者，但这些家族通常会以其天皇祖先的王号作为标识，清和源氏的直系先祖便是第56代天皇——清和天皇。后来能与清和源氏抗衡的另一支武家首领桓武平氏，其家祖就是第50代天皇——桓武天皇。

1050—1088年的前九年后三年之役，是武家之世的开端。最初，这仅仅是一场日本东北部的豪强安倍氏发动的叛乱，由于东北的陆奥出羽是开拓历

◇ 源义家

史不久的新垦殖民地，故而安倍氏的叛乱得到了这一地区原住民——虾夷人的响应，这支反抗军先是赶走了朝廷派驻的地方官藤原登任与平重成，紧接着反抗热潮便席卷了整个日本东北，使得陆奥出羽大有成为独立王国之势。这个时候，出身清和源氏、武名素著的源赖义，被朝廷任命为总大将，负责对东北的再征服。1050年年底，源赖义带着儿子源义家、源义光开赴东北战场，而与东北相邻的关东平原上，以"坂东八平"（关东八家平氏）为首的地方武士们也作为源赖义的下属参加了战争。

这场日本古代的"特洛伊战争"绵延源赖义、源义家两代，历经40年，最终以清和源氏的胜利而告终。但是清和源氏由于实力过度膨胀引起了朝廷的恐惧，得胜归来的源义家与关东武士们，除了赢得征服者的美名外，并没有得到任何实质性的封赏。为了将武士们的不满化作与朝廷对抗的资本，源义家拿出自己的私产，奖励给那些参战的武士们。此举使得源义家的声望如同多米诺骨牌一样扩散，各地的武士们纷纷向他表示效忠，清和源氏逐渐成为武士阶层的首领。甲斐的武田氏，就是清和源氏的著名分家之一。

— 第二章 —
甲斐之武田

源义家由于在八幡神社元服（举办成年礼），被称作"八幡太郎义家"；而源义家之弟源义光则在近江的新罗神社元服，故而被称作"新罗三郎义光"。

源义家是源赖义的嫡长子，新罗三郎义光则是源赖义最疼爱的幼子。

相传清和源氏有八领铠甲是家族的传家之宝，分别名为：薄金、源太产衣、泽泻、盾无、膝丸、八龙、月数和日数。通常来讲，这八领铠甲都由清和源氏的宗主嫡流继承保管，然而源赖义生前却将"盾无铠"和另一件至宝"日之丸御旗"一起传给了新罗三郎义光。

"盾无铠"，顾名思义，就是非常坚固、穿在身上就不需要用盾的铠甲。"日之丸御旗"，也就是我们通常所说的"膏药旗"，传到武田家的这面膏药旗据称是日本最古老的国旗。两件东西之所以被奉为至宝，是因为它们都与神话时代的天皇有关，有近千年的历史。

相传这两件宝物本来是日本上古时代的神功皇后（170—269，日本第14代天皇仲哀天皇的皇后）征讨三韩（新罗、百济、高句丽）时用过的御物，三韩向神功皇后称臣之后，神功皇后将这两样东西供奉到摄津国的住吉神社。永承五年（1050），源赖义受后冷泉上皇的法旨前去征讨陆奥出羽，出征前他参拜了住吉神社，当天晚上，住吉大明神向源赖义托梦，将盾无铠和日之丸御旗赠给他，并祝他旗开得胜，这两件宝物便到了清和源氏手中。而今，源赖义又将他们传给源义光，足见他对这个小儿子的疼爱。

前九年后三年之役时，源义光曾经到日本东部的山国甲斐、信浓集结过兵力，战争胜利后的晚年，他又带着儿子们前往关东的常陆国经营自己的领地。因而清和源氏义光流的影响力，主要集中在常陆、甲斐与信浓。在常陆，源义光将领地武田乡分给了儿子源义清，出于对领地占有的证明，源义清改名为"武田冠者义清"。但是这个时代，朝廷对地方的控制依然强大，武田义

◇ 盾无铠

清由于在常陆为非作歹而遭到告发，被赶出常陆，发配甲斐经营逸见庄。虽然逸见庄的产权属于朝廷，武田义清只是作为地头代为管理，但他还是通过一系列运作成功地将国有资产私有化，其标志就是义清的儿子清光，以逸见庄的"逸见"为姓，称作逸见清光。

日本古代的行政区划为"国（州）—郡—乡"制度，全日本大致划分为66国，又称66州，实际每一国只相当于中国的一个县那么大，郡则相当于中国的乡。此外，若是某家族在相邻的两国间有几个郡或乡的土地连成一片，这一整块土地便是庄园。像逸见庄这样的大庄园，横跨了甲斐与信浓两个国，拥有几个郡的土地。

且说逸见清光在当地扎根之后，首先获得的子嗣是一对双胞胎，由此就出现无法确定长幼的问题。当事人费尽心思做了一番考量之后，将双胞胎中的一个命名为逸见光长，另一个取名为武田信义。逸见光长继承的是父亲逸见清光的姓，他长大后成为逸见庄信浓部分的宗主；武田信义继承的则是祖父武田义清的姓，他长大后成为逸见庄甲斐部分的宗主，除此以外，武田信义还获得了源义光以来代代相传的盾无铠及日之丸御旗，因而武田信义及其后代的甲斐武田氏，通常被视作清和源氏义光流的宗主嫡流。后来，甲斐武田逐渐又繁衍出了一条、石和、板垣、下条、穴山等分家。

另外，武田家的家纹——割菱，就是取自盾无铠铠袖上的松皮菱纹。因而盾无铠与日之丸御旗，也可以被看作是武田家的象征。

自盾无铠上的菱纹演变而来的家纹，分为割菱和花菱两种，下图左边的割菱，是只有姓武田的人才能用的，右边的花菱，则是武田一门中庶家的家纹。

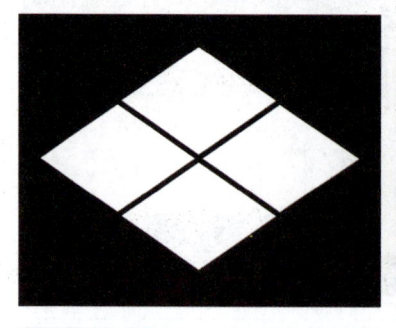

◇ 割菱

◇ 花菱

— 第三章 —

生于战国

15世纪90年代起，日本进入了战国时代。在这之前，是清和源氏的足利家在京都建立的室町幕府（京都幕府）统治着日本。表面上，足利将军挟天皇而号令日本，但是室町幕府中期以后实际上是足利同族的细川、斯波、田山三家轮流担任管领（将军的辅佐人），挟将军以令天下，这个时代的将军与天皇和中国春秋时的周天子一样形同虚设。到了应仁年间，由于细川与山名两家围绕着将军的继承权问题在京都展开了对战，把各地的守护大名（诸侯）都卷了进来，史称"应仁之乱"，这是乱世的开端。

此战之后，围绕在将军周围的细川、山名、斯波、田山家族都逐渐衰败，京都幕府失去了威慑地方的实力，而地方的诸侯摆脱了中央的控制，在地方上进行割据与扩张。这个时期日本的局势和中国的春秋时期几乎无二，但大概由于"春秋"被孔子大人拿去做了书名，日本人只好从中国搬了"战国"这个词去套用。

日本战国时代，除了地方割据外，还有一种趋势，叫作"下克上"。既然将军的号令都没有人遵从了，地方上自然也就不存在什么伦常了，许多出身下层的人纷纷以下犯上，借时代变乱中的种种机遇将原来的领主取而代之，较有名的有油商出身、割据美浓的"蝮蛇"斋藤道三，浪人出身、称霸关东的北条早云。地方上的守护、守护代、国人豪族，以及商人、浪人，甚至僧侣，成为

◇ 北条早云

这个乱世中"下克上"与"反下克上"的浪潮之主角。

武田氏，在室町幕府开创时便一直担任着甲斐的"守护"，这个职位相当于中国古代的太守，或者可以更形象地称作节度使。到了战国时代，武田周边出现了两个强大的对手——今川与北条。

今川氏是足利将军家一族的分家之一，家门甚为高贵，向来有着"足利无嗣推吉良，吉良无嗣有今川"的俗谚，指的便是在足利将军家绝嗣的情况下，吉良家和今川家有着对幕府将军的优先继承权。此外，今川家一直担任着与甲斐平级的骏河国之守护。今川家第八代家主今川义忠娶了幕府派到骏河来征税的监察官员伊势新九郎长氏之妹作为侧室，生下长子氏亲，今川义忠死后，今川氏亲在舅舅伊势长氏的辅佐下扫平了家族的内乱，而后东征西讨，占有了相邻的远江国，并攻入三河国，几乎将东海道全部纳入囊中。

◇ 甲斐国形势图

这里的伊势新九郎长氏，还有一个名字叫作"北条早云"。伊势家本来只是世代侍奉将军的文职型官僚，伊势长氏通过辅佐外甥今川氏亲壮大了今川家，因功获赐了骏河东部兴国寺城的领地，成功转型为东海道的地方领主，但此人却并未甘于就此终老。明应二年（1493），乘着京都幕府中的一场内乱，北条早云以62岁的高龄突入骏河的邻国伊豆，消灭了足利将军同族的伊豆国主足利茶茶丸，1495年又攻入伊豆东面的相模国，取得小田原城作为居城，此后20年里，北条早云的旗帜陆续插到了相模、武藏、上总等国，以一介外来者，成为关东地区的新兴霸主。

到了战国初期，今川、北条与武田的实力比大概是2∶2∶1。

大永元年（1521），骏河今川家以远江高天神城城主福岛上总介正成为大将、山形淡路守为先锋，出兵1.5万人攻向甲斐。此时甲斐武田之主武田信虎刚刚镇压了国内的各豪族，完成了对甲斐的控制，但是匆匆集结起来的兵力只有 2000 人，若要正面与今川决战，百年名门武田氏势必有灭门之虞。

正面对决毫无胜算的情况下，便只有依靠奇计来取胜了。武田家的军师时为荻原常陆介昌胜，按照他的设计，武田家将所有的百姓全部迁往居城踯躅崎馆内，并在通往踯躅崎馆路上的长禅寺山与和田山中遍插旌旗，广布篝火，让今川方以为山中布有伏兵。正当福岛上总介正成率主力小心翼翼地在山中前行之际，武田家的主力已绕道饭田河原，将今川家的侧翼一举击溃。

福岛随后虽然掉转头来，但一则摸不清武田家前后的军力虚实，二则由于侧翼的败兵逃回主阵，导致本阵也混乱了好久。正当他从又惊又怒中回过神来时，武田家的使者突然来到了他的大营外。

"本家国小民穷，实在不愿与贵方为敌，现愿意成为今川家的附属，并献上人质以表忠诚，还望上总介大人您从中调停劝解。"来人诚惶诚恐地说道。

堂堂的甲斐之武田也臣服在自己的军威之下，凭着这样的功劳，回去之后想必能升任为远江的国主吧。福岛上总介正成原本便是带着这种憧憬出战的，眼看美梦即将成真，他不由得心花怒放，实际上，还有一种心理阴影让他对使者所言真伪的判断近乎失明：甲斐乃是穷山恶水之国，人心顽固而且好战，虽然己方兵力上占有优势，但是要完全压制甲斐，那也是要花许多年的头疼之事，现在对方主动投降成为附庸，乃是最轻松不过的结果。既然对方已经主动来请降，福岛正成也乐得顺坡下驴，避开徒生伤亡的决战。

接受了对方的降伏提案后，福岛上总介正成下令停战休整，以等待武田家送出人质，同时他还设宴款待了使者。

饭田河原的另一侧，武田信虎、荻原昌胜，以及板垣甘利小幡诸大将，皆已顶盔掼甲，齐聚本营之中，等待使者的回报。远望着身背号旗的使者骑影出现，众将都紧张地站立起来。

来人到达阵前翻身下马，紧接着一阵小步跑到帐中，"生了，生了，是位少主！"

众人都是一愣，马上又回过神来，原来是踯躅崎馆的夫人生下了武田信虎的长男，年届 28 岁的武田信虎终于有了第一个儿子，武田家有了继承人。虽然相对于战国武将来说，28 岁得子来得太晚了一点，但是这对忠于武田的众将而言，毕竟是一个令人振奋的消息，一时间武田的大营内欢呼雷动。

少时之后，第二名使者也来到帐下，"福岛上总介正成已答应接受我方人质，现在今川阵内正在设宴庆贺，防备十分松懈！"

"时候到了，全军出击！"武田信虎神色一紧，双目圆瞪着下令道。少主诞生所带来的兴奋还未从众人身上散去，这种兴奋在这一瞬间变成一股誓死忠于武田的狂热，而大家此时也看到了胜利在招手。

荻原昌胜、板垣信形、饭富虎昌、小幡虎盛、原虎胤——武田的军议大帐里除了信虎仍旧端坐主持大局外空无一人，诸将全部带队上阵，此战不需要事先再作什么战术上的调度，目标只有一个——福岛上总介正成的首级。

当武田的 2000 人靠近上条河原附近的今川阵营时，今川方的士卒多已陷入酒宴之后的眠醉之中，只有篝火里燃烧的木柴还在噼啪作响。

先头的兵卒搬开了拦在营前的拒马栅，接着有人翻入营内，放倒守卫，打开了营门。随后武田的骑马武士便蜂拥着冲入营内，为首的高叫着"白宙助之丞一番枪"（白宙助之丞为自报姓名，一番枪，指先锋，第一个与敌人正面交战或第一个登上敌城者，一般会记头功）。

在武田军烧杀驰骋的喧哗中，今川的武士一个个从梦中惊醒，有些还没回过神便已做了刀下之鬼，其余的则赶紧摸索刀枪，系好护甲，仓促起身接战，但是今川的五部人马此时已全部陷入混乱，这种零星的抵抗根本起不了作用，更多的人看清战局后就选择了四散奔逃。其中今川家的先锋大将山形淡路守虽然抢先穿戴好甲胄，并在混乱中且斗且走，正当他力战不休之际，身后一骑驰过，"山形淡路守么，你的人头我小幡山城守虎盛笑纳了！"话音未落，刀光一闪，山形的人头落了地。此外，武田的大将们始终牢记着本战的目的，苦苦搜索，终

◇ 诹访大明神

于发现了由 20 多名亲信护卫的福岛上总介正成。杂兵们一拥而上，与福岛的护卫战成一团，骑一匹大黑马、头戴半月盔、手持三尺大刀的原虎胤则跃马而上，直取福岛正成。在有"鬼美浓"之称的武田家头号猛将原虎胤面前，即使是勇将福岛正成也不免心慌意乱，接战几个回合之后他就因战马失蹄坠落马下，原虎胤见机翻身跳下，用膝盖和一手按住福岛，另一手抽刀砍下了他的首级。

十一月二十六日天亮之际，上条河原之战已经结束，今川家以大将福岛正成、山形淡路守为守的 600 多人当场战死，总计死伤超过 4000 人，武田家取得了完胜。

胜利的欢呼之后，武田信虎想到了刚刚出生的儿子，"他的出生宣告了这场战争的胜利，就叫他'胜千代'吧！"

在胜千代出生之际，还产生了一些市井传说，也让武田家的人们对胜千代是胜利之神化身的说法深信不疑：据说胜千代降生的那一刻，很多人都看到一个戴乌帽子、穿白色狩衣的不明男子在武田的居馆门前徘徊。正当人们对这个男子的身份猜测纷纭时，不少人发现男子身边停歇着一只白鹰，这种鹰是日本不多见的诹访大明神座下的御鹰，大家便由此猜测这名男子是诹访大明神的神体前来武田家转生，从而对随后诞生的胜千代更加寄予厚望。

这个胜千代，就是长大后带领武田家从胜利走向胜利的名将——武田信玄。

— 第四章 —

父与母

信玄的父亲武田信虎（1494—1574）是武田家的第十七代家主。信虎继位的时候年仅 14 岁，而武田家时已陷入同族相残的大动乱中。

信虎的祖父武田信昌，本已立长子信绳为继承人，但后来又娶了甲斐国郡内领豪族小山田信长之女为侧室，生下次子油川信惠。信惠出生之后，武田信昌一反常态开始疼爱这个幼子，相应地也冷落了长子信绳。据说信昌还曾向幕

◇ 甲斐三大势力：甲府的武田、郡领的小山田、河内领的穴山

府提出申请，要改立信惠为继承人，虽然最终被将军拒绝，但是武田信昌却在这以后公开与长子分居，搬到信惠的油川馆居住。明应元年（1492），武田信绳与信昌、信惠的不和终于变成了直接的冲突，双方在甲斐国内的市川河原发生激战，这是甲斐进入战国时代动乱的标志。这场战斗最初并未决出胜负，虽然武田信昌、油川信惠及郡内小山田一派实力强大，但武田信绳也有一群支持他正统继承人地位的家内重臣以及天才军师荻原常陆介昌胜作为辅佐。而且正当双方打得不可开交之际，纵横关东的北条早云于明应四年（1495）向甲斐发动了侵攻，到了这个时候，武田家内两派不得不暂时讲和，团结起来一致对外抗战。在后来的吉田之战中，武田信绳采纳荻原昌胜的计策，以奇袭大破北条早云，凭借此功，武田信绳的家主地位得到了父亲与兄弟们的认可。

永正二年（1505），先是武田信昌去世，接着在永正四年（1507），武田信绳也跟着去世了，信绳死时年仅36岁，留下的嫡子信直，也就是后来的武田信虎以14岁之龄继承了家督之位。在父亲与兄长相继过世之后，油川信惠根本不把这14岁的侄儿放在眼里，反而重新燃起争夺家主之念，随后他得到外祖父小山田信长的支持，开始着手在油川馆集结兵力。油川信惠的密信一发出，便得到了三弟岩手绳美，以及甲斐国内豪族上条、工藤、栗原等家的响应。

另一方面，武田信直虽然年幼未经战阵，但原来追随信绳的一批老臣，都心甘情愿地充当信直的后盾，其中的灵魂人物，便是军师兼宿老——荻原常陆介昌胜。

永正五年（1508）十月四日，油川信惠方面的主要豪族都聚集到信惠的居城胜山城，当天他们在这里密议起兵的具体事宜。一场团结与胜利的大会结束之后，阴谋者们各自散去，意犹未尽的人还在城内欢宴过夜。到了三更时分，熟睡的人突然被一阵喊杀喧哗声吵醒，没等他们做出反应，城门就被人从里面打开，紧跟着一群举着"割菱"之旗的武士们如同洪流般冲进城内见人就砍，直向油川信惠所在的本丸杀过来。信惠之弟岩手绳美最先在乱军中战死，信惠本人则在重臣们的掩护下躲入本丸，转眼之间，信惠的本丸又被对手团团包围。

在本丸的天守阁上，油川信惠隐约看到了楼下火光中穿着不合身的盾无铠，被一群凶神恶煞簇拥着的、稚气未脱但又没有任何表情的脸，那是他15岁的侄子——武田信直。"连堂堂兄长信绳殿下都奈何不了我，没料到今天却会命丧黄口孺子之手！"信惠自嘲般的长叹一声，抽刀转身劈死两个儿子弥九郎和珍宝丸，接着切腹自杀了。

◇ 诹访大明神

祖父、父亲、两个叔父，这些血脉相连的人都为了一个家主之位而杀得你死我活，和武田之主的权势相比，亲情与血缘又算得上什么！而且叔父已死，也就没有近亲可以作为烦恼之源。成长历程中所经历的惨烈斗争，足以让一个少年的心变得冷酷无情。

接下来，武田信直以风卷残云之势镇压了油川信惠的余党上条、工藤，并打死小山田的家主小山田信隆，第二年又攻入小山田的根据地郡内领，最终迫使小山田降伏。不过事后武田信直又娶了小山田家新一任家主越中守信有的姐姐为妻，小山田越中守信有也娶了信直的妹妹，以这种互换式联姻的形式，武田与小山田结成了新的姻亲。这一切自然都离不开武田信直身后老臣们的运作。不过遗憾的是，这位小山田夫人并未能为武田信直产下一男半女，便在不久之后去世了。

接下来的几年，武田信直通过战争陆续降伏了栗原、今井、大井、樱井等家族，这些家族全部是武田的庶家，乘着主家内讧之际谋划着脱离武田支配，转身成为独立的大名（诸侯），有些甚至还引来相邻国家的强者充当外援。在武田信直攻击樱井氏时，信浓的村上家便对樱井派出过外援，骏河的今川家也一度充当大井信达的外援，这些外敌最终逐一被武田信直击退。内患不止则外患不断，这种切身体验让武田信直倍感屈辱，为了摆脱这种被动，他更加频繁

◇ 大井夫人像（信玄三弟武田信廉亲手所画）

地在甲斐的大地上征战着，经过无数血与火的考验之后，他成为一名让敌国闻风丧胆的常胜猛将。

永正十四年（1517），大井信达向武田信直降伏，随后信直娶大井之女为第二任夫人，实则也是含有索取人质的意味，此女随后也被称为大井夫人。到此为止，甲斐一国已经完全臣服在信直的铁蹄之下。永正十六年（1519），武田家的新居城踯躅崎馆落成，随后武田信直迁居其中，城内还有信直的诸多重臣与小山田等后归附豪族的宅邸。以前的时代中，地方领主仅需要向守护大名交纳年贡并负有跟随出兵的义务，而现在这些甲斐各地的领主则全部被纳入到武田信直的直接控制下，并长期住在踯躅崎馆内，侍奉在信直身边，这种地方式的集权形式，标志着武田家由守护大名（太守）转型为战国大名（等同于地方上的国王）。所谓战国，另一种含义便是日本的大多数分国（州）都形成了以某一家战国大名为中心的一元化中央集权统治，变成一个一个的独立王国。所以也可以说，武田信直的前半生征战，打下了武田家在战国之世存续与发展的基础。

大永元年（1521）的"饭田河原—上条河原之战"后，携着大败今川家的余威，武田信直开始频繁出兵关东，攻击岩柜的太田氏、关东管领上杉氏以及相模的北条氏等关东强者，也时常西上信浓，与信浓的清和源氏同族作战，变成一个侵略成性，让周边各家都头疼不已的甲斐之恶虎。

大永六年（1526），京都的管领细川家发生内乱，第十二代将军足利义晴因为支持管领细川高国，受到高国的敌对方阿波细川氏的攻击，由于素闻信直的威名，困窘无奈之下，足利义晴向甲斐派出使者，招信直上京勤王。武田信直当时正于骏河击破了北条氏纲，在收到将军的邀请后喜不自胜，匆匆与北条缔结了和约，转而返回甲斐准备上京事宜。第二年春天，武田信直与亲信一行越过甲斐信浓的群山，经过美浓与近江的平原，终于到达了京都。他们一行先拜谒了武士之首领足利义晴将军，后经将军向朝廷请官，武田信直得授从五位下陆奥守兼左京大夫。武田信直的上京，足以让京都周边的反乱者看到，还有强有力的大名在向将军效忠，一时间也提升了将军的威望，所以足利义晴得到这位遥远的甲斐之国名将上京效忠，兴奋之余情不自禁地称他为"东国第一的虎将"。武田信直回到甲斐后也甚为得意，为纪念将军的一席话，将自己的名字由"武田信直"改成了"武田信虎"。

信玄的母亲，便是武田信虎的正室——大井夫人。作为失败者大井信达的女儿，大井夫人嫁给武田信虎的同时，也背负了赠品与人质的悲惨命运。除了信玄之外，大井夫人还为信虎生下次郎信繁和三男信廉。

如饿虎般勇武的大将，和身负悲剧命运的女子，就是武田信玄的父亲与母亲，他们的结合，也预示着信玄从出生起就伴随一生的复杂命运。

— 第五章 —

少年英杰

中世纪的日本，根本没有教育体制，所谓的学问，不过是上层的公卿吃饱饭后吟风弄月的道具，诗书礼易乐春秋，在公卿阶层中还能够世代相传一下，对于广大武士来说，就完全是奢侈品了。所以京都的公卿们都把不懂诗书的武士视作乡下人，两个阶层的差距也越拉越大。

不过在公卿和武士之间，还有一个寺院阶层，毕竟信仰的力量是非常伟大的，佛教自中国传入日本后，一方面既能靠驱魔避邪、超度往生的真言和仪式蛊惑天皇和公卿，麻痹下层人民，又能搬出规劝世道、顿悟修身的理论迎合足利将军和武士阶层，称得上是日本社会万能胶式的黄金职业。

另一方面，前往中国的学问僧，带回了中华文化的各种典籍和学说，成为日本人获得最先进知识的窗口，当时的许多和尚，实际上像今天大学里的专家

◇ 信玄读书的长禅寺

教授一样，是日本知识最渊博的学者。特别是佛教中的临济宗，和只讲求穷究辩证人性善恶、刻意修习诸心来世之福的比睿山天台宗相比，临济宗讲求的是顿悟与客观看待事物，从足利幕府建立之初起，就对幕府的施政与外交多有助益，因而临济宗的历代高僧都得到武士的首领历代足利将军的支持，地方上有能力的武士们，也常常礼请临济宗的僧侣们教育自己的子孙。

在战国时代，许多一流的武将都出自临济宗高僧的门下，比如织田信长的老师是尾张瑞泉寺的泽彦宗恩，今川义元和德川家康都是太原雪斋的徒弟，伊达政宗受教于虎哉宗乙，而武田信玄的学问之师则是岐秀元伯。

据说岐秀元伯本来在尾张瑞泉寺修行，大井夫人听闻他学识渊博，特地将他请到甲斐担任长禅寺主持，并让胜千代拜他为师学习各种学问。因为这个因缘，实际上也可以说武田信玄和他的强大敌手织田信长，都是瑞泉寺的俗家弟子。

既有良师为导，加上天资聪颖，少年胜千代的学问日进千里，像《庭训往来》之类的事理之书一阅便通，诸如禅理、文学更是不在话下，但他最感兴趣的还是兵法。胜千代8岁的时候，岐秀元伯便按照他的喜好，授之以从宋朝传来的《武经七书》。

另外，武田家本是代代相传的通达弓马礼法之武家名门。说到礼法，在中国难免会让人想到《周官》、孔子，而在日本，武士中的"孔门"便是武田与小笠原。镰仓幕府建立时，由信浓的小笠原长清制定了武家之弓马礼仪，此后每逢幕府有大型的庆典或祝仪，通常都会由甲斐的武田或信浓小笠原之人主持弓术或马术之礼，这两家也长期担任将军的弓马导师。所以在武田家内，弓马之道也是必修的功课。

在胜千代少年时代，担任他的弓马军学导师的，便是信虎的军师——荻原常陆介昌胜。武田信虎完全平定甲斐国后不久，荻原昌胜便申请隐退，不再参与武田家内的政务，另一方面他却作为胜千代的传役（导师、辅佐人，类似于中国太子的太傅），全身心地投入到对他的武艺及军学的教育上。

在12岁的一个秋末傍晚，胜千代合上书卷，洗过被墨迹沾染的双手，顺手把水泼到屋边的廊柱下，这时靠在墙边的木马突然剧烈地响动起来，木马一边晃动，一边喊着胜千代的名字。胜千代先是一愣，继而起身走上前去细看。只听那木马又言道："胜千代的兵法剑术看来十分精进，不知愿不愿意与我比试一下剑术呢。"还没等他回答，一个身影便从木马身后跳了出来，举刀砍向胜千代。胜千代急忙抽刀应战，来者不光刀法狠辣，而且左闪右突，身形出奇得快，但是在交手几十个回合之后，对方还是被胜千代一刀砍翻。事后胜千代喊来小姓（随从）今井市郎点灯查验，在灯火下才看清楚，一只大狐狸被砍死在地上，血流满地。这一则故事出自《武田三代军记》，虽然神话性也过于强烈了，但也突出少年信玄的武艺之高。

对于这个日益强大的儿子，武田信虎也感到了一丝不安。据说有一次胜千代与弟弟次郎（后来的信繁）一起侍立在父亲身边，一向威严暴躁的信虎像是突然转了性情一样给儿子们倒酒，他先是倒给次郎，但次郎战战兢兢地捧起杯子接父亲倒来的酒时，竟然手一抖，把酒杯弄翻了。武田信虎表面上将次郎呵斥了一顿，心中却未免有些得意。但随后信虎给胜千代倒酒时，胜千代却气定神闲，捧起酒杯的双手如结实的树枝般纹丝不动，接过酒后还一丝不苟地道了一句"感谢赐酒"，便将酒稳稳地喝了下去。这回轮到武田信虎稳不住了，看到儿子对自己丝毫没有畏惧之心，信虎一怒之下夺过胜千代的酒杯，狠狠地摔在了地上。旁边的次郎一看情况不对，急忙去后院喊来母亲大井夫人劝解，这才让剑拔弩张的气氛缓和了下来。

酒宴结束之后，侍立在旁的荻原常陆介昌胜对交好的同僚们说："看来胜千代少主的器量比信虎殿下还要大，或许他会成为超越其父的名将吧！"

— 第六章 —

元服之礼

◇ 足利义晴

天文五年（1536），胜千代已年满 15 岁，在三月，武田家举办了他的元服仪式。从这一天起，他将不再用幼名"胜千代"，而得用一个正式的成人名字。

当时的武家首领是室町幕府第十三代将军足利义晴，由于甲斐源氏之首武田氏在清和源氏一门里历史悠久、地位极高，又曾在足利家建立室町幕府的过程中立下汗马功劳，因而将军非常重视武田家嫡子的元服，特地派出了自己的亲信——上野中务大辅清信前往甲斐观礼，上野清信带到武田家的，还有将军足利义晴赐给胜千代作为名字的一个"晴"字。

中华的取名之礼，有避讳一说，讲究的是臣子要避皇帝的名讳称号、子孙取名要避父祖的名号，不光取名，就连言谈时也要避免用到同音的字，否则便视为不敬。这个规则，在沿袭中国文化的日本，早先也是适用的，但到后来日本的起名逐渐产生了一些变化：首先是通字相传，在有名望的家族，每一代父亲都会把自己名字中的一个字传给儿子，结果像武田这样的家族，家主代代都有一个"信"字，而京都将军家，相传的则是自源氏之祖源赖义、源义家以来的"义"字；第二个规则叫主从赐字，也就是主公可以将自己名字中的一个字赐给臣子，以这样的恩典来换取臣子的效忠，同时也是非常邪恶地让臣子的一生都留下自己的烙印。

战国大名家通字一览表

家名	通字	家名	通字
京都足利	义	关东足利	氏
骏河今川	氏	甲斐武田	信
山阴山名	丰	关东上杉	宪
管领细川	元	近江京极	高
尾张织田	信	管领斯波	义
越后长尾	景	阿波三好	长
安艺毛利	元	陆奥伊达	宗
出羽安东	季	会津芦名	盛
出云尼子	久	关东北条	氏
日向伊东	佑	萨摩岛津	久
伊势北田	具	越前朝仓	景
尾张前田	利	伊予河野	通
备前浦上	宗	杂贺铃木	重
常陆佐竹	义	上野长业	业
武藏太田	资	下总结城	朝
安房里见	义	出羽最上	义
长宗我部	亲	美浓斋藤	龙
本愿寺	如	宇喜多	家
小笠原	长	姊小路	纲
小野寺	道	宇都宫	纲
诹访大社	赖	阿苏宫司	惟

在武田家，光得到武田信虎的"虎"字的，就有诸角丰后守虎定、工藤下总守虎丰、马场伊豆守虎贞、山县河内守虎清、内藤相模守虎资、原美浓守虎胤、小幡山城守虎盛、甘利备前守虎泰、饭富兵部少辅虎昌等等。而武田家虽然是甲斐一国之主，但和足利将军家有着名义上的主从关系，为了笼络武田这样的大领主，足利将军也常常把自己的名字中的一个字下赐。

将军足利义晴的"晴"字与武田家代代相传的"信"字一组合，胜千代元服后的新名字，就是"武田太郎晴信"。

如果一个人生下来就注定有成为政治人物的宿命，那么与他的人生相伴的，就是失去某些作为普通人能享有的自由，婚姻便是其中的一种。在日本战国，

◇ 今川寿桂尼

身为大名之家，婚姻通常都带有浓厚的政治色彩，武田晴信的婚姻也是如此。

信虎时代，武田家最大的敌人一度是骏河今川—关东北条的联盟，这一联盟，是以北条氏之祖北条早云与今川家主今川氏亲的舅甥关系为基础形成的。作为战国"下克上"的代表家族，关东北条氏北条早云、北条氏纲父子两代都是励精图治且又热衷于领土扩张的名君，面对北条的侵攻，关东管领上杉氏毫无还手之力，而北条与今川的联军，也多次让武田信虎尝到苦头。

后来为了与今川—北条对抗，武田信虎与关东的扇谷上杉氏结成了联盟，在此背景下，天文二年（1533），还未元服的晴信便娶了扇谷的上杉朝兴之女为妻，不过第二年，上杉夫人就因为难产而去世了。

武田晴信元服之后不久，今川家的家主今川氏辉（今川氏亲之子）突然病逝，年仅24岁。随后今川家陷入了一场争夺家主之位的战乱，争斗的双方是氏辉两个出家为僧的弟弟及他们各自的母家：一方是今川氏亲的侧室福岛夫人及其子玄广惠探，另一方则是氏亲的正室寿桂尼及其子梅岳承芳。

福岛氏作为骏河本地的实力派，与北条氏也有姻亲关系，从而得到了后者的支持；而寿桂尼却是京都的公卿中御门宣胤的女儿，尽管她不是本地出身，但是借助梅岳承芳的师僧太原雪斋的谋略与影响力，加上作为今川氏亲正室的名分，她这一派拉拢了今川家同族的濑名、关口及众多老臣。

最终寿桂尼这一方攻落了福岛氏与玄广惠探所在的花仓城，玄广惠探自杀，而胜利者梅岳承芳还俗改名为"今川义元"，继承了今川的家督之位。这场动乱被称作今川家的"花仓之乱"，战后今川家由外来者寿桂尼掌握了实权，今川与北条联盟的姻亲基础荡然无存。另一方面，北条方则收留了逃亡的福岛氏余裔，这使得今川与北条的关系更趋恶化。

甲斐武田、骏河今川、关东北条，基本上是三足鼎立的关系，为了对抗日渐强大的北条，寿桂尼开始向武田氏示好，而就武田方面来说，由于原来的盟友关东上杉氏被北条打得节节败退，已经显示不出太多的合作价值，因而武田氏也希望与今川这样的实力者结成新的联盟。在此背景下，武田晴信的婚姻便成了武田与今川结盟的重要一环。

公家一直看不起武士，但从武士的角度来说，能与京都的公家联姻则是一种莫大的荣耀。今川家由于是足利将军的同族近支，家格高贵，同时自先辈今川了俊起，今川家代代就以不输于公卿之家的风雅而闻名，乃是众多武家门第中为数不多的被京都公卿欣赏的武士家族之一，正因为如此，公家出身的寿桂尼才嫁入了今川家。而这一次，寿桂尼则是凭着自己的公家出身与人脉从中斡旋，促成后奈良天皇颁下两道敕旨，一道是任命武田晴信为从五位下大膳大夫兼信浓守，另一道则是将公卿三条左大将公赖的女儿赐婚给晴信。

◇ 三条夫人

不过这位三条夫人，据日本近年所发现的史料来看，并不是公卿三条公赖的亲生女儿，而是阿波守护细川持隆之女，过继给三条公赖当了养女。但是这个细川持隆也非等闲之辈，细川持隆作为阿波细川的家主，是细川家内仅次于管领细川的分家，一旦管领无嗣，阿波细川的子弟便有优先继承权，与京都的管领细川被称作"上屋形"（上殿下）相对应，阿波细川被称作"下屋形"。另外，细川持隆的另两个女儿也是地位显赫，一个嫁给了管领细川晴元，另一个则嫁给了日本第一的僧侣教团首领本愿寺显如，而这个女儿既然当了三条公赖的养女，按照日本以家名为重的地位，她便拥有了作为公卿女子的身份，因而可以说，她是一位与公家武家都渊源极深的显赫女子。能得到这样的媳妇，对武田家而言不啻莫大的荣耀。

天文五年（1536）七月，一乘小轿从遥远的京城晃悠悠地来到了山中的小国甲斐，轿中载着的，就是武田晴信的正室——三条夫人。

第二年二月，武田信虎的长女嫁入今川家，成为今川义元的正室，一时间，甲斐武田与骏河今川缔结了牢不可破的联盟。

第七章

海野口的奇迹

通过联姻，今川家对北条进行牵制，使得东南面断绝了忧患，武田信虎开始对西面的信浓国展开了进攻。

天文五年（1536）十一月二十一日，武田信虎率领嫡子大膳大夫晴信、次子信繁，以及同族的穴山、板垣和众谱代家臣，合计兵力8000余人杀奔信浓的门户——海野口城。这一战，是武田晴信第一次出战，在日本，武士的第一

◇ 大河剧《风林火山》中复原的海野口城

次战斗被称作初阵，尤其具有仪式性，初阵是否能够立下大功，对武士的武名有着重要影响。

驻守信浓海野口城的，是信浓大井一族的平贺源心，信浓的源氏和武田一样都出自清和源氏的新罗三郎义光，与甲斐的源氏宗主是武田类似，信浓诸源氏也有一个宗主，便是历代担任信浓守护的小笠原氏，而平贺源心所在的大井氏，乃是小笠原的分家之一。故而面对武田的侵略，信浓各地的豪族都派出兵力协助平贺源心驻守海野口，而平贺源心本人，也是号称能力敌70人的勇将。

数日后，当旗甲鲜明的8000武田军出现在海野口城下时，信浓武士们早已储备好粮草战具，引弓待发，妇女和儿童也上了城头，准备与侵略者血战到底。

随着一通金鼓响起，武田的足轻（步兵）举着木盾，一面抵挡城头飞下的箭雨，一面向前推进，足轻清除了壕沟与拦马栅之后，骑马武士们从足轻队间的夹缝中冲出，向城门发起冲锋。然而当武田军冲到城下时，遭到的却是更密集的弓箭攒射，不会拿弓矢的妇女儿童也向城下的敌人投掷石块。当武田军的进攻阵形被打乱后，城里的骑兵冲出城门，对混乱的武田军发起突击。

眼看进攻不利，武田旗下的板垣、饭富、教来石等大将，都亲自举起木盾，率队发起冲锋，双方进退交战多时，这才将平贺方的骑兵赶回城中。当天的战斗结束后，板垣信形来到信虎处，他进言道："虽然将士们舍命奋战，却仍无法撼动这座城，看来城里已经做好了准备，要在近期攻下这座城池，似乎是有些不易。一旦天气变冷，我方士卒疲惫，后果就不堪设想，不如乘现在让我军撤退吧。"信虎却对信形的进言不屑一顾，他笑道："我们比敌方人数占优，只打了一下就缩首撤退，那和猿猴的举止有什么两样呢？传出去只会成为天下人的笑柄。"

但是接下来的战斗中，武田军依然在海野口城下挫折不断，8000大军在这小城之下耗了30多天仍然没有取得任何进展。进入十二月，又遭遇连场大雪，对士气与耐性都是进一步地打击。十二月二十六日，武田军在信虎的御前又召开了一次军议。这一回，军师荻原昌胜向信虎进言，现在遭遇的是信浓每年一度的大雪，足以影响武田骑兵的行动力，眼下我方士气低迷，而敌方平贺源心的3000人正在城内虎视眈眈，在这样的形势之下应该及早撤回甲斐，待来年开春再进攻吧。这一提案得到以甘利虎泰为首的诸将附议。形势既是如此，好战如武田信虎者也知道久留无益，于是终于下令：在十二月二十七日天亮前撤退。

就在这时，初阵还没有立下任何功劳的武田晴信突然发言道："孩儿愿意担任殿后的任务！"殿后，指的是军队撤退时的掩护工作，殿后不仅不像进攻中首先登上敌城或取下敌将首级那般能够赢得令人瞩目的功勋，而且还要承担遭受敌军追击的危险，一不留神极有可能葬身在敌方士气如虹的追骑之下，绝对是吃力不讨好的事情。所以信虎对此大笑道："原来你是来折损武田家的威名的呀，既然你愿意，那么殿后的事就交给你了。"儿子自愿担当屈辱之事，换来的却是父亲毫不留情的嘲笑，这样的父子关系，哪怕是在乱世，也是非常少见的。

十二月二十七日拂晓，武田信虎率军自海野口返回甲斐，留下殿后的武田晴信，与其相随的仅304人。早在前一天晚上，晴信就下令手下士卒穿戴好防具，把马喂饱，勒紧鞍带。当晴信率队行至海野口以东30里处，将近五更，这时他让手下将士停下来休整，顺便喝点酒暖暖身子。

五更的更鼓一敲响，武田晴信突然纵身上马，然后掉转马头，向海野口城方向驰去，还在酒意中半梦半醒的士兵们也被少主的行动吓了一跳，回过神来时晴信的身影已经消失在远处，这时大家才慌了神，连忙起身追赶上去。

当这支300多人的小队伍重新回到海野口城下时，城里灯火辉煌，却又寂静无声。城内他们刚刚脱去沉重的武具，拿出粮食和美酒举办了击退武田军的庆功宴。敌军败走，马上又要迎来新年的庆典，谁也没有想到去追击武田军，而且之前一个多月紧张的战守所积累的疲劳，都在几碗酒下肚、神经松弛后一并爆发，就连城主平贺源心，也在一片"平贺大人智勇无双"的歌颂声中酣然睡去。

也是在这个时候，武田晴信手下的士兵悄悄翻进城内，清理了守门的敌人后，打开城门，300多人随后高叫着冲到城内，那些睡眼惺忪的敌军转眼间便做了刀下鬼，刚刚被惊醒的还来不及抵挡就被一刀劈作两半，回过神来的则以为是武田军的8000主力一起杀到，心慌意乱之下赶紧拉上妻儿逃命，一座城池瞬间就变作修罗屠场。

这时，还没有慌乱的只有已经醒来的守城方总大将平贺源心，在最初几

秒钟的紧张之后，他穿上心爱的黑丝威大铠，手持一把四尺三寸的大刀，一路高喝着见人就砍，冲上来的武田军非死即伤，剩下的都不敢近前，只是远远地围着他形成一个包围圈。源心一路杀到一个小山丘上，这时远处看到主将仍然健在的士兵，也都士气一振，开始向源心

◇ 平贺源心之墓

靠拢。眼看形势又要变化，围着源心的武田士兵中有人开始向他射箭，源心再勇猛也不是金刚不坏之身，转眼间身上就中了几箭，吃痛之时一不留神被砍倒在地绑了起来。眼看主将被擒，守城方刚刚凝聚起来的一点士气转眼就无影无踪。渐渐的，抵抗的声音越来越小，到了天亮的时候，这座城池已经完全被武田晴信的300人控制。

随后，武田晴信派出家臣前去追赶信虎，并向信虎通报了攻下海野口城的消息。但是还没等到信虎做出反应，晴信就带上所有士兵和俘虏，放弃海野口城，转而向东追赶信虎的大队。在收到后一个消息后，信虎轻蔑地对随从说："看来晴信也就是个胆小鬼而已，夺下的城都不敢守啊。"另一方面，信虎也大方地给予了晴信初阵的奖赏。不过此事也表明父子间的矛盾是如此之深，立了大功却不敢保存战果以免父亲妒忌，这是晴信放弃到手城池的主要原因。不过，武田军主力已经撤退，就算控制了海野口城，他也无法以区区300人抵挡周边信浓豪族的围攻。

不管怎么说，海野口之战，是武田晴信成年后的第一个丰碑。

― 第八章 ―

宗三左文字

大永七年（1527）武田信虎上京拜会足利将军时，顺带与京都附近的公卿文人、英雄豪杰有了一些交往。当时虽然是细川高国担任管领，但是高国的敌人细川晴元也在第一时间向武田信虎示好。细川晴元的主要根据地是四国岛的阿波，此前，时常有阿波细川之人上京担任管领，阿波土生土长的豪族三好氏也攀龙附凤成为管领的直属家臣。在细川高国与细川晴元交战之际，作为家臣的三好氏之人便在两个主君之间来回倒戈，成为这场内乱的最大受益者。

细川家的领地除去阿波之外，还包括京都周边的摄津、和泉等国，这些领国地处由濑户内海通往京都的航路要冲，不管是鱼盐生产还是海上贸易都十分发达，作为细川氏的代理人，三好家积累了大量财富和无数珍宝，同一时期，日本的茶道以"京都—和泉国界町"两大原点为中心兴起，为了走在时尚潮流的前端，三好家之人也抛撒大量的财物购买名品茶具，频繁召开茶会而博取"茶人"的风雅之名。三好家有一名同族武将名为三好政长，此人除了武将的身份之外，同时以擅长茶道出名，他出席茶会的名字叫作"宗三"，因而全名也被称作"三好宗三"。

武田信虎在京都时便与这位三好宗三相识并结成了至交。这两人的作风几乎一样勇猛，行事上同样有些狠辣，这种性格上的天然共鸣或许是他们成为挚友的原因，毕竟这样性格的人能好好活在世上的并不多见。就拿三好宗三来说，五年之后，他向新主人细川晴元诬告三好本家的宗主三好元长，怂恿晴元将元长诛杀，凭着这股狠辣在往后的17年间独掌细川家之大权，显赫一时，但最终在天文十八年（1549）与三好元长之子三好长庆的战争中战死。所以在大永七年的京都，三好宗三遇到信虎这样一个同类，惺惺相惜之余，慨然将自己爱不释手的左文字宝刀赠送给了信虎。所谓"左文字"，乃是因为刀身上面刻有"左"

字，由于这把刀原为三好宗三所有，世人称之为"宗三左文字"。既睹宝刀，便思挚友，这把刀也被武田信虎当作重宝贴身不离、爱不释手。但后来的事实证明，出自三好宗三这种不祥之人的宝刀，也是一把不祥之刀。

在关东方面，据有相模伊豆的北条氏已经逐渐显出霸者气势，武田信虎屡次出兵关东无果，后期便把政策的重心转向扶植骏河今川以对抗北条。天文六年（1537）二月，北条氏纲出兵进攻骏河，武田信虎立刻出兵救援今川，在佐保原大败北条，并一路打下北条所占有的骏河国内富士川以北的领地，这其中还包括了北条家先祖北条早云的发家地兴国寺城，这是武田信虎对外作战以来好不容易夺下的一块大领地，但事后信虎却将这块土地作为化妆料送给了嫁到今川家的女儿。所谓"化妆料"，和中国公主的汤沐邑相类似，

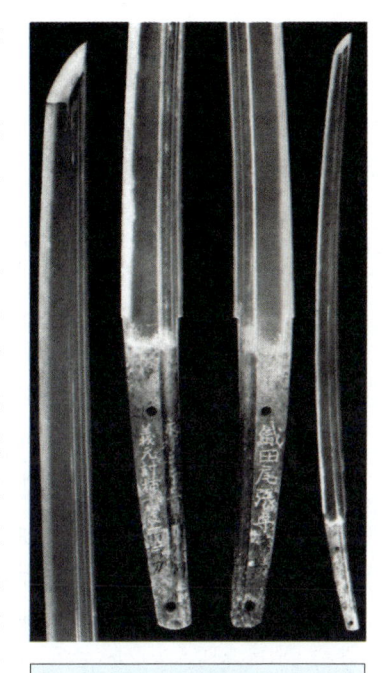

◇ 后世数次被烧断又数次打直的宗三左文字

指该片土地上所收取的年贡将被作为今川夫人的私房钱，供其日常用度。实际上这块领地，等于是交给了今川家。

在此之前，由于以前的福岛氏领地与甲斐相连，武田的家臣中也多少有一些与福岛渊源颇深者，福岛氏在今川家"花仓之乱"中败亡后，有许多福岛残党逃往甲斐寻求庇护。作为武家，在战乱时代保护前来避难者，这是一种最基本的道义，相模的北条家也保护了许多福岛的残党，后者中的许多人逐渐转化为北条的家臣，为北条效忠。而武田信虎却在领内下令："武田家臣中凡收容福岛之人者，杀无赦！"尽管有这条命令在上，但武田家内还是有些人基于自古以来的武门之道义，拒绝交出收容之人，重臣之一的前岛氏，便因为以上举动而被信虎下令满门抄斩。

武田信虎的行为，虽然从目的上来说无可厚非，但是从道义上讲，就太狠辣直接了一点。数十年来武田家第一次在对外战争中获得领地，却不封赏任何

家臣，转手送给了今川家，这让被武田家纳到一元化的指挥之下、长年辛苦奋战的家臣们倍感失望，因为他们在这些年的战争中消耗了数不尽的财力、物力乃至子弟亲人的生命，却得不到任何新的土地作为封赏。而为了拉拢今川家，信虎不顾道义处决前岛氏的行为，也让他们寒心。

主君惹起众怒，顾及自己身家性命的人多会选择隐忍不发，只有受到信虎恩顾的谱代重臣中有人挺身进谏。所谓谱代家臣，乃是世世代代担任武田家臣，其家系由主家列谱收藏的家族，这些家族称得上与主家荣辱与共，因而在主君言行不当之时进谏也是他们的职责与义务。

最先向武田信虎进言的是马场伊豆守虎贞和山县河内守虎清，这俩人一合计，总结了洋洋洒洒57条建议向信虎呈上。这57条建议即是信虎的57个失误，恰好当时甲斐国内山梨郡的农民们因为不满信虎的暴政而奋起反抗，由此爆发了农民起义，马场与山县便以此为例，向信虎痛陈，若不改正必将招至的灾难后果。当面被人指出自己的57条失误让信虎又羞又怒：武田与今川以及京都附近的三管领、四职之家，是跟随足利家开创室町幕府的元老家族，但是武田家的地位向来及不上今川，能与今川结亲并为晴信娶得公卿的女儿，这已经超越了历代先祖的功业；而且利用今川牵制北条，在战略上也堪称完美，这些自己花费好大心思取得的成果，却被家臣们看作是无尽的罪孽，这怎能让信虎不怒？同时马场与山县提及的农民起义，恰恰是因为信虎视农民为草芥，他羞愤之余这一点痛脚又被抓住，于是武田信虎狂性大发，当场便抽出宗三左文字，将马场虎贞与山县虎清亲手斩杀在堂内。

宗三左文字噬血的历程并未就此结束。马场虎贞与山县虎清都是谱代重臣，而且都受赐了武田信虎的"虎"字，这两个跟随信虎数十年的头号重臣，一朝之内同时被杀，让其他人震骇无比。此后一段时间，再没有人敢向武田信虎进言。而武田信虎最为尊敬信赖的荻原常陆介昌胜，早在两年前的天文四年（1535）以70岁的高龄往生。这位辅佐武田家四代的智将和导师，临死前又把第四代晴信的辅佐任务交给了板垣骏河守信形和甘利备前守虎泰。荻原常陆介昌胜一死，武田家内便再没有人能够劝服信虎回归理性，信虎逐渐由一条恶虎变成了一条疯虎。

事实上，武田信虎还有一些暴行见诸史料，比如他曾捉来13名怀孕的妇女，这些妇女从怀孕当月到10个月即将临盆依次不等，信虎丧心病狂地命人将她们的肚子一一剖开，取出不同月份的胎儿拿来观赏。这种传说极有可能是后人对信虎暴虐性格的艺术加工，因为怀胎一两个月以当时日本的医术水平来说似乎是无法确定的，毕竟当时并没有试孕纸这样的东西存在。

随着武田信虎对信浓攻略的展开，武田家内再度发生了地震。

信浓的源氏与甲斐的源氏同出自新罗三郎义光，两地原本便有着千丝万缕的联系，许多家族既在甲斐有分支，又在信浓有分支，像前面提到的大井氏，便有出自信浓小笠原的大井和出自甲斐武田的大井，而信浓的大井氏曾在战乱中绝嗣，便由甲斐的大井派出子弟前去继承家门。

在一次对信浓的作战后，武田信虎发现信浓与甲斐交界的岩田有两个律宗寺院，这两个寺院的僧人存在与信浓源氏联络并传递军情的嫌疑。在没有得到任何确凿证据的情况下，信虎悍然出兵将两寺包围，一声令下之后，两座寺院以及60多名僧人便葬身在火海之中。

这件事再度引发了武田家内的恐慌，因为寺庙在日本是极为神圣之所在，佛教信仰也是在各地根深蒂固为人们所接受的精神寄托，为了抛开战场上那种生死边缘的恐慌，许多武士都会全身心寻求神佛的保佑以获得安慰，信虎这种不敬神佛的行为难免会引起家内武士与领民的不满；而神佛之地都可以因为通敌嫌疑而遭到毁灭，那些与信浓的源氏有着同族同门之亲的武田重臣们就更加不自安了。

为了消除家内的不稳情绪，两位重臣内藤相模守虎资与工藤下总守虎丰不顾两位同僚被杀的前车之鉴，壮起胆子再度向武田信虎进言。但是还没等内藤虎资说上几句，武田信虎便抽刀将他砍死，伏在一旁的工藤虎丰一看情况不对，连忙起身跑路，信虎狞笑着追上去，在墙角的一座屏风处将躲在其后的工藤虎丰连人带屏风一刀劈作两段。

从马场虎贞、山县虎清、内藤虎资、工藤虎丰四大重臣起，武田家内陆陆续续死在宗三左文字刀下的忠臣义士，据说高达37人。再无人敢向信虎进言，对武田家心灰意冷，或感到不安，或怀着亲友被杀之仇的武士数不胜数，其中不乏一些谱代重臣家族和英才之士，如工藤虎丰的长子工藤长门守昌佑和次子工藤左卫门佑长，就带着一族前往关东流浪。工藤氏这样五代甚至六代追随过武田的重臣一一流失，武田的根本也就开始动摇了。

但是妖刀宗三左文字的传说，并没有就此终结。

— 第九章 —

父与子

　　武将的人生，可以比作一张弓，围绕在他身边的亲人与战友，组成结实的弓身支撑着他的人生，杀戮与亲情这两种情绪，则代表着弓弦的一张一弛。长时间用杀戮之力拉开弓不放，其结果不是情绪之弦断裂，便是弓身受不住拉力折断。而战斗之后放松下来享受亲情与人情，便能够使得杀戮时的狂热之心迅速恢复平静。

　　虽然同样是在荻原常陆介昌胜的教导下长大，但是武田信虎与儿子武田晴信的成长历程却截然不同。

　　武田信虎元服之前，常陆介一直追随着武田信绳在各地奋战，很难有一段和平时间对信虎进行完整的教育。而信虎在10岁遭遇父亲身故，14岁杀死叔父油川信惠，随后30多年都处在频繁的战争之中，在血与火中养成的性格，唯生死成败是论，简单直接，亲情或是日常待人的宽容，信虎都十分缺乏。荻原常陆介昌胜对他的影响，仅停留在把他导向处事的正确方向上，常陆介去世，信虎的理智便失去了方向，长年杀伐积累下来的戾气开始不分敌我进行宣泄，逐渐使得信虎走向自大与疯狂。

　　武田晴信直到20岁都父母健在，而且表面上家庭比较和睦，兄弟之间也非常友爱，这使得他有着相对完整的亲情。而岐秀元伯以禅宗佛法教导他，他也广泛阅读了中国传来的典籍，这些使得他目光远大，心怀宽厚慈悲之念。晴信今后的军事思想之根源，始于对《武经七书》的阅读和荻原常陆介昌胜的教导。集中华军事思想之大成的《武经七书》，其根本思想还是在于"兵者，诡道也；能够掌握天地人之道特别是了解人心、利用人心，便能发挥诡道之极"。

而获原常陆介昌胜本来就是使用诡道的专家，晚年的他将自己60年的战争体验特别是运用兵法之心得尽数传授给晴信。或许他早就明白信虎已经无可救药，而将希望全身心投到晴信身上。这使得晴信在日常表现出更多是内敛，而非父亲信虎那般无视一切的刚猛与狂傲。

晴信的成长，除了他自身的资质原因外，最大的助力不得不归功到武田信虎通过一生的奋战建立起的这个强大且相对稳定的甲斐之国，但是父子两人性格作风截然不同，随着岁月的流逝逐渐演变成两人之间无可挽回的裂痕。

由狂傲和暴躁衍生而成的自大，武田信虎固执地认为，能够继承自己事业的儿子，必须也如自己般刚猛无双，但遗憾的是，晴信越来越不像自己了。有这么一个伟大的父亲摆在眼前，却不去崇拜效仿，那种小心谨慎的优柔，怎么能够镇服桀骜不驯的亲族和豪族、承担起这份强大的家业？在对晴信的实力产生怀疑之余，信虎却发现次郎信繁颇肖自己，正逐渐成长为一个英勇刚强的青年武将，他对信繁的好感也与日俱增。时光流转，武田信虎逐渐也走到了如同祖父武田信昌般企图废嫡立幼的老路上。

武田信虎还无法接受的一项事实，便是自己年华渐老，终将把一切传给下一代，而晴信的成长，却常常会提醒他这一点。据说信虎有一匹名马"鬼鹿毛"，此马号称高八尺八寸，气势过人，堪比中国历代的名驹，信虎视之如同宗三左文字般的至宝。然而晴信在13岁的时候，却向父亲请求赐予此马，信虎当场勃然起身，挖苦道："就凭你这柔弱的身架，也配骑名马鬼鹿毛？"转身正要坐下，信虎脑中突然又有一念闪过："总有一天，家督的位子和御旗盾无铠都会一起传给你，但你现在就想抢夺我的至宝，这种野心也太没天理了吧！"想到此处他的理智之弦陡然崩断。只见他大吼一声，抽出身边的宗三左文字就要砍晴信。有被砍死的众人在前，晴信此时已经机敏得多，一看情况不妙，噌地离地起身，转身便跑得没了踪影。事后，经过侍僧春巴和尚从中斡旋，信虎慢慢冷静下来，此事便不了了之，但父子之间的关系从此开始投下了更浓重的阴影。

转眼到了天文十年（1541）元旦，武田家内照着往年的惯例举行元旦庆祝酒宴。在酒宴上，发生了惊人的一幕：当时几个儿子分坐信虎两旁，信虎先是把杯子传给左边上首的次子信繁让他饮酒，接着又把杯子传给了三子信达，对坐在右边上首的晴信视而不见。按照当时的习俗，这就表示他的第一继承人将为次子武田信繁，因而此举也让在座的家臣们一片哗然，而武田晴信更是挂不住面子，气红了脸愤然离席而去。虽然事后晴信在信虎面前表现得更加小心谨慎，但此事已经不可避免地成为父子两人矛盾激化的导火索。

— 第十章 —

宿命的轮回

相比武田信虎的刚猛，晴信所表现出的宽厚柔弱更让家臣们信服。人人都需要喘气、人人都需要体谅、战争之后人人都需要封赏，或许正是由于对人心的把握已经融入性格之中，晴信不自觉地将自己的仁慈与宽厚展示在众人面前，而早年荻原常陆介的推介和海野口战的奇迹，让家臣们看到了晴信身上的名将资质，希望报效他的大有人在。

所以武田信虎一摆出即将废长立幼的架势，便造成了家内的骚动，以板垣骏河守信形为首的一些重臣甚至迅速写信给骏河的今川义元，希望义元以女婿的身份劝阻信虎不要擅行废立。但是今川义元一方面根本没想正面去拔信虎的虎须，另一方面由于暂时看不清楚形势发展方向，乐得先看甲斐乱下去，最后对此根本没做出任何回应。但是虽然义元没有支持，但他也没有立即向信虎告发或表明支持信虎的废立行为，这难免也使武田方的人看到了一丝希望。

然而作为当事人的武田晴信，似乎有点心灰意冷了。在元旦的祝宴之后，他整天沉迷于和歌唱答之中，日渐消沉，眼看荻原常陆介与自己耗尽心血培养的未来英主即将走向毁灭，最为着急的莫过于晴信的传役板垣信形。天文十年（1541）正月二十日，板垣信形实在无法忍耐，跑到晴信的居处规劝他振作起来，并声泪俱下地自陈心意——不管信虎废立与否，他这一生只效力于晴信一人。晴信浑浊的目光在刹那间突然一亮，似乎因为板垣信形的忠诚而有所触动，但马上又摆出一副志气尽失、随波逐流的样子，"我本愚弱之人，被废也是在情理之中，到时候你们便请求父亲，让他准我前往骏河的姐夫今川义元处，今川家乃礼仪之门，就算我是无道之人，他们也会念着亲戚之情好生看待我的。"

"前往骏河"、"无道之人"，板垣信形似乎想到点什么，但一时又说不明白，从晴信居处出门之后，信形灵光一闪，想明白之后连忙派人去请饭富兵部少辅虎昌和甘利备前守虎泰，这两人都是与信形多年一起出生入死的刎颈之交。三个人当晚聚到一起商定了计策。

第二天，板垣信形前去求见信虎，出人意料的是，此番听完信形的一席话，武田信虎竟然眉开眼笑，这已经是很多年没有过的事了。信形给武田信虎的建议是：将晴信送到骏河去留学，顺便让今川义元把他看住，再也不让他踏上甲斐的土地。武田信虎虽然一直想要废长立幼，但毕竟虎毒不食子，他无法狠下心来真的对晴信动手，毕竟这也是自己的亲生儿子呀，为此他也一直希望能想出个两全的办法。信虎风闻晴信最近似乎正沉迷于和歌，而骏河之都骏府城与越前朝仓家的一乘谷、周防大内家的山口，并称京都之外的三大公卿文化之都，能到这样的文化之地去与公卿们交往，尽情接受和歌之熏陶，想必晴信也会乐不思蜀吧。所以板垣信形的这条建议，不啻一剂除去信虎脑中之瘤的良药，一下子便让他畅快不已。随后信虎便让板垣信形全权负责此事，因为当下有着更让他热血沸腾的事需要他去筹备。

此时武田信虎的信浓进攻正徐徐展开，前一年，他将女儿弥弥嫁给了南信浓之主诹访赖重。这一年五月，信虎与赖重翁婿联手，加上北信浓的村上义清，三家一起瓜分了信浓小县郡豪族海野栋纲的领地。结缘诹访、联手村上、瓜分海野，狠狠地啃下了信浓的一大块，这次战略手段上的神来之笔获得巨大胜果，让信虎兴奋不已。回到甲斐，一直负责与今川联络的板垣信形通报了第二桩喜事：今川家愿意接受晴信，但还请信虎亲自到国境上与义元一会，商定具体执行事宜，毕竟这样机密的事是不可以通过信使来往敲定细节的。

"看来老天爷也认为我是对的，该放弃晴信了！"武田信虎下定决心之后，命令次男武田信繁留守踯躅崎馆，家中长老穴山信行作为信繁的辅佐，协助处理领内一切事务，同时又要板垣信形与甘利虎泰严加看管晴信。随后信虎便带着少数随从于五月底离开居城前往南方的边境。

武田信虎一行一边沐浴着春光，一边优哉游哉地向骏河前进，途中还不忘视察一下领地。到了六月十四日，信虎刚刚离开由甲斐通往骏河的最后一道关

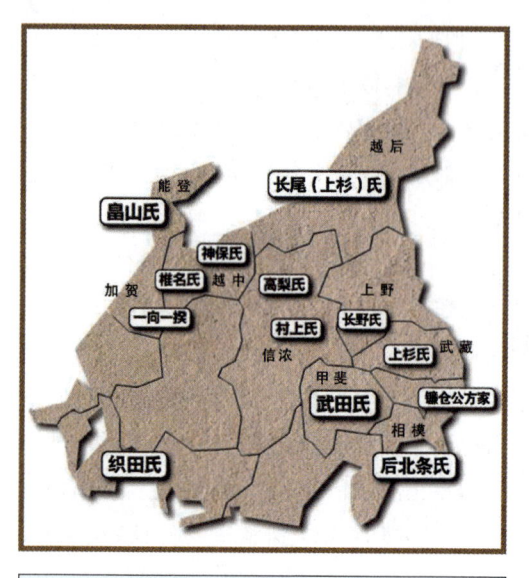

◇ 天文年间甲斐的周边形势

所,身边的从骑忽然掉转马头退往关内,紧接着关门一闭,把信虎和剩下的两个亲信关在了外面,正当信虎迟疑着欲上前呵斥之际,关门又重新打开,一队士兵冲出来,在门口摆出方阵,步卒横前于阵,弓箭手张弓待发,摆明一副再上前便杀无赦的气势。

"或许只是边境的豪族叛乱吧,等我借来今川之兵便能将他们讨平。"也许信虎还心存侥幸,但随后的事情却让他彻底崩溃了。今川的人不久便赶了过来,但今川义元并未如约亲自前来,来的只有寥寥几名武士。为首一人上前向信虎匆匆行过一礼便说道:"我等奉义元殿下之令,前来迎接您去骏河长住。"信虎闻言仿佛掉进寒冷刺骨的冰窖里,半天说不出话来。

这一切都始自板垣信形的计策。早在信虎将废长立幼之事提上日程,并命信形全权负责之后,板垣信形便秘密将甘利虎泰、饭富虎昌以及小山田信有和穴山信行召集到了武田晴信的住处,向他们通报了信虎的决定。按照事先商量好的,甘利虎泰与饭富虎昌在大声抱怨不满之余,还慨然声称道:"与其放逐少主,不如把无道的主公放逐到骏河算了!"而且一唱一和地越说越认真,小山田信有与穴山信行尽管也支持武田晴信,但积威之所在,一直没有下定与信虎对抗的决心,现在事已急矣,而且板垣、甘利、饭富三人已经表明了决心,这两人也被鼓动得热血上涌,跟着也表示愿意参与放逐信虎之事。

五位重臣最终达成了一致,而在旁一直沉默不语的武田晴信此时却流下了悲痛的泪水:"虽说父亲苦苦相逼,但是对他以弓矢相向,难免会遭天谴啊!"与信虎的残暴不仁相比,少主竟是这样仁慈,被逼到绝路上都不忘父子忠孝之伦,这才是真正值得跟随的主君!到了最后,重臣们都下定了决心,这时也由不得晴信不走到前台了。

东海道，今川领。此时的今川家主，正是由佛门回归武门的今川治部大辅义元。曲折坎坷的成长经历，使得今川义元文武双全、善于临机应变，继任短短几年时间里，就赢得了"东海道第一强弓"的绝世武名，当然，这也离不开其母寿桂尼与恩师太原雪斋和尚在幕后的全力协助。

由于京都的将军式微，作为将军的同族，今川义元在控制骏河、远江之后，萌生了带兵上京的想法。因为今川已经是天下数一数二的大名，只要能进入京都，就极有可能像同族的细川、斯波、田山那样，担任将军身边的管领（只有足利一族的大名家才能担任），重新驱动幕府这个老化生锈的机器去掌管天下。为了以上目标，义元首先便要完全征服三河，然后是三河西面的尾张，一个一个地扫平进京路上的障碍。

天文十年（1541）春，正当今川义元指挥挂野城攻略之时，一名使者从甲斐的武田家来到义元阵中。这位使者并非由信虎派来，而是武田晴信的随侍小姓今井市郎。今井带来的是一封晴信亲笔所写的密信，这封密信中交代了他想将父亲信虎放逐，希望义元代为照顾的计划。甲斐的老虎父子相争之事义元早有耳闻，但让他惊讶的是在信的末尾附有板垣、甘利、饭富、小山田、穴山五大重臣以及其他众多家臣的签名与花押。

日本人的签名，通常都以姓名的繁体汉字书写，要说伪造，还是有可能的，但是花押就不是随便能伪造的了。花押是以文字或图形组成，代表武将亲自确认的印记，和中国的印章相似，但效果更类似于西方的火漆。通常花押由武将们以毛笔写画，但图形中的细节部分则会有一些只有当事人自己才清楚的记号。

今川义元看到众多武田家臣的花押，便明了了武田家内的形势。自马场、山县、工藤、内藤过世之后，以板垣为首、威望最著的五大重臣全都站在了晴信这一边，儿子取代父亲看来是必然的了，那就卖他一个人情吧。一番斟酌之后，今川义元让今井市郎回去回复，今川家愿意对放逐武田信虎的计划给予协助。

二月二十三日，又有两名武田家使者到来，这回的来者是甘利虎泰与饭富虎昌，他们是奉信虎之命来要义元收容晴信的。但是在交代完信虎的计划之后，两人却毫不掩饰地表明他们已经效忠于晴信了，此番帮信虎作谈是假，为晴信定计是真。经此一说，今川义元支持武田晴信的态度便再不动摇。

◇ 武田八幡宫拜殿

所以六月初，武田信虎在边境上遭到甲斐武士围堵，骏河今川派人前去相迎，乃是武田晴信一方与今川义元达成协议的结果。信虎明白这一点后，知道一切都无可挽回了。

再说甲斐国内，信虎走了不久，以穴山、饭富、板垣、甘利、小山田五大重臣为首的家臣们迅速聚集到武田晴信身边，大家簇拥着武田晴信来到了武田家祭祀族神八幡大菩萨和家祖新罗三郎义光的武田八幡宫，在八幡大菩萨和武田家家宝——御旗盾无铠面前，晴信呈上了一封为了振兴武田家而要大义灭亲废黜父亲信虎的请愿书。随后，八幡宫的别当（庙祝）山下伊势守与甘利、板垣三人，轮流拿起八幡宫的角茭占卜，扔在地上三次都是一正一反的圣卦吉兆，在场的众人再无二念，"看来菩萨也明了我们的苦衷，赞同您大义灭亲的心意呀！"

三月十七日，武田晴信在众将的协助下控制了踯躅崎馆，没有遇到任何抵抗，就连弟弟武田信繁也早已得到了晴信要放逐父亲的风声，并在此前参与了兄长的计划。事后晴信向甲斐全境的豪族发布消息："信虎殿下已经舍弃甲斐前往骏河，家督之位由嫡子武田晴信继承。"听闻暴君信虎被放逐的消息，甲斐的武士和民众没有不欢欣鼓舞的。

十七日晚上，武田晴信正式在武田八幡宫的御旗与盾无铠面前宣誓就任为武田家第十九代家主。

随后，武田晴信将信虎的侧室与喜爱之物都送到了信虎在骏府的住处，他的母亲大井夫人没有前往骏河，而是选择出家为尼，居住于踯躅崎馆的北曲轮终日烧香礼佛，后来家内的人们便称她为"御北样"。这可能是因为大井夫人与信虎本身就感情淡薄，此外大概也是武田晴信极力劝阻的缘故，他已经背上了放逐父亲的恶名，若是连母亲也一并走了，那么他不孝的罪名就完全坐实了。

武田晴信继承家督之后励精图治，奖善罚恶、抚士爱民，国内的政局马上稳定下来，臣民们也都开始全心全意拥戴这位青年君主。在这个百废待举的时期，武田晴信的正室三条夫人产下了他的嫡长子，也就是后来的武田太郎义信。太郎的诞生，无疑一举扫尽了武田家在以阴谋放逐信虎之后残留的最后一点阴郁之气。晴信在满怀欣喜地前往各大神社为新生婴儿祈愿健康之余，还特地请了家臣曾根周防守之妻担任太郎的乳母。

武田家的太郎诞生的同一年，在南面的今川家，晴信的姐姐、今川家的北之方夫人，也生下了今川义元的嫡子，这个孩子成年后便是今川上总介氏真。武田晴信与今川义元的婚姻，都和对方的家族有着深厚的渊源，因而两位嫡子的出生也加强了武田与今川的盟友关系。

另一方面，侨居骏河的武田信虎也得到了嫡孙与外孙诞生的消息，出于对氏真这个嫡子的看重，今川的家臣们并不敢慢待这位孤独的老人，信虎因为被放逐而生的孤独与愤怒也减轻了不少，开始尝试着在骏府含饴弄孙，品尝多年不曾有的平和生活。他爱不释手的宝刀宗三左文字，也被当作在骏河食宿的补偿送给了今川义元，此后，这把妖刀又以"义元左文字"的名字开始了一段新的不祥征程。

然而，此时的人们却不可能想到，刚刚诞生的这位武田太郎义信，却和武田晴信一样，是一个继承了与自己亲生父亲对抗宿命的悲剧人物。

宿命的轮回，才刚刚开始。

卷之二 侵略如火

第一章

信浓的群山

甲斐的东面是武藏国，这里盘踞着难以征服的巨人北条氏，南面是盟友今川掌控的骏河，就以往的历史而言，这三家虽然交战与媾和反复不止，但也有些唇亡齿寒的义气。虽然今川和北条反目成仇，但是一旦今川危急，北条还会派兵支援；万一北条被武田逼至山穷水尽，今川恐怕也会撕下盟友的面具去干扰武田。说穿了，这三家中的任意两者，都不会愿意第三者一家独大。因而能与今川结成联盟，让今川去牵制北条，这种形势确实为武田带来了极大的战略优势，但在这种优势之下去与北条火拼，也是极为不智的。

甲斐西部与北部，则被大国信浓半包围。相对于甲斐仅有都留、八代、山梨、巨摩四郡而言，信浓足有十个郡，领土面积是甲斐的两到三倍。甲斐土地贫瘠，四面皆山，仅有踯躅崎馆为中心的府中盆地为平原。而信浓虽然也是多山之国，但比起甲斐则是地大物博得多，南部有以诹访湖为中心的诹访盆地，中北部有由千曲川、鹿曲川、布施川冲积而成的大平原。由于这里土地肥沃、水草丰茂，自古以来就是皇家钦定的牧场，信浓"十六牧"所产的马匹，乃是

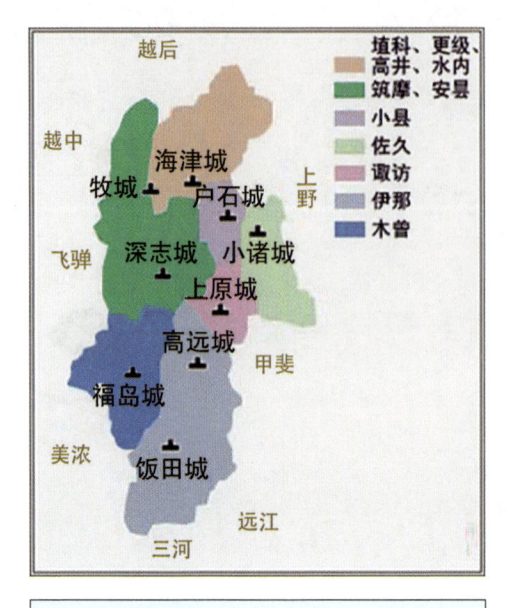

全日本屈指可数的良马。

尽管有着种种良好的地缘优势，但是基于历史原因，战国时代的信浓国内没有出现能够掌控全部十郡、完成一元化支配的强大君主，甚至连守护（太守）都被早早消灭了。

自镰仓时代以来，信浓首屈一指的家族，莫过于与武田同属清和源氏源义光后代的小笠原氏。小笠原氏作为武门礼法之家和信浓源氏的首领，也参与了跟随足利氏建立京都幕府的事业。幕府建立后，最初几代小笠原之主也担任了信浓守护。由于小笠原氏在日本的崇高威望，其宗主长期带着子弟在京都直接侍奉将军，作为幕府中央官僚并向将军传授弓马礼马之仪。然而小笠原所控制的领地，主要是信浓中部的小县、佐久、安昙以及南信浓伊那郡的一部分。

北信浓四郡埴科、更级、高井、水内，是小笠原氏势力无法触及的连绵群山，有着"奥信浓"之称。"奥"，是深邃的意思，这里也是信浓地形最为复杂险恶之地。在这块土地上世代居住着不属于小笠原家系的豪族，其中主要为村上、高梨、须田、屋代、岛津、栗田、井上七家，又称作"北信浓七将"。由于信浓处在以京都为中心的日本中部地区（又称近畿）和以镰仓为中心的关东地区之间的影响力临界点上，北信浓七将居于这块边缘地区的边缘群山中，一旦到了紧要关头便抱成一团，其实力足以无视京都将军的权威。七家之中，势力最强的是以葛尾城为本据点的村上家，近邻的屋代与岛津两家都是紧从村上号令的齐心追随者。在关东平原发生动乱的时代，村上家时而为镰仓公方作战，时而又阳奉京都将军的代理人——信浓守护小笠原的号令，在混乱中大收渔人之利，在向信浓中部扩张的过程中，积攒起了凌驾于守护小笠原氏之上的实力。

应永七年（1400），小笠原长秀作为新的信浓守护到达信浓，此前他一直在京都侍奉将军。为了展现守护的权威，他迫不及待地向国人征收年贡，激起了豪族的强烈反抗。以村上氏为中心，信浓北部、东部、中部的海野、井上、石川、二柳等豪族都纷纷加入，组成了"大文字暴动"起义军。小笠原长秀气急败坏地召集南信浓伊那及府中（国府衙门附近地区）的小笠原同族前去镇压。双方在大塔地方爆发激战，最后小笠原方全军覆没，长秀本人丢弃领国灰溜溜地逃回京都。因为这场颜面扫地的败战，他的信浓守护之职也被将军撤掉。后来足利将军先后将信浓守护之职授予小笠原的伊那分家和铃冈分家。最后的信浓守护是铃冈的小笠原政秀，但他于明应二年（1493）被伊那的小笠原定基暗杀，事后定基又投降于府中的小笠原长栋之下。府中小笠原经过一番曲折最终重新统合了各个分家，但信浓的守护也随着小笠原政秀被暗杀而一并消失。没有了统治信浓的名义，国内的豪族逐渐不再听小笠原的号令，到了武田信虎、晴信父子的时代，信浓的中部虽然有府中小笠原这个大家长，但实际上是一盘散沙。

不过，武田家要破开小笠原这块鱼腩，还有一个后顾之忧。甲斐在北与中信浓的佐久郡交界，在西则与南信浓的诹访郡交界，一旦武田家越过北面边界上的三国岭进入佐久郡腹地，南信浓的诹访家便会出兵攻入甲斐国内，堵住武田军南归的退路。以前的海野口战，正是因为这种顾虑，武田家才放弃了好不容易攻下的海野口城。

诹访，是神的国度。

在日本的神话时代，以出云为中心，统治着西日本的是大国主；天皇朝廷的前身大和国则统治着日本的中部。后来大国主接到光明之神天照大神的神谕，要他将出云让给大和国，尽管大国主本人及长子事代主都愿意服从神谕，但他的次子建御名方却极力反对。为了让建御名方屈服，天照大神派出雷神化身为

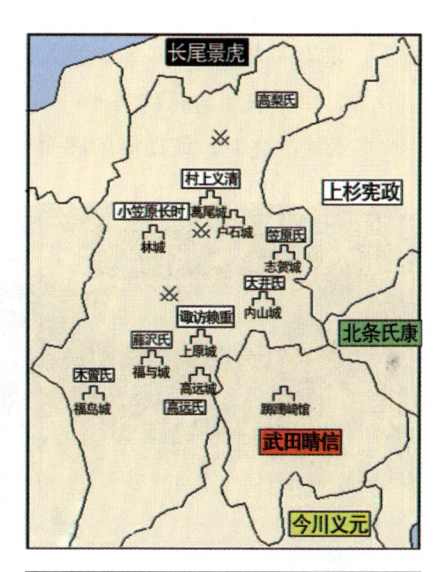

◇ 信浓势力图

凡人与建御名方相扑，事前约定，相扑得胜的一方，便能随意处置出云国。但是相扑的时候，作为大神之一的雷神居然奈何不了建御名方这样一个凡人，一怒之下他使出了神力，十根手指都化作了电光缠绕的雷剑，此时建御名方才发现自己触怒的是一位大神，惊恐之下也顾不上相扑了，转身便向东逃走。此事据说是日本相扑运动的起源。

再说向东逃走的建御名方，一直逃到东山道的诹访才停下来，在这里他以他那超越一般神的力量打败了当地的主神泻矢神，从而成为百姓膜拜的对象，人们称他为"建御名方神"，后来大多直接称之为"诹访大明神"。

大概是出于对大国主父子让国的补偿，历代天皇朝廷也承认诹访为大明神的神领，诹访先是作为日本独立的一个分国存在，后来被并入信浓国成为其下的一个郡。诹访大明神是日本的三大军神之一，他的妻子八坂刀买神则是日本的农耕狩猎之神，在日本的诸神中地位极高，作为供奉他们神主的诹访神社，也是日本最为古老、规格最高的神社之一。诹访郡为神领，实际上也是诹访大社的社领，在人间直接由大社的大祝（即中国的庙祝）统治。

诹访大社明为一座神社，其实是由两座不同的庙宇组成，被信浓最大的湖泊诹访湖间隔开来。在湖的南面，是大社的前宫和后宫，合称为"诹访大社上社"，供奉的是诹访大明神本尊；湖的北面是春宫和秋宫，合称为"诹访大社下社"，供奉农耕与狩猎女神——八坂刀买神。

冬天极冷之时，诹访湖的湖面全部结冰，但是在湖中央的冰面常常非人为

◇ 诹访大社上社本宫

地爆裂开，形成一条长达数十里、连接诹访上社与下社的狭窄水面小路。这种自然现象称作"御神渡"，有点类似于中国的鹊桥，被当地人看作是上社的男神与下社的女神过湖相会留下的神迹。

即便是神的国度，始终也是由人来治理的。

自平安时代（749—1185）起，诹访神社上社大祝便一直由诹访大明神的子孙诹访氏担任，大祝堪称是信浓国中之国的国王，沐浴在神的光辉之下。诹访氏的家系肆意蔓延，发展出高远、关屋、深泽、皆野、保科、笠原、千野、有贺、四宫、知久、宫所、平出等十余家分支，这些家族团结在宗家诹访氏周围，形成一支强大的武士集团，被称作"神家党"。出于对诹访大明神的敬畏，历史上的各代统治者都对神家党敬而远之。而在动乱时期，神家党时而攻入甲斐，时而侵入信浓中北部，弄得甲斐和信浓的守护们都敢怒不敢言，颠覆信浓守护小笠原的"大塔合战"，神家党也参与其中。

强者的崩溃往往是从内部开始的。在室町幕府建立前后的战乱之世，诹访家宗主的主业是率领神家党武士团在各地作战，诹访神社的祭祀工作反而成为副业。但是为了避免家主战死而临时无人侍奉神明，诹访家内逐渐形成了一个规定：由年长的嫡子继承诹访家的家主地位，负责领导神家党的武士团及处理领内政务，而最小的幼子则将终身作为神社的大祝侍奉神灵。这个政教分离的族规虽然在特定时期起到了保障作用，但是作为大祝的幼子一旦成年，家内的矛盾便随之而生：大祝本是诹访人神合一政教一体的国主，现在仅有祭祀时的礼仪摆设作用，怎能不让他时抢走他政治地位的宗主产生不满？这种不满延续下来，转化为康正二年（1456）大祝诹访赖满与其兄诹访家宗主诹访信满的战争。30年之后，赖满之子，新一代大祝诹访继满将宗主诹访政满父子骗到自己的居城中诱杀，但随后却遭到同族的矢崎、千野、小坂、福岛等势力围攻，

◇ 诹访御神渡景象

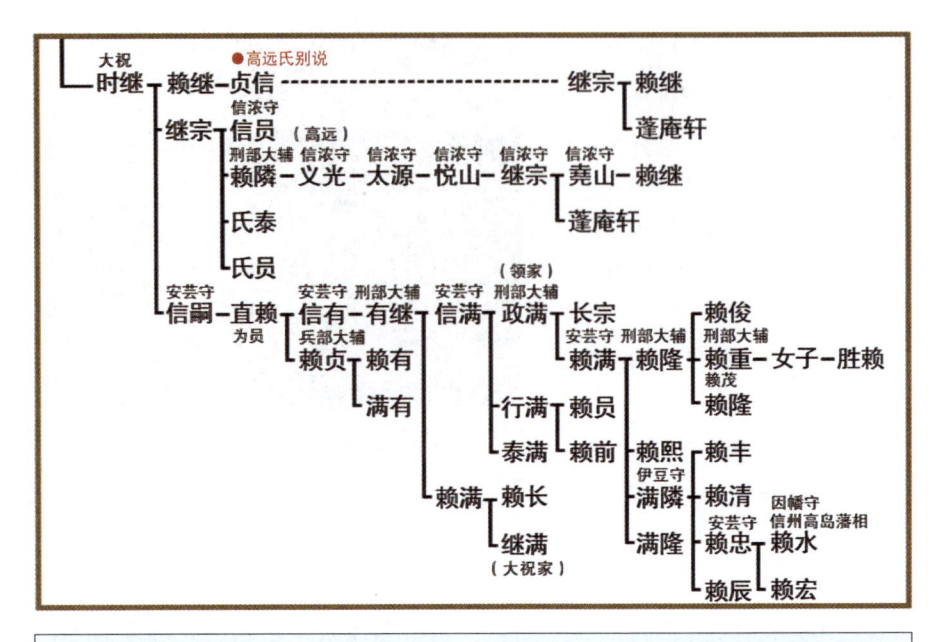

```
                    ●高远氏别说
      大祝
      时继─赖继─贞信──────────────继宗─赖继
                 │                        │
                 │                        └蓬庵轩
           继宗─信浓守
              │信员 (高远)
              │刑部大辅 信浓守 信浓守 信浓守  信浓守
              │赖隣─义光─太源─悦山─继宗  尧山─赖继
              │                          │
              │                          └蓬庵轩
              │氏泰
              │
              │氏员
                                (领家)
              安芸守      安芸守  刑部大辅  安芸守 刑部大辅
              信嗣─直赖─信有─有继─信满─政满─长宗─赖俊
                 为员  │兵大辅│       │  安芸守 刑部大辅 刑部大辅
                      │赖贞─赖有      │  赖满─赖隆─赖重─女子─胜赖
                      │               │              赖茂
                      │满有            │              └赖隆
                      │               行满─赖员
                      │               泰满─赖前─赖熙─赖丰
                      │                         │伊豆守
                      │赖满─赖长         满隣─赖清
                      │                    安芸守    因幡守
                      │继满                满隆─赖忠  信州高岛藩相
                      │                         │   └赖水
                      │(大祝家)                 赖辰─赖宏
```
◇ 诹访氏一族

最终丢掉了所有领地，逃往伊那郡的分家高远氏领内。新一代的大祝，由被诱杀的诹访政满的次子赖满（与前人同名）就任。这位诹访赖满身兼诹访家族总领和诹访上社大祝二职，后来向南打败逃到伊那的诹访继满与高远继宗联军，向北压制了诹访下社，使诹访家进入全盛期。

再说诹访湖北面的下社，其大祝是当地土著出身，与诹访氏并不同族的金刺氏。相比上社威力无穷的诹访大明神，下社所供奉的女神仅是妃神和辅神，金刺氏也一直被压在诹访氏之下，仅以下社附近的霞城为中心，控制着诹访湖以北的一块狭小土地。在上社大祝与诹访家宗主内讧的时代，下社的大祝金刺兴春也想趁火打劫分一杯羹，结果反被诹访一族的矢崎肥前守打死，下社的庙宇也化为灰烬。永正十五年（1518），诹访家的中兴之祖诹访赖满攻落金刺家的主城荻仓城，下社大祝金刺昌春逃往甲斐投靠武田信虎，下社也就此没落了。

享禄元年（1528），武田信虎也曾打着再兴诹访下社的旗号，带着金刺昌春出兵诹访，但却在神户地方被诹访赖满打败。确认诹访是一块硬骨头之后，

◇ 信浓甲斐上野地名图

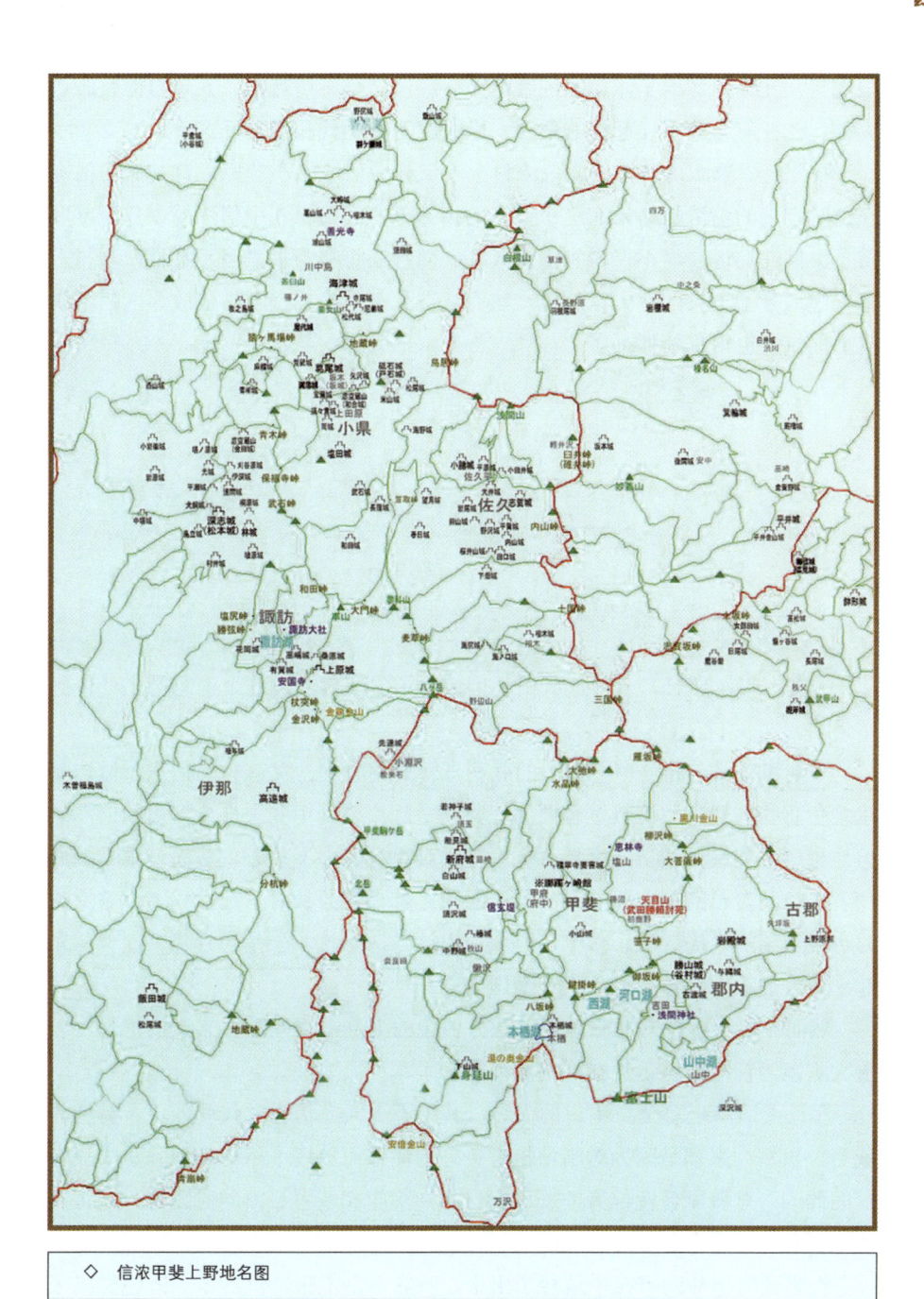

信虎将女儿弥弥嫁给了诹访家的继承人、赖满之孙诹访赖重，并亲自前往诹访大社，在社前与赖重一起摇响祭铃，以祈愿两家世代和平友好。

联合南信浓诹访，拉拢北信浓村上，瓜分中信浓的小笠原，这是武田信虎在位时定下的信浓战略，在这个方针的指导下，武田家在中信浓的侵攻一度取得了突破性的进展，不仅占领了佐久郡，而且还将势力扩张至小县郡，与村上家一起瓜分了小县的海野家领地。然而随着武田信虎被嫡子晴信放逐，信浓棋盘上的棋子也得重新摆列了。

— 第二章 —

守　势

天文十年（1541）六月，武田晴信放逐了父亲信虎，这个消息马上便传到了信浓。

刚刚和岳父一起分享了佐久的胜利，转瞬便收到岳父落马的消息，诹访赖重难免有些怅然。诹访赖重首要的任务就是赶快杀到甲斐去瓜分信虎的遗产，但他也顾虑到仅凭诹访一家要吞下甲斐，难免有些力不从心，故而赖重又派出使者去拉动自己的另一盟友——信浓源氏之首小笠原长时一起出兵。小笠原长时也被甲斐的老虎欺压了多年，早就想出这一口恶气，于是当月两家便匆匆聚起1万人的兵力，急行军杀入甲斐国内。

然而在甲斐国内却并未出现信浓方料想的混乱，得闻敌军来袭的消息，以五大重臣为首的诸将迅速在晴信座前召开了军议。

军议上满满坐着全身甲胄的大将，其中不少人在信虎时代就闯下了赫赫的威名，虽然大家都是因为对晴信抱有美好的憧憬而放逐了信虎，但真正大敌当前的此刻，对着家督座位旁的武田家日之丸御旗和新罗三郎的盾无铠，众将心里都捏着一把冷汗。

没想到晴信却满不在乎地踱了出来，听完军情汇报，沉吟了一阵便做出了出阵的部署：前部分为四阵，分别由饭富兵部少辅虎昌为第一阵，甘利备前守虎泰为第二阵，小山田备中守昌辰为第三阵，板垣骏河守信形为第四阵；自己亲率足轻大将原虎胤、小幡虎盛、横田高松为后阵；后军的日向大和守昌时与今井伊势守清冬为两翼游军，以总计6000兵马往韭崎方向出发，在梨川和盐川之间设阵，迎击小笠原和诹访的联军。

武田家的不少将领在听完了晴信的话语后，便热泪盈眶地伏下了头——少主那泰山崩于前而不形于色的气度，不正是古书上所言的大将之风吗？晴信从容不迫的口吻和部署，彻底打消了武田家臣的疑虑，晴信的两位师傅板垣信形和甘利虎泰的嘴角也露出了骄傲的微笑。

士气大振的武田军迅速地从踯躅崎馆浩浩荡荡地出发，不久振奋人心的消息传来：先锋大将饭富虎昌强行突破了小笠原的盐川防线，控制了河原一带的阵地。晴信火速传令原为后部的日向昌时和今井清冬立刻率300骑兵与饭富部会合，巩固河原阵地。

一时间，小笠原长时和诹访赖重都泄了气，他们原以为晴信的行为一定会造成甲斐武田家内部的大分裂，晴信的部下一定会箪食壶浆以迎王师的，没想到饭富虎昌、小山田昌辰这样的名将却丝毫不动，反倒忠心耿耿地为晴信打起了先锋来了。

虽然如此，长时和赖重自恃兵力优势不肯退兵，要与晴信大战于斯一决雌雄。天文十年七月十九日，武田军于盐川河原设阵完毕，与以诹访部为先锋的联军展开了韭崎会战。

大战伊始，诹访部的士兵遥遥望见武田军的后方竖起了割菱旗（武田家的家纹为割菱），误以为武田晴信的本队人马还在后方，便纷纷嘲笑起晴信的贪生怕死。这时武田军的前方突然竖起了大旗，上书"八幡大菩萨"，以此为进攻信号，顿时号角声四起，武田军的士兵立刻分路向联军阵地突击。措手不及的诹访部先锋西条式部还没来得及反应过来，其左翼方向武田的一票人马便如利剑般插入他的军队，领头大将冒着弓矢飞石策马持枪大呼："小幡织部正虎盛得了一番枪！"

小幡虎盛乃是武田家信虎时期就闻名遐迩的猛将，武田二十四将、甲阳五名臣之一。其名字中的"虎"字就是信虎赐予的，由于战场上的勇姿被敌人敬畏地称为"鬼虎"。此刻他在武田家率人马75骑,于战前就摩拳擦掌跃跃欲试。在八幡大菩萨旗竖起之时,就第一个杀入了敌阵。

遭到冲击的西条氏部还没组织好人马便彻底溃散了,武田军的后继部队立刻蜂拥而上,很快便打到了诹访赖重的本队。原为第二队的甘利虎泰贪功心切,指挥队伍如风一般深入了赖重部的核心阵地,赖重立即指挥大队人马左拦右截,甘利队很快呈现出败象,几近崩溃。

晴信见状立刻在后阵竖起令旗,于是原本在诹访军左翼方向的小幡虎盛横马一枪,从诹访军的侧腰狠狠扎了一刀,"小幡织部正虎盛又得了一番枪!"紧随小幡之后的横田高松和多田满赖也先后冲入了诹访军,其中横田高松挥舞长枪连刺诹访家三将落马,诹访家顿时被杀得七零八落,赖重慌不择路地在近侍的护卫下逃跑。

小笠原长时眼见前方的诹访军在短短时间里就被武田军打得体无完肤,便急催人马冲杀了过来,先锋雨森修理亮和武田军的小山田昌辰绞杀在了一起,打得难分难解。但是雨森修理亮很快就被赶来支援的晴信"旗本"队(旗本相当于大名的禁卫队)击溃。小笠原长时也是个久负盛名的勇将,此刻他见败势已显,反倒被激发了决死战斗的勇气,命令竖起小笠原家的"三阶菱"旗,希望激励部下士气来反击武田军。但是这一举动就像血腥味吸引了狼群一般,武田家的士兵得到了晴信"一人不残皆讨捕"的命令之后,疯狂地朝着长时的旗帜处进攻,希望斩下敌人总大将长时的首级。小幡虎盛一马当先,又第一个杀入了长时的本阵,斩杀了小笠原家的足轻大将木村又次郎。惊慌的小笠原军又见侧边的山麓树林之中出现了无数旌旗、长枪和闪现的人影,锣鼓号角声震

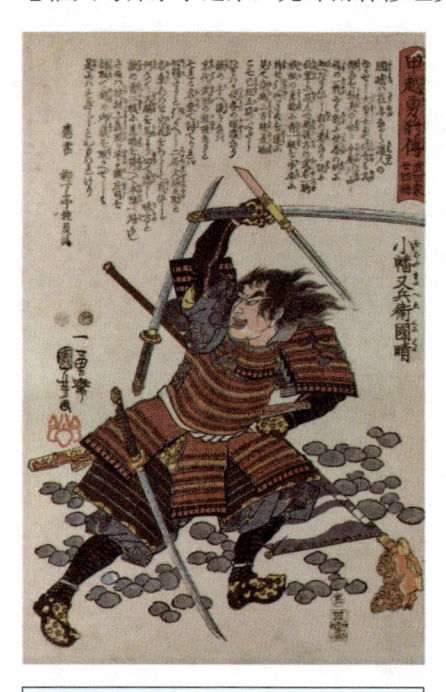

◇ 小幡虎盛

天动地。其实这些人马全都是武田家臣原加贺守昌俊组织的甲斐国的百姓，人数一共有5000多人，他们带着锣鼓，举着纸糊的旗帜高声鼓噪恐吓敌人。坚持到此刻，联军的战斗意志彻底崩溃了，在战场上留下了2700多具尸体，灰溜溜地败缩回了各自的领地。此战表现最为出色的便是足轻大将小幡虎盛：三次杀入敌阵，三次获得"一番枪"荣誉，作战中人受伤七处，马受伤六处。据说小幡虎盛的爱马原名"月毛"（意思是皮毛洁白光滑），战后满身血污，变成了"栗毛"。

一战完胜之后，武田方的将领对晴信的敬畏不由得又增添了几分。

但当下的形势，却并未让武田家松一口气。

此前由于武田信虎和北信浓的村上义清两面夹击，分布在小县及佐久的豪族海野氏领地被瓜分，其当主海野栋纲往东逃到关东管领上杉宪政处寻求庇护。收到武田信虎被放逐的消息，海野栋纲立即向上杉家请求借兵收复领地。此时韭崎合战还没有产生结果，上杉宪政已得知诹访与小笠原出兵，也乐得趁火打劫，于是七月初，上杉宪政派出以箕轮城主长野业正为主将的大军攻入信浓的佐久郡。当地的豪族平贺、大井、内山、志贺等家几乎未经作战便降于长野业正马下，随后业政在佐久安插了关东管领的代官，又派使者与诹访赖重缔结和议，便率领人马回箕轮城了。经过这样一折腾，武田信虎好不容易吞下的佐久郡又吐了出来。

尽管上杉军占领了佐久，但由于与诹访达成的和议，小县仍被村上和诹访两家所占领，怂恿上杉出兵的海野栋纲并没有取回自己的老家，不久就在上野的长野业正处郁郁而终，他的嫡长子海野幸义早前便在与村上氏的神川之战中战死，海野家也因此没落。不过海野栋纲的孙子里面有一个叫真田幸隆的人，在他手上海野一族又重建了辉煌，当然这是后话了。

眼看上杉军在佐久得势，北信浓的村上义清也开始蠢蠢欲动，而在韭崎战败的诹访赖重与小笠原长时对于因晴信的奇计而招致的失败颇不甘心，这三家再拉上筑摩郡的豪族木曾义在，号称"信浓四大将"的四家组成了一支为数18000人的联军，于天文十一年（1542）春浩浩荡荡杀入甲斐国内。

武田晴信并非甘于被动挨打之人，这一年的元旦一过，他便派出数十名忍者分别前往信浓各地，打探信浓诸将的人品秉性以及军事动向，查知信浓四大将即将采取攻势后,晴信又派出使者前往甲斐各地,动员地方上的豪族们将兵马钱粮全部集中到踯躅崎馆,挖壕筑垒准备在城下与信浓之敌决一死战。

三月初,信浓四将联军越过武川,逼近踯躅崎馆,但随后便遭遇连绵数日的春雨,被迫滞留于武川之畔的濑泽。无聊之余,联军的大将们都开始在营内饮酒作乐,这些情况已被武田方忍者一五一十地掌握。三月七日,武田家在踯躅崎馆召开了军议。按照先前的积粮筑垒的架势,众将都以为晴信将选择守城,晴信此时却说道:"先前的守城举动,只是为了让敌方放松警惕,现在遭逢大雨,久滞不前,敌方士气已竭,正是急袭的大好机会!"大家短暂地诧异了一下,随即对晴信的智识佩服得五体投地。

三月八日,武田军8000人自踯躅崎馆出发,九日上午到达了濑泽的佬表原。信浓联军此时也草草做过一番准备,拉开了阵势:村上义清与诹访赖重居中,小笠原与木曾在后。而武田这边则摆出了七阵:饭富虎昌与甘利虎泰分别为左右前锋,其后是武田晴信本队,板垣信形与郡内的小山田信茂为左右两翼,日向昌时与浅利信音为后队。武田的主攻目标只有对方的村上与诹访部,因为这两家最为彪悍顽固,一旦将他们击溃,后面的小笠原和木曾便不足为虑了。

九日上午辰时,稳坐本阵的武田晴信猛地一挥军扇,武田的前锋发起了猛攻。冲在最前面的是饭富兵部少辅虎昌,他率领的骑马武士团皆着红盔红甲,有着"赤备"(赤甲军)之称,是为武田家第一的强力军团。饭富的赤备如一团红云般席卷过去,瞬间便把诹访军打出一个大缺口;而甘利虎泰也不甘落后,他以更犀利的攻势直接冲过村上家的前队,杀入村上义清的本队之中。村上义清号称北信浓第一的豪将,面对这突如其来的变化反应也异常灵敏,他一边指挥本阵武士拼死挡住甘利虎泰的突击,一边急召就近的部将过来支援,一番调动之后竟然摆出要把甘利队围而歼之的阵势。甘利见势不妙,更加猛烈地东西驰骋,希望能打破对

◇ 原虎胤

方的阵形。一番血战过后，甘利虎泰亲手斩下三名敌将首级，自己身上也受了三四处刀伤，而村上义清对他的包围也就剩最后一个缺口便要完成了。到此时甘利虎泰不敢再恋战，枪一转便掉转马头冲向村上军的缺口，终于在被包围之前逃出生天。

甘利虎泰一败回，武田晴信的本阵难免有所动摇，而另一支前锋饭富队正与诹访部激战正酣，没有遇到任何障碍之下，追击甘利虎泰而来的村上义清便直接杀进了晴信的本阵，阵列已经混乱的旗本武士们根本挡不住村上骑兵的冲击。眼看本阵即将崩溃，晴信身边的足轻大将中一人大吼一声，拖着三尺长的长柄大刀跃入敌阵，其刀锋所到之处，敌军如同割草般倒下，此人身后尚有数十名同样手持长柄大刀的亲随武士跟随主将上前，这一小队人马展现出的气势就如上千的大军一样，横劈竖砍，生生将村上军的攻势扼制住。"村上家足轻大将党野原车之介前来讨教！"为了重振自家士气，党野原车之介冲上前来高声喊出自己的名号，吸引了战圈内敌我双方将士的目光。面对砍来的党野原的大刀，一人横刀一挡一拖，便把党野原车之介甩到了地上，接着快步上去又是一刀，斩下了首级。村上家的武士们此时才有空打量他的相貌，稍有点见识的禁不住喊道："是武田家的夜叉美浓！"

原美浓守虎胤，绰号"夜叉美浓"，作为武田家第一猛将，成名已有数十年之久，20年前在饭田河原之战中斩下今出家大将福岛正成的首级的便是此人。"夜叉美浓"这个名号让人联想到在这劲悍的身躯中似乎蕴藏着鬼神般的勇武，加上党野原车之介身首异处的惨状，难免会让村上的士卒们心中陡然一寒，前面的人一受阻，后面的也跟着停了下来。此时在武田晴信身边，旗本武士们已经重新集结完毕。晴信的军扇一挥，以镰田五郎为首，旗本武士们分成三面插入村上的队列之中，武田的后队日向昌时与浅利信音也穿插过来攻击村上的侧翼。村上义清原本想利用武田军前中后脱节的时间差击破晴信本阵，但是被原虎胤拖住，转眼便陷到了武田主力中遭到痛击，一番拉锯之后全军溃败。

此时武田军左翼的板垣信形，已经将小笠原军稳稳地拖住。右翼的小山田信茂则与木曾军进行了一番交战。木曾家实力本来就不及另外三家，而且他们立足未稳，便被一阵劈头盖脸的石块砸得鬼哭狼嚎。对方的阵形一被打乱，小山田信茂迅速将投石兵后撤，出动近战部队将敌军击溃。此时唯有前锋的饭富

◇ 濑泽古战场碑

虎昌尚陷在苦战之中。饭富的赤备，一度几乎将诹访军击溃，逼得诹访赖重不得不亲自持枪杀敌，随着诹访军重新聚集起来，饭富队便被围在了阵中央。虎昌本人身负四处枪伤，还被诹访家的五名大将围在中央，幸亏虎昌之弟饭富源四郎昌景率领 7 名从骑赶来，冒死将他救出。就在这个时候，武田家获胜的主力开始从诹访军的左侧切入敌阵，迫使诹访全军败退。

濑泽的急袭战，虽然经历了一番凶险，但最终还是以武田晴信的胜利告终。此战武田军取下敌方 1621 个首级，立下首功的原美浓守虎胤九度进出敌阵，亲手砍下首级 11 枚，其中包括知名敌将党野原车之介和津山监物。他和在此战中同样表现突出的镰田五郎及饭富昌景一起受赐了晴信颁发的感谢状。

以信浓四大将联军的优势兵力，最终仍被武田晴信击溃，就连信虎也未必有这番能耐吧。信浓的人们在退回老家的路上，一想到甲斐的年轻老虎，都心升丝丝寒意。

— 第三章 —

诹访征服

"欲取信浓，先定诹访"，武田之人心里一向很清楚。现在摆在武田晴信面前的是，就算是把妹妹嫁到诹访家也无法安抚诹访赖重躁动的心，那么便只有与诹访家彻底拼个你死我活了。

在诹访，除开诹访赖重，第二大的势力便是与诹访家同族的高远氏。高远氏出自诹访宗家中的一任宗主诹访信员，此人在宗家的内部倾轧中失势，便退往南方的高远城开创了高远氏。到了战国时代，高远氏已发展成为据有诹访郡南部及伊那郡北部的诹访第二大势力，由于先前的这段历史，历代高远氏一直都与宗家唱对台戏，无时无刻不谋划着推翻宗家，重回上社继承家主之位。不过在诹访中兴之祖诹访赖满一统诹访之际，高远氏也不得不暂时屈服在赖满的兵威之下。等到诹访赖重在甲斐接连吃了几次大败仗，此时的高远当主高远赖继又开始蠢蠢欲动了，他先是在诹访西部的四个乡挑起了暴乱，接着以出兵镇压为名，将四个乡之地收入囊中，准备就这样一步步蚕食宗家的领地。

在濑泽吃了败仗之后，信浓四大将各自回国休整。当时又到了春耕播种的时节，他们的家臣和农民兵也解散回到了自己的土地上，因而面对高远赖继的挑衅，诹访家居然一时间集结不起兵力来讨伐。捕捉到这一情报的武田晴信，迅速派出使者前往信浓高远城，他带给高远的，是一条赖继无法拒绝的合作方案：武田与高远同时出兵，从东西两面夹击诹访氏，一旦灭掉诹访赖重，高远氏分取上原城以西的半个诹访，武田家分得上原城以东的半个诹访，同时诹访

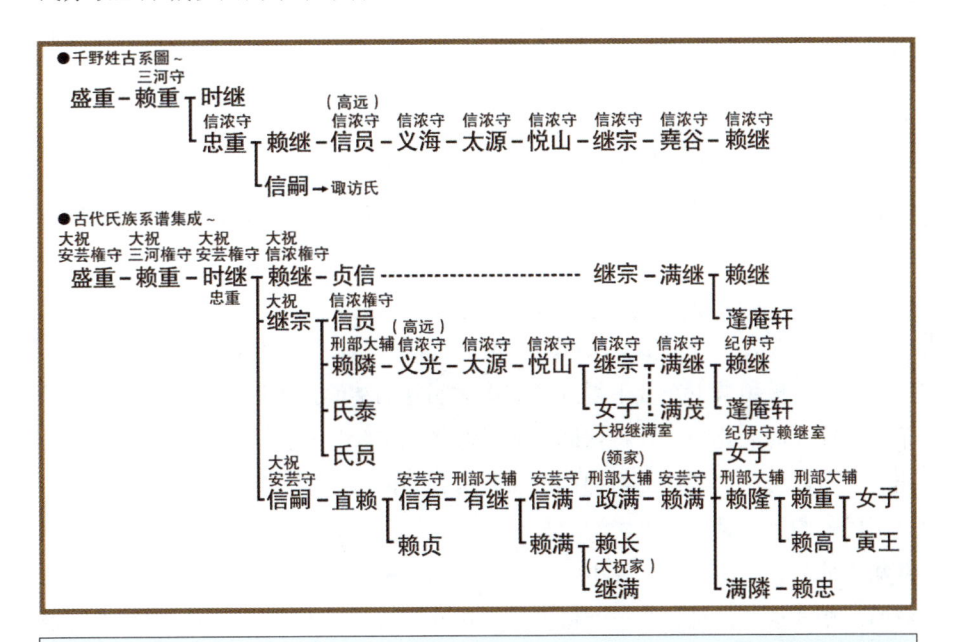

◇ 高远家系图

家的宗主和诹访神社的大祝之职由高远赖继继承。眼看祖上五代的遗恨就要在自己手中填补，高远赖继和他的叔父高远蓬庵轩带着这份幸福的憧憬，说动伊那郡的大小豪族组成一支联军开始向诹访家的居城上原城进军。

得到高远赖继的积极响应之后，武田晴信也迅速在领内进行了总动员，为了避免因农民下地播种而造成的兵源不足，他还广为收纳流浪到甲斐的浪人武士，组成几支浪人队作为辅助部队。

天文十一年（1542）六月，武田家8000人浩浩荡荡地杀入诹访，此时诹访赖重正因背部生了一个大疮而卧病在床，部分重臣也已出兵西诹访以对抗高远赖继的攻势，事前谁也没想到武田家在濑泽合战三个月之后就能这么快地聚起大军来，因而武田军进入诹访之后势如破竹，除了遭到一些零星的诹访神信徒据守山林的骚扰之外，根本没有遇到正式的抵抗。

眼看诹访家只剩最后一口气了，为了防止北面的村上与小笠原南下抢夺胜利果实，武田晴信亲率4000人回军向北，扼守住诹访通往中信浓的关口——大门岭，板垣信形、甘利虎泰、饭富虎昌三将则率精锐部队直奔诹访家的老巢上原城。随板垣三将一道南下的还有500名浪人武士，这些人所到之处，如同蝗虫般将村庄田地扫荡得一干二净。武田的正规部队看到浪人们这么做，也纷纷效仿，搞得诹访领内乌烟瘴气。

战争，不仅是为了打败对方，更重要的是征服对方，作为驰骋沙场数十年的老将，板垣信形很明白这一点，而诹访的人民越来越激烈的反抗让他察觉到了一丝危机："再放纵士兵，征服诹访的事业就有点棘手了。"老将找来同僚饭富虎昌与甘利虎泰，三人商议之后定下了一个计策。

接下来几天，一个传言从板垣信形的亲信开始，迅速传遍了武田的军营："据说昨夜板垣殿下在梦中得到了诹访大明神的神谕，诹访大明神确认晴信殿下为他在人间的化身，并将扶助他取得诹访之国！"紧接着板垣信形向全军发出了一条通告："诹访大明神已承认晴信公为诹访之主，诹访之子民即是武田之子民，今后凡是侵扰人民者，与在甲斐犯法同罪！"此令一出，浪人们再不敢胡作非为。而诹访的百姓中也有许多人相信神谕而陆陆续续服从于武田家的统治。毕竟这个说法并非全无依据，当年武田晴信降生时，诹访大明神在踯躅崎馆显灵转身的传说早已传遍各国，出于800年来对诹访大明神的信仰，诹访

◇ 武田军的"诹访法性梵字旗"
（边纹为梵文咒语）

◇ "诹访法性之兜"复原图

的人民本来就对邻国这位大明神眷顾的君主有一些好感和期待。

板垣信形奇计奏效的消息也传到了大门岭的武田晴信处，"不愧是骏河，还是老人家思虑深远啊，但是真的有神谕这回事么？"晴信又一转念——"神谕一经宣示，那就一定得有这回事，要统治神的国度，确实只有借助神的力量了。"既是如此，晴信遂招来众将，当着大家的面宣布道："板垣殿下得到神谕的传闻想必大家也有所耳闻，实不相瞒，吾也于同一夜得到过诹访大明神的神示，只是苦无验证暂时密而不发，现在板垣与我同受神谕，如此说来绝非妄言，今后，汝等须谨记：诹访大明神即是吾，吾即是诹访大明神！"随后武田晴信又下令，在武田军本阵加入诹访大明神的军旗，以示军神与自己同在。同时他还采用"诹访法性之兜"作为自己常用的头盔，完全以一副神的使者的姿态出现在战场上。

有军神诹访大明神在身后坐镇，武田军士气大振，一口气于七月二日攻落诹访家居城上原城，随后又将出逃的诹访赖重包围于桑原城。桑原城虽是一座小城，却也地形险要，一时难以攻落。正在西诹访攻城略地的高远赖继得知武田进军神速，也掉转马头向桑原城靠拢过来，在诹访宗家灭亡的大喜时刻，他怎么能错过登场机会呢？然而武田晴信却并不愿意让他过多地分享灭亡诹访家的成果。

七月四日，桑原城的诹访赖重在病榻前接见了武田家的使者。"晴信公本无向诹访张开弓矢之意，只是殿下您贸然参与他们父子相争，连番入侵逼人太甚，不得已才前来讨伐。而今桑原城破只是早晚之事，且又有高远赖继在旁，玉石俱焚之时，赖重殿下您的家名与血脉恐怕将不免断绝。作为姻亲之家，武田家并不希望看到这种结果。若您能放下干戈，暂时将领地交由武田看管，再亲自前往甲斐谢罪，晴信公也不会刻意为难的。"

事已至此，终不免任人宰割，虽然这是战败武将的宿命，但是诹访赖重心底还有一丝牵挂，那就是他的夫人弥弥和刚出生三个月的嫡子寅王。"若是息兵开城，作为兄长的晴信想必也不会难为他们母子吧，或许，寅王还可以继承诹访的家门，就算只是作为晴信的傀儡而存在，只要香火不断绝，诹访家终有东山再起的机会！"

七月四日，桑原城向武田军开城投降。事后武田家与高远家以纵贯诹访郡的宫川为界瓜分了原诹访郡的领地，宫川以东的上原城、诹访上下大社尽在武田的控制之中。而诹访赖重未死且在武田家的掌握之中，之前许诺给高远氏的诹访家总领与神社大祝之职根本就是一句空话。这时候就算高远赖继恨武田恨得牙痒痒的，也不敢与气势正旺的武田军正面作战，只能恨恨地打道回府。

七月二十一日，武田晴信勒令诹访赖重在甲斐的东光寺自杀，与赖重一起切腹的还有他的弟弟大祝赖高，随后晴信便宣布还在襁褓中的寅王成为诹访家新一代总领。

◇ 上原城（后名高岛城）

虽然传到诹访的消息是诹访赖重背疽破裂病发身亡，但仍有不少人清楚这是武田做的手脚，部分对诹访家还存着幻想的便愤然起兵，趁此机会高远赖继也于九月再度从高远城出兵，一举攻下上原城，并占领了诹访上下大社，这成为武田晴信再度出兵诹访的借口。

九月，已是农闲时分，武田晴信一番动员之后，聚起2万人的兵力，打着为寅王扫平叛党的旗号再度杀入诹访。这时诹访家族尚有一些人留守当地，包括诹访赖重的叔父满隆、满邻在内都不愿看到宿敌高远赖继一统诹访，纷纷加入武田的阵营。而在高远这边，总兵力仅有5000人，双方在宫川之滨遭遇，马上就陷入一边倒的战况，高远赖继的主心骨之一，其叔父高远蓬庵轩当场战死，赖继丢下800多具尸体退往高远城。

打败高远赖继之后，武田家才算真正统领了诹访全郡。此后武田晴信任命板垣信形为诹访郡代，坐镇上原城。所谓"诹访郡代"，便是诹访郡的代理长官，这也标志着诹访郡成为武田家的直辖领地。

◇ 武田家的"风林火山"军旗

从前后的过程来看，武田晴信似乎事先已计划好要将诹访郡直辖化，毕竟这块土地的肥沃程度不下于甲斐国，而且比起偏远的甲斐，诹访更适合作为向信浓中北部进攻的基地。但若是事先便派人稳守诹访东半郡，那么一来要长期面对当地豪族的反抗，二来不知相持多少年才能等到进攻高远赖继的时机，所以晴信先退回甲斐，通过逼死诹访赖重迅速激化诹访郡内矛盾，让高远赖继有机可乘主动进攻，而当敌人聚到一处的时候，再以绝对优势的兵力给予毁灭性的打击，这样便足以给诹访各地的豪族和高远赖继留下浓重的心理阴影，这正是三国时代曹操平定关中时诱敌出洞、聚而歼之的兵法之翻版。武田晴信之熟读中国历代历史典故以汲取经验可见一斑。此外，他还把《孙子兵法·军争篇》中的名句"其疾如风，其徐如林，侵略如火，不动如山"四句做成了武田家的军旗。

057

— 第四章 —

恶鬼与美人

天文十二年（1543）正月，为了向武田晴信恭贺新年，重臣们齐聚踯躅崎馆，这其中也包括镇守诹访的板垣骏河守信形。朝贺之后，武田晴信将板垣信形留下来商议经营诹访之事。常驻前线的板垣信形深感诹访领地广阔、疆界过长，而且三面被敌人环绕，防守极难，非得筑几座坚城才较为牢靠，他向晴信推荐了一名筑城的能人。

板垣信形推荐的人名叫山本勘助，此人尚是浪人身份，想出仕今川却因形貌丑陋、家门低下而被拒之门外。信形介绍的是他的优点：此人专长于兵法，熟习攻城筑城、布阵破阵，剑法也甚为了得，乃是在诹访主持筑城的最佳人选。板垣信形这么一说，武田晴信首先想到的却是去世多年的荻原常陆介昌胜，荻原常陆介昌胜是他幼年的兵法启蒙老师，在他成长的岁月中，晴信曾无数次听老臣们提及常陆介的丰功伟绩，这样的名军师，武田家三代才碰到一个。"如果要建立超越父亲的功业，得有个不逊于常陆介的军师在身边啊！"

"如果真如骏河所说的那般出色，那么就给 100 贯的俸禄让他过来吧。"当时的 100 贯相当于现在的 670 万日元，在武士中来说已经是较高的待遇了。就这样，那个不久前还在今川家臣庵原安房守门下吃干饭的浪人，摇身一变作为一个高级武士来到了晴信门下。

虽然早就听说过此人样貌丑陋不堪，但是真正出现在面前，山本勘助的样貌还是把武田家的人吓了一跳：远远望去来人是个跛子，只见他一瘸一拐地来到堂前，颤巍巍地向晴信行过叩首礼，受命抬起头来，众人又看到他一只眼

◇ 山本勘助画像

上绑着眼罩——还是个独眼龙，加上黝黑的皮肤和满脸的刀伤与皱纹，简直像是从地狱里爬出来的恶鬼。一万人里面也未必能找到这么一个六根不全、丑陋不堪的，难怪今川义元看了之后便将他轰了出去。

武田晴信见到山本勘助的面貌难免也有些惊诧，但他马上就冷静下来正色与他交谈。慢慢地，三河、远江、骏河、信浓、上野各国的风土人情、势力分布、大名虚实、性格喜好一一在晴信面前展开，四国、九州，乃至陆奥出羽的战争仿佛就发生在眼前；是非成败，轻描淡写地一一道出，切中要害。从来人那看似孱弱猥琐的身躯中，晴信看到了能够攫取天下的力量。

"今川家不用此人，怕是武运已尽，以勘助的才学，早晚将名震一方，100贯对你而言太少，给你加到300贯，任命你为足轻大将！""还有，再将武田晴信的'晴'字赐给你，从今往后，你便改叫'山本勘助晴幸'。"未立寸功骤得这样的巨赏，荣华富贵降临在身上的这一刻，往日的种种辛酸回荡在心中，让堪助忍不住流下感激的泪水。

山本堪助，原名山本源助，生于骏河国富士郡山本村，父亲山本贞幸，是侍奉骏河今川家的一名乡下武士，山本勘助是山本家的次子，而且幼年时一目失明，加上右腿残疾，本来要被送去出家，却受到三河国牛洼的武士大林勘左卫门的怜悯，被收作养子，取名为"大林勘助"。山本勘助20岁的时候开始游历全日本学习兵法、筑城以及剑术，不仅熟知各地地形和攻战之术，而且还精通"行流"和"新当流"两个剑派的剑法。等他回到三河之后，却发现养父大林勘左卫门已将大林家的家业传给了亲生儿子大林贞则，三河没有了他这个养子的立足之地。于是山本勘助前往骏河投靠远亲庵原安房守忠胤，希望通过庵原忠胤的推荐出仕今川家。但是此后山本勘助在忠胤门下一待九年都没有找到出仕的机会，好不容易通过今川家重臣朝比奈信置的举荐见到了今川义元，然而义元沉迷于京都公卿文化的奢靡华丽之风，根本容不得山本勘助这样面目丑陋的人在手下煞风景。所以直到50岁，山本勘助都没有找到出仕的机会。

生在战国这样的乱世，无数低微之人从茫茫尘土中拔地而起，成为称雄一方的大名或名扬日本的战将，这是一个任何人都可以突破原有的阶层等级、世俗眼光，展现出自我价值的时代。就算是仅是骏河乡下大名的次子，就算是独眼又跛足，山本勘助也想在这个时代展现自己的风采。正因为自身条件比一般武士都差，所以他才花费漫长的时间去精研兵法、筑城这些具有极高技巧、一般武士难以通达的本领。但是在他50年的生涯中，只有武田晴信能透过他丑陋的外表，看到他内在的才华，而且给他的殊遇，是别人想都没想过的。和武田信虎滥送"虎"字相比，武田晴信的"晴"字似乎从没赐给过任何人，山本勘助晴幸是不多的特例。这一切怎能不让山本勘助感激涕零、发誓以死相报呢？

既得恶鬼，复思美人。对美好事物的向往是人类的天性，就算武田晴信胸怀再怎么宽大，眼界再怎么高远，但是经常面对这样一个长得如同恶鬼般的男人，还是有点吃不消的。这个时候，武田晴信便需要美貌的女子来慰藉心灵了。此时的晴信才22岁，正是血气方刚的时候。

晴信看上的是诹访赖重与侧室小见夫人所生的女儿。现在已经无从得知这位女子的名字，所谓"湖衣姬、由布姬"等名字都是日本小说家凭想象胡编乱造的。井上靖所著的《风林火山》将她命名为由布姬，乃是因为作者当时的写作地点是在大分县的由布院，看到远处的由布山而信手拈来"由布"两字以为其名。一般正史对她的称谓，通常是"诹访御料人"。所谓御料人，从词意上说也可以理解为领取特殊津贴、特殊年贡的女子。拿到现代来说，"诹访御料人"就是出自诹访家的小妾。

◇ 《风林火山》中柴本幸所饰的由布姬

由于诹访赖重的正室夫人、晴信之妹弥弥在天文十二年（1543）正月十九日，已经因病追随其夫于地下，因而晴信已经没有什么面子上的顾虑了，当他听闻诹访家的女儿生得如花似玉后，便找个机会前去见了一面，事后也不管对方是自己名义上的外甥女，决意要纳其为妾。

但是此事却招致武田家重臣们的极力反对，大家的理由很简单，该女的父亲是被晴信逼死的诹访赖重，让他的女儿夜伴枕席是很危险的事；再者，杀其父而娶其女，这种似乎有点无道的行为让重臣们看到了武田晴信向父亲武田信虎靠拢的迹象。

为了缓解主公因整日面对自己而产生的不快心情，山本勘助站出来说服重

臣们："诹访的各家尽管现在服从武田，但只是屈服在我们的武威之下，日久难免再度为乱；寅王毕竟是赖重之子，真要让他长大之后统领诹访，势必会为报父仇而与武田为敌，到时局面恐将不可收拾。如今主公娶诹访赖重之女，一旦生下男孩，立他为诹访之主，诹访的豪族们想必也会尽心服从，这样一来诹访之地就代代为武田之血脉统领了。"

这种深远的眼光和义正词严的论调，足以让重臣们为自己的短视而汗颜，不再反对。不久武田晴信便顺利纳诹访御料人为妾。当时，这名少女才14岁，三年之后，她生下了武田晴信的第四子，这个男孩果然如勘助所言，被安排继承了山本诹访家的总领之位，并沿用了诹访家代代相传的通字"赖"，全名为"诹访四郎胜赖"。

身为一国之公主，一旦国破家亡，便要承受强颜欢笑侍奉杀父仇人的悲惨命运，这在古今中外的乱世屡见不鲜。但是由于武田晴信是日本历史上的伟人，历代小说家多把诹访御料人被迫嫁给晴信的悲惨遭遇妙笔生花地改写成凄美的爱情故事，毕竟，大多时候，历史只为胜利者而书写。实际上这个可怜的女子，在1554年或1555年便以25岁左右的年龄郁郁而终，甚至连一张画像都没有留下。

◇ 小坂观音院中的诹访御料人供养塔

— 第五章 —

名君之政道

从天文十年（1541）六月初放逐武田信虎，到天文十一年（1542）九月底平定诹访，这一年多里武田家所经历的战事之频繁，甚至超过了信虎时代，而且每场战争几乎都是倾甲斐之国力投入。在诹访战争中，武田家甚至出现因兵源不足而不得不拉浪人来充数的窘况。战争，从短期来说可以依靠卓越的战术来获得胜利，但从长期来看，仍旧是以军事实力和经济实力为根本的国力的较量，要占领更广阔的领土，首先便需要更强大的国力。

因而在平定诹访之后的一段时间，武田晴信并没有急着展开大规模地扩张，而是把更多的精力投入到了领地的经营之中。

战国时代的日本，是一个以农业经济为基础的社会，土地是粮食、人口、兵源的根本来源，耕地的多少自古以来便是衡量诸侯实力的标准。然而甲斐四周环山，耕地本来就稀少，加上富士川、笛吹川、荒川三条急流从狭窄陡峭的上游山中流下，到达中游的甲府盆地后水势难以扼制，极易造成泛滥，而且一旦泛滥，在狭小的盆地中最不易疏导，由此造成的危害往往会持续很长时间，因此而来的耕地和人口流失成为历代武田家主最为头疼的问题之一。

"治水者可以治天下"，这是从中国传到日本的一句至理名言。天文十一年（1542），甲斐国内又爆发了一次大洪水，亲身经历了惨痛教训之后，武田晴信开始着手治理领内的水患，他所留下的成果，便是以他后来的名字命名的"信玄堤"。

如图所示，信玄堤便是在水流最为湍急的地方特别是河川的交汇处，以石料将堤防进行加固。晴信用来加固堤防的材料，是铁笼装上石料与木头搭成的"圣牛"。这种技术在中国李冰建都江堰时便已用到，到后来各朝代更是屡见不鲜，但在当时的日本却是极端先进的事物，因而也令后世的日本人叹赏不已。

除了治水之外，还要用水，武田晴信

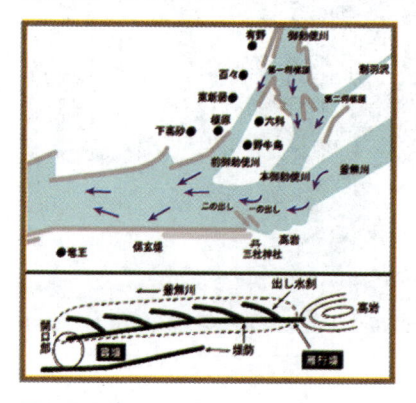

◇ 信玄堤

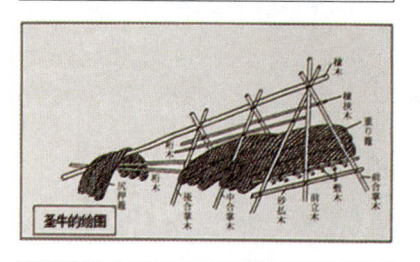

◇ "圣牛"图示

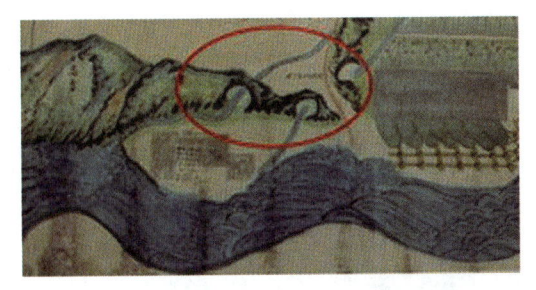

◇ "圣牛"实物　　　　　　　　◇ "龙王取水"示意图

在这一点上颇费了一些巧思。为防止新开的引水渠造成泛滥，他特地命令工匠们凿穿大山脚下的岩石，让引水渠从石洞中通过，这样便有效地限制了引水渠的流速。由此修建的引水工程被称为"龙王取水"。

水患得到治理之后，晴信又于引水渠流经的地方广开良田，在以前被淹没的土地上建设新的村庄，并让村民们轮换进行信玄堤的建设与维护，凡参与此项工作的人都可免除徭役，这也调动了人民的热情。信玄堤的工程前后持续了20年，在此之后半个多世纪，该片区域再没有发生过水患，而以此换来的千顷良田也成为武田家发展的力量之源。

发动战争需要军费，收买和聚拢人心需要财物，维持国主的尊严和起居用度，也需要金钱。甲斐是个山国，没有鱼盐之利，也不能通过海外贸易获取财富。获取靠近大海的领地，也是武田晴信有生之年的梦想之一。但正是由于山地国度的财富来源极度匮乏，反而使得武田家靠山吃山的技术在全日本都占据着领先优势。

黄金，是最直接的财富象征，是大山赐予的宝藏。在甲斐国内的不少大山之中，都蕴藏着金矿，最先在山中采金的只是在山里面修行的山伏（修道者），到了武田晴信时代，在武田家内已经网罗了一批专门探金采金的"金掘众"（又称金山众），这些人具有专业的探矿和采矿技术，被免除了各种徭役，终日穿梭在高山密林中寻找宝藏。光是在甲斐国内，这些人探明的金山就有28座之多，由此开采出来的沙金，也以"甲州金"为名。而武田军每占领一块新的领地，金掘众的探矿工作也会跟着在新领地上展开。

金掘众的先进技术，也在采矿之外的其他领域得到广泛应用：信玄堤的"龙

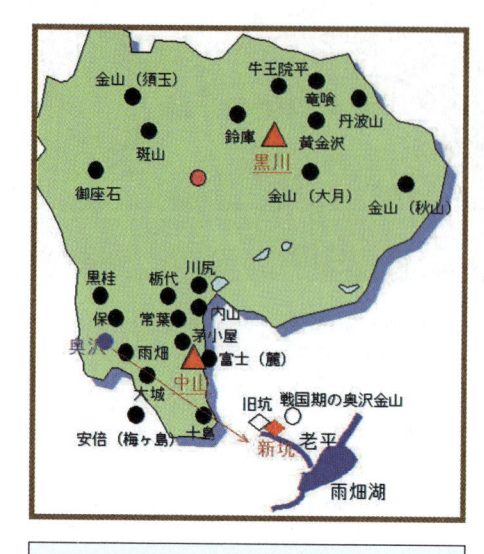

王取水"工程，便借用了金掘众的技术挖通山体。后来在武田军攻打骏河深泽城等一些城池时，金掘众还承担了挖断水源和挖通攻城地道的任务。

为了加强对诹访的控制和方便进出中北部信浓，武田晴信还修建了点对点直线式的、专供急行军用的道路，这种道路被称作"棒道"。后来的川中岛之战，正是凭借棒道的便利，武田军从甲斐出发，到达北信浓的川中岛，只需要6天的时间，而以往非需10天以上不可。

◇ 甲斐周边金山分布图

武田晴信治理领国的种种措施，其目的不外乎是为了壮大实力以便对外扩张，但在某种程度上也给人民带来了福利，比起大多数只知征战和掠夺、不知治理与开拓的战国大名，晴信的这些举措足以让人们将他视作少有的明君。许

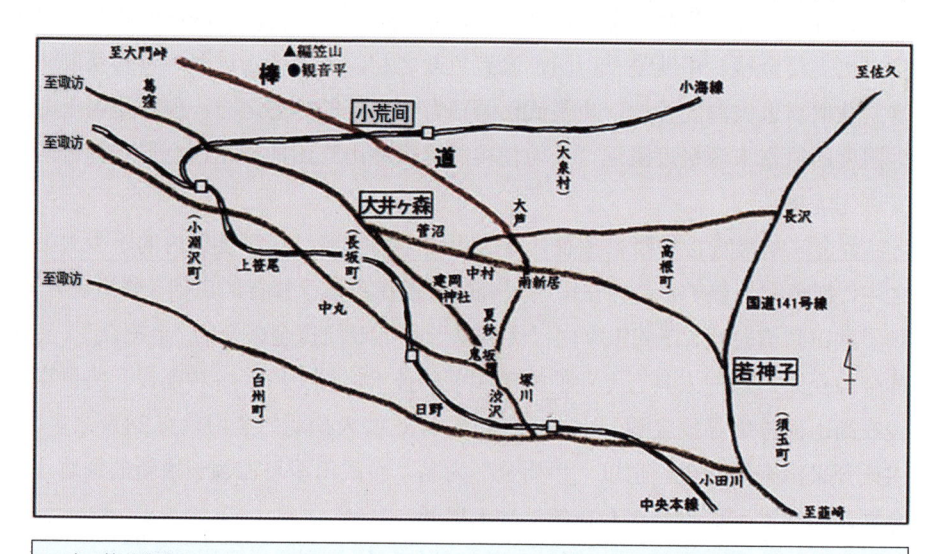

◇ 棒道线路图

多因为武田信虎的暴政而出走的甲斐武士,也燃起协助晴信建立一个崭新国度的梦想,最终回到了甲斐,这其中就包括工藤虎丰的两个儿子——一直在关东流浪的工藤长门守昌佑和工藤源左卫门佑长。

— 第六章 —

信浓的智囊

由于关东北条的存在,以及巩固诹访的需要,注定武田晴信无法把全部的力量投入到对信浓的侵略中去。然而对信浓的蚕食也是他无法放弃的目标,在武力无法达到的时候,就只有先把人心攻下来。就在山本勘助入仕武田家不久,勘助便向武田晴信举荐了一个善于获取人心的人。

这个人名叫真田幸隆,此时正作为浪人居住在上野国箕轮城的长源寺吃干饭,大概也是因此才和同是浪人出身的山本勘助结成了至交。然则真田幸隆却非浪人出身,而是出自信浓一家颇有实力的豪族,他的祖父便是当年被武田信虎和村上义清联合赶走的海野栋纲。海野一族逃往上野之后,时刻想着恢复老家的领地。然而尽管天文十年(1541)关东管领上杉宪政出兵上野,但是只把佐久郡纳入了势力范围,根本不敢与占据小县的村上义清作战。既然在关东管领身上看不到希望,又不可能向世代的死敌村上义清低头,海野一族回复旧领的希望越来越渺茫。

关东管领家的重臣、箕轮城主长野业正十分赏识真田幸隆的才干,但是真田幸隆对上杉宪政很失望,根本不想出仕上杉家。就在这个时候,山本勘助从

◇ 真田幸隆像

武田家发来的邀请信到了真田幸隆的手中。让真田幸隆矛盾的是，要侍奉当年和村上一起瓜分海野领地的武田家，实在愧对先祖，但是除了不可化解的死敌村上义清与软弱不堪的上杉宪政，真田幸隆也不得不承认，有实力帮他重返小县老家的，也只有那位传说中的甲斐英主了。能够重用山本勘助那种奇人的人，必定也能让自己一展所长吧？

是流落异乡含恨而终，还是侍奉敌人夺回老家？在智者面前，没有永久的敌人，智者所追求的往往只是利益最大化和个人价值的最大化，所以真田幸隆选择了后者。

但是箕轮城主长野业正也非等闲之辈，真田幸隆在上野一直受到他的厚待，现在要前去投靠业正的敌人武田家，这种事实无法对业正当面讲出口。所以真田幸隆向业正辞行的理由是自己病重思乡，想去外地寻医，一旦不可救药，也要死在小县老家。长野业正也没多说什么，只是送给真田幸隆几匹老马，叮嘱他好好治病，痊愈之后还是回到上野来。辞别业正之后，真田幸隆便越过碓冰岭，赶往武田领内，等他到达佐久的时候，方与随后赶来的妻子随从会合。但是随后长野业正的使者也赶上来了，不过来者却不是追兵，而是带来了业正的一封信："甲斐武田晴信，实乃当世之名君，阁下前去追随，定能尽展所长，得成心愿，但有我长野业正一日，阁下未必能够越过碓冰岭牧马。"

长野业正这样的名将，为昏君上杉宪政卖命，真是太可惜了。真田幸隆收下长野业正的心意，带着些许遗憾和感叹，又踏上了向南的希望之旅。

不久之后，一个强大的敌人出现在村上义清领地边境上的岩尾城，通过此人的策反，佐久的芦田、小室、内山、前山、矢泽、和田等豪族纷纷降于武田家之下。武田的信浓攻略，也由此再度展开。

关于真田幸隆入仕武田家的过程，也有另外一种说法：幸隆的祖父海野栋纲极为反对幸隆加入仇人武田家。为了换取上杉宪政的信赖

◇ 海野家纹月轮七九曜　　◇ 真田家纹六文钱

继续留在关东，海野栋纲甚至不惜派出刺客前去暗杀幸隆。由于同族羽尾家事先通风报信，幸隆才得以逃脱。到达武田的领地之后，他为了表示与祖父海野栋纲断绝关系，将真田的家纹由海野的"月轮七九曜"变成了"六文钱"。传说此后真田家的士卒随身都会带着用绳子串好的六文钱，战死后就用这六文钱来付渡过冥河的船资，以此表示真田之人不怕死的信念。另有说法认为这六文钱代表的是佛教中的地狱、恶鬼、畜生、修罗、人间、天上转生六道。其实这也是真田幸隆用来向武田家表示忠诚的一种手段，不过后来他确实以善于进攻著称于世，获得了"攻弹正"的美名。

— 第七章 —

相模巨人北条氏康

天文十四年（1545）四月，武田晴信出兵南信浓，一举攻灭了苟延残喘的高远赖继和其盟友。但在七月回到甲斐之后，晴信便收到了骏河今川义元的援军邀请。义元要攻打的对象，乃是相模的北条氏康。

就在晴信继承武田家督的20天之后，相模国的统治者北条氏纲死去，这位北条早云之子，小田原城的大名，主宰了北条家22年的命运。北抗上杉管领，东击镰仓公方，西拒骏河今川，是把相模北条氏带向强大繁荣的英主。他在弥留之际，还为自己的继承人氏康留下了著名的"氏纲遗训五条"：

◇ 北条氏康像

一、无论大名或武士，万事以道义为先。违道义之人，纵能夺取一国，亦将受后世之辱詈。

二、无论武士农民，均应慈爱待之，不可舍弃一人。

三、戒骄躁，不逾矩。

四、平日务以简约为要事。

五、胜战之后切忌奢侈、轻敌、无礼放任之行为。

继承北条家主之位的北条氏康年长晴信六岁，但已是位勇猛善战，兼具智略的名将。此人初次上阵便在小泽原之战打败关东管领上杉朝兴，后来又于国府台之战斩杀了小弓公方足利义明，在继承家督之位前便已威震四方。

◇ 关东八国

足利幕府在日本的统治体制，乃是京都的将军与关东的公方为核心的二元统治。京都是足利家的政治中心，历代足利将军便居于此，由同族一门的细川、斯波、田山三家轮流担任管领辅政；而关东是足利家的发家地，也是清和源氏起家之地，自镰仓幕府起便是武士政权的中心，因而后来足利将军也安排了同族的次子作为关东公方管理关东事务。关东，是以关东八国伊豆、相模、武藏、上总、下总、上野、下野、常陆为中心，包含陆奥出羽等偏远之国的广大土地。"公方"，是指代理将军行使国家公权之人，京都将军与关东公方的一些足利同姓的庶家也多以所据之处为名各称公方。另外，关东公方的辅佐人称作关东管领，历代都由足利家的外戚上杉氏担任。

由于将军与关东公方的争斗，导致关东公方的权力分化，到了战国时代，关东分布着大大小小三个公方：原来的关东公方由镰仓移居下总古河，称古河公方；古河公方足利高基之弟移居上总小弓，称小弓公方；第八代将军足利义政当初为与关东公方足利成氏对抗，派出自己的弟弟足利政知前往关东，足利政知以伊豆的堀越为据点称堀越公方。另外上杉家也分成了山内上杉和扇谷上杉两家，争斗不休，到了战国时代，通常是山内上杉担任管领，扇谷上杉担任副管领。

北条氏的崛起使得关东三公方两上杉的脆弱体制迅速走向了崩溃：明应二年（1493）北条早云率领亲信200人加上从外甥今川氏亲处借来的300人合计500人从骏河出海，装成海贼奇袭了伊豆的堀越，最后一代堀越公方被他亲手消灭；而后北条早云、氏纲父子两代逐步夺取了扇谷上杉的相模与武藏，屡次击破山内上杉；天文七年（1538）的第一次国府台大战，北条氏康大破上总小弓与里见联军，小弓公方足利义明当场战死，三公方里面仅剩一个古河公方足利晴氏，还被北条氏纲拉拢做了女婿。

北条肆无忌惮地扩张逼得山内上杉与扇谷上杉这对死敌不得不联合起来。而骏河今川义元在继位后便与北条摩擦不断，为了争夺骏河的河东郡，今川与北条你来我往的交战成了一种长期的仪式。此时今川义元邀请武田晴信出兵，便是为了夺取北条手中的河东之地。但这一次的出兵，经过义元的军师太原雪斋和尚策划，声势无比之大：不仅今川与武田一起出动，关东的两上杉家也联合出兵，就连北条家的女婿古河公方足利晴氏也答应到时反戈一击，一场扑灭北条，重树关东旧秩序的战争即将打响。

然而，武田家历代的战例已经表明，关东北条一直是块难啃的骨头，而且强行做损人不利己的事，下场也很悲惨，当年武田信虎夺下北条之地转手送给今川，换来的却是家臣的唾弃。这个前车之鉴，晴信又岂会忘记。而且此时武田晴信最在意的并不是关东，而是北方的信浓。北条，就让今川跟他耗着吧，控制着信浓半个佐久郡的山内家上杉宪政，才是晴信最直接的障碍。若消灭北条而壮大旧秩序的维护者，反而会给信浓的征途带来数不尽的麻烦。

天文十四年（1545）八月，今川义元与北条氏康在骏河的狐桥对垒，九月九日，武田晴信的大军到达骏河吉原布阵，随后武田方并未加入今川与北条的战团，而是派出使者在北条与今川两方间来回游说。

晴信给北条氏康的条件是，只要将河东郡让给今川，三家便就此缔结和议。相对于强盛的武田与今川，北条氏康更乐意把两上杉当作对手，这种南北夹击的局势是他不希望看到的，因而对于武田的提议氏康没多想便答应了。而要说服今川义元也并不难，眼下能够不费一兵一卒收回河东郡，北条因为武田牵制也不敢再向西进攻，今川义元便可以实现他毕生的梦想——一直向西杀上京都，控制幕府的政权。

虽然武田与今川都是足利将军的家臣，但是武田要吞并信浓、今川要武力上京，其实都是在破坏幕府现有秩序，这种立场使得他们宁可与同样破坏秩序的北条讲和，也不愿关东管领上杉氏恢复势力。所以十月二十四日，以武田晴信为中介，今川义元与北条氏康缔结了协议。随后今川派出使者前往关东，劝山内的上杉宪政也跟着退兵。

今川得到了河东郡，自己却一无所得，上杉宪政显然不会甘心，而北条氏康在骏河表现出的软弱，让上杉宪政热血沸腾：原来北条也有不堪一击的一面！九月二十六日，上杉宪政联合扇谷的上杉朝定，策动古河公方足利晴氏，包围了北条家的重镇武藏国河越城，关东最高统治者一公方两管领悉数出动，八个州的大小豪族也陆续前来河越城赴会，一时间河越城下的联军兵力达到8万人之巨，而城内北条方的守军只有3000人，主将是北条氏康的妹夫北条纲成。

这位北条纲成便是当年在与武田信虎的作战中战死的今川家臣——福岛上总介正成之子，他在福岛氏灭亡时逃往相模，受到北条氏纲保护，后由于英勇善战而被北条氏纲看好，氏纲不仅把女儿嫁给他，还收他为北条氏一门，将自己名字中的"纲"下赐，加上福岛正成的"成"，"北条纲成"因此得名。据说北条纲成除善战之外也非常敬奉军神，每个月的十五号必会沐浴更衣，前往八幡大菩萨的神位前祈求胜战，他所统领的北条氏康亲卫队"五色备"（青白黑红黄）中的"黄备"（黄甲军），旗印为黄色的底色加上"八幡"二字，是著名的常胜军团，由此他还得了一个勇名"地黄八幡"。

在北条纲成的坚守之下，关东联军围攻河越城半年仍无所获，渐渐各家都懈怠下来，商人、歌伎、形形色色的人穿梭在联军的阵地中，向武将和士名们献上这场盛宴的种种调味品，这其中也有无数的北条家间谍。北条纲成之弟福岛胜广也混在人流中进入城内，向纲成通报了北条氏康的奇袭计划。

◇ 河越夜战

天文十五年（1546）五月十九日夜，北条氏康亲率8000人来到城下，连夜向上杉联合军发动突击，混乱之中扇谷上杉家之主上杉朝定当场战死，山内的上杉宪政逃回上野，北条纲成也呼应氏康冲出城外，将古河公方足利晴氏部击溃，联军方死伤人数超过13000人，这便是日本战国三大奇袭战之一的"河越夜战"。北条氏康在其有生之年打死一个公方、一个管领，又把古河公方变作手中的傀儡，将山内上杉氏赶出关东，河越夜战，便是他奠定北条的关东霸业之作。

若非武田、今川与北条讲和，这场战争恐怕又是另一种结果了。不费武田一兵一卒，关东管领上杉氏便遭到削弱，实际上是武田晴信信浓攻略向前的一大步，而胜利者北条氏康也得花一段时间去弥补这半年的损耗。另外，北条与今川都欠下武田一个人情，战斗往往只是帮人获得勇名，而战略的成功才是大步飞越的前提。

— 第八章 —

悲风上田原

武田晴信的信浓攻略，以真田幸隆的拉拢与武田军的进攻双管齐下，逐步挤压着信浓豪族的生存空间。到了后来关东管领上杉宪政陷在河越城下，武田军便对佐久郡内以上杉为后援的豪族展开了摧枯拉朽地进攻。

天文十五年（1546）五月二十日，正是河越夜战分出胜负之际，武田晴信也在信浓战场上与北条氏康相呼应，攻落了豪族大井贞清所守的内山城。第二年（1547）七月底，武田晴信又攻击笠原清繁据守的志贺城，这是上杉宪政的支持者在信浓的最后一个据点。

七月二十四日，武田军包围了志贺城；七月二十五日，金掘众挖断了城内的水道，落城只是时间的问题了。然而以笠原清繁为首的守城方仍然誓死不降，眼巴巴地等着上杉家派援军过来，就这样又坚守了10天。

八月初，关东管领上杉宪政派出的援军越过碓冰岭进入信浓。事前在上杉家内为是否派出援军产生过争议，箕轮城主长野业正认为佐久已被武田侵吞完毕，孤悬在外的志贺城已经失去了防守的价值，根本没有救援的必要，但上杉宪政却急于挽回在河越夜战丢掉的颜面，故而不顾长野业正劝阻，以高田宪赖为大将，派出16000大军前往信浓。八月六日，这支援军在小田井原遭到武田家板垣信形与甘利虎泰的夹击，3000多人当场战死，余众大多退回信浓，只有冲在最前面的高田宪赖带着少数人进入了志贺城内。

随后武田晴信将斩下的3000颗首级全部摆在志贺城下示威，又在阵内召开了盛大的宴会。据说当时武田晴信手持军扇坐在上位，山本勘助、原虎胤等众将分列两旁，饭富虎昌持刀侍立于后，板垣信形手持白木弓、鸟羽箭翩然起舞，小幡虎盛则轻轻击打太鼓伴奏。舞毕，小幡虎盛又重重敲鼓三次，晴信起身扬起军扇，高喝三声："胜利！胜利！胜利！"先是众将响应，接着全军应和，巨大的声浪直达志贺城内。

随着援军的溃灭，笠原清繁已经完全失去了再战的意志，但是此时武田军却拒不接受他的投降。八月十日，武田军发动总攻，外墙、内墙一段一段地被烧塌、撞毁，随之而来的便是屠杀。十一日，笠原清繁与援军大将高田宪赖一起在天守阁战死，志贺城彻底陷落。

战后，武田晴信下令将志贺城内存活下来的成年男子全部转做劳工苦力，女子与幼儿卖为奴隶，城主笠原清繁的夫人则被赏给攻城时表现活跃的小山田信有当了侍妾。如此做的目的很明显：杀鸡儆猴，让全信浓的豪族都看到追随上杉与武田作对的下场。但是这种残暴即使是在战国时代，也是非常少见、令人发指的。武田晴信作为一个封建诸侯，不可能从民众的利益和感受出发行事，用人与杀人，他的行为仍脱离不了以天下为自己一家之物、以百姓为草芥的极端利己之目的。

在完全控制佐久之后，武田家不可避免地和控制北信浓四郡的村上义清全面接壤了。而两家在此之前矛盾便已走向激化。作为岩尾城城主担任武田家信浓先方众（先锋）的真田幸隆，其出身的海野氏与村上家在争夺北信浓时已经成为势不两立的宿敌，真田幸隆前往岩尾城后又连续拉拢芦田、依田等一些原本从属于村上的豪族，使得村上与武田的矛盾日趋激化。天文十五年（1546），真田幸隆派出家臣须野原若狭守兄弟前往葛尾城村上义清处诈降，不仅骗得义清的宝刀与名马，还带回了村上家的500名精兵，这500人本是由须野原兄弟引着攻城的，却被这兄弟两人引入城内陷阱之中，随后大门一关，箭如雨下，转眼间500人全军覆没，就连村上家的头号猛将药师寺进清也被乱箭射死。由此村上义清对真田幸隆与武田家更是恨之入骨。

天文十七年（1548）初，村上义清旗下的浦野城主浦野民部丞投入武田家旗下，为了顺势攻略小县郡南部，二月一日，武田晴信率领5000人兵发北信浓，中途会合了板垣信形的诹访众与小山田信有的郡内众，总兵力达到8000人，另一方面村上义清也出动7000人前来迎击，双方在千曲川北岸的上田原对阵。

此战本该是由作为信浓先方众的真田幸隆担任先锋，但是为了避免村上军看到打头的真田幸隆而被激起了斗志，晴信便安排板垣信形做先锋，第二阵为饭富虎昌、小山田昌辰、武田信繁，第三阵为教来石景政和工藤佑长。

二月二十四日，板垣信形以3500人分作六组，发起了分部突击，一番弓箭矢雨交织对射之后，武田军勇士曲渊正左卫门、三科肥前守、广濑乡左卫门首先突入敌阵，村上家的三名勇将原田十郎左卫门、八木宗七、松野一斋也挺枪相迎，三人对打到一块，两军随即也陷入乱战。最终还是武田这边技高一筹，村上家三将相继被斩杀，猛士便如同军队里面的阵眼，一开一合关乎士气，这三将一死，村上军的士气也大受打击，进而全军溃走。

然而此时老将板垣信形却出人意料地没有下令追击，反而坐下来进行"首实检"。首实检，是指胜者在战斗结束后清点斩获的敌军首级数量，同时确认敌方战死的武将身份。此时，武田的友军还没跟上来，而村上的败军还没退远，在这个时候进行首实检是非常危险的事。可能是近几年的胜仗太多，这

◇ 上田原古战场碑

一战看似也是胜局，到了最后关头板垣信形放松了警惕。

被砍死的村上家武将八木宗七，本是上野关东管领家臣安中氏的侄子，他参加了志贺城的救援战，战后跑去投靠了村上义清，和他一起效力于村上家的还有他的堂兄弟安中一藤太。上田原的前锋战斗结束后，安中一藤太一直在战场上游荡着，准备找到堂弟的首级带回老家安葬，板垣信形的首实检被他看在了眼里，随后安中一藤太赶紧回去报告了村上义清。片刻之后，板垣信形的首级确认还没进行完，阵营的围幕便被掀翻，重整起来的村上军从四面八方杀了进来。信形待要上马突出，却已被敌军包围，左冲右突几次之后，板垣信形被刺下马来乱刀砍死。

板垣的前锋一崩溃，武田的第二阵第三阵也被冲散，武田信繁、饭富虎昌、小山田昌辰各队跟着接连溃散，随后武田家又有甘利虎泰、才间河内守、初鹿野传右卫门等将领战死。村上义清本人杀红了眼睛，带着十几名骑兵和700名步卒直接冲进了武田晴信的本阵，这一点人马，却在武田军内横冲直撞势不可当，乱战之中，武田晴信本人也受了一点轻伤。最后扼制住村上的是武田后队的工藤佑长和教来石景政，这两名年轻武将冷静地布置弓箭手从左右两边向村上军攒射，武田晴信则亲自上马与冲在前面的村上义清接战，两人拼了四五记刀，晴信的亲随武士便将村上义清围了起来，为首的洼田助之丞最先冲向义清，但是两马交错时，只听"嘭"的一声，义清一拳便把洼田捶落马下，接着从洼田空下的缺口冲了出去。此时武田家的真田幸隆、诸角昌清也聚了过来，村上义清眼看已经无力追击，便与残兵会合到一起退回了葛尾城。

这一战村上军战死300多人，武田军战死的则达700多人，但是武田家最为惨重的损失便是两大重臣板垣信形和甘利虎泰的战死。板垣信形从担任晴信的弓马传役起，到放逐信虎再到平定诹访和后来的历次作战，都起到了至为重要的作用，此时还兼任着武田家第二大领地诹访的郡代，被称为"甲斐第一重臣"，他的战死，对武田晴信的打击极大。在战斗结束后的20多天里，武田晴信仍然率领大军驻留在上田原战场上，既不进攻，也不撤退，似乎只是以此表示对战死者的不舍和哀悼。后来经母亲大井夫人来信劝解，晴信才率军返回了甲斐。

板垣信形作为一个久经沙场，合战无数的老将，为何会犯这样低级的错误？

江户怪谈集《狗张子》记述了信形遇天狗的诡异事件,大意如下:甲信处于深山之中,所以各地修道者甚众,人们一般称这些人为"山伏","山伏"往往会在修行途中向居民或者武者化缘。有一天,十名看上去风尘仆仆的"山伏"来到信形的屋敷乞求斋饭,信形很好客,设立了酒宴招待这些人,而且还喊来了自己的嫡子弥次郎(信里)和几个家人一起陪酒。"山伏"们为表感激之意,开始施展法术让主人家开眼——只见上座的"山伏"将

◇ 板垣信形像(板垣信形也作板垣信方)

自己的筷子统统扔到桌子的暗处,金光一闪,暗处一下出现了100个身高一丈一尺着铠甲的巨人,而且居然排成了鱼鳞的阵势。这时下座的"山伏"纷纷立起身子,并把自己手中化缘用的钵扔到身后,一声低微的闷响后,同样200个巨人出现,排成鹤翼的阵势。然后"山伏"们口念咒语,两队巨人便依照兵法的规则进退交战起来。看到这个神奇的法术后,信形轻狂地说:"老夫身为大将以来,一向只为先手,从不退后。两军相逢勇者胜,老夫率一队勇者便可破万名懦夫,想来兵法于老夫何用?只不过小儿弥次郎对兵法颇为珍爱,还望各位不吝赐教。"没想到"山伏"们居然答应了信形的请求,但是只愿单独传授弥次郎剑术兵法。心高气傲的信形自然不会介怀,留下了自己的儿子在客厅学艺后,就回自己房间睡觉了。谁知休息之时感觉昏昏沉沉,醒来之时已是第二天的黄昏,不由觉得心疑。此时一名家人告诉了他骇人听闻的事情——昨夜客厅中"山伏"们彻夜教授弥次郎剑术,大刀撞击声不绝于耳。有一年轻家人好奇,揭开了客厅的帷帐,这一揭不要紧,吓得小伙子差点丢了魂魄。这些"山伏"哪里是人!都是鸟嘴、狗鼻、长着翅膀的天狗!信形听说这番话后大惊失

色，赶忙去客厅查看，只见酒席尚在，地上满是鸟类的爪印。信形此时知道自己原来是遭逢天狗了，那个时代的武者异常忌讳这些牛鬼蛇神之说，所以信形严令家人不许外传这件事。但不幸的是，信形在撞妖后，日日神情恍惚，战场的判断失误逐渐加多，最终犯下了丢失自己性命的错误。

传说毕竟是传说，从理性角度来考虑，上田原之战的溃败，始于板垣信形，却迅速扩散到了武田全军，这应该不是信形一个人的问题，大概是由于连年的胜利冲昏了武田家诸将的头脑，以至于在得利时刻军纪变得涣散，最后造成了致命的漏洞。面对弱者，这样的漏洞并不致命，但北信浓的村上义清，却注定是武田晴信要面对的强悍敌手。

值得一提的是，日本明治维新时的元勋之一板垣退助乃是板垣信形的后代，而二战后的日本产业经济大臣甘利明，乃是甘利虎泰的后代。

— 第九章 —

小笠原的结局

上田原合战之后，武田家又有甘利、板垣两名老臣去世，信虎时代的老臣已经寥寥无几，另外，被信虎斩杀的马场、山县、工藤、内藤四个谱代家族，只有工藤尚有后代。这些家族既然作为谱代，家谱由武田所收录，便成了武田家家臣体系中不可或缺的一部分。在教来石景政和工藤佑长立下战功之后，武田晴信下令让教来石民部少辅景政继承马场伊豆守虎贞的家名，并赐下"信"字，教来石景政改称"马场民部少辅信春"，后来在"鬼美浓"原虎胤去世之后，马场信春又获得"鬼美浓"的异名，改名为"马场美浓守信房"；工藤源左卫门佑长虽是工藤下总守虎丰的次子，但不管从能力还是表现来说都比兄长工藤长门守出色，因而武田晴信让他继承了内藤相模守虎资的家名，同时取其父工藤虎丰的"丰"字，此后工藤佑长改称为"内藤修理亮昌丰"。教来石与马场同出于摄津源氏，工藤与内藤也都是藤原氏的同族，因而让这两个年轻武将继承马场与内藤，也是恰到好处。马场信房和内藤昌丰，后来都逐渐成长为武田晴信的亲信大将。

天文十七年（1548）三月二十六日，武田晴信回到踯躅崎馆，随后在汤村温泉进行了为期一个月的疗养。

由于上田原之战的失利，加上诹访郡代板垣信形的战死，武田家在诹访的统治出现了真空，七月十日，西诹访两家豪族花冈氏与矢岛氏举城作乱，引导小笠原长时军攻入了诹访，处在劣势的诹访驻军不久退入上原城。当时武田晴信得了疟疾，已经病得不能下床，但在得到诹访方面的战报后还是做出了迅速的反应：七月十一日，武田信繁作为晴信的代理人秘密走棒道直奔诹访，武田家对外则发布消息称武田晴信亲率的大军十八日才从甲斐出发。十八日晚上，武田信繁军团进入上原城与驻军会合，第二天早上六时左右便马不停蹄地对小笠原军发动奇袭。布阵于盐尻岭的小笠原长时猝不及防之下被武田军突破了本阵，原本从属于小笠原的三家豪族仁科、山家、三村也在战场上倒戈投向武田家，最后小笠原长时丢下1000多具尸体，仓皇退回居城林城。

◇ 盐尻岭之战被砍下的小笠原军首级堆成的首冢

如果继续消沉下去，就连小笠原长时这样的废物都会看不起自己。这一战之后，武田晴信逐渐从上田原之战的阴影中走了出来。当年九月，晴信再次出兵北信浓佐久，一举夺回被村上义清抢占的前山城，此举也震慑了望月、伴野等摇摆不定的信浓豪族。

天文十九年（1550）初，武田晴信亲率大军越过盐尻岭，攻入信浓小笠原的领地。五月六日，在桔梗原上，武田家的四名年轻武将甘利昌忠、饭富昌景、马场信春、春日虎纲领导晴信的旗本武士以摧枯拉朽之势轻松踏破小笠原

077

长时匆匆组织起来的 3009 人。第二天，小笠原的 4500 名援军赶到，但在武田军气势如虹的突击下仍然不堪一击。经过桔梗原之战，小笠原长时的所有家底全部败光，随后武田军一路扫荡杀进筑摩与安昙。

◇ 小笠原长时的后代小笠原长统表演小笠原流镝马

七月初，武田军攻落小笠原家居城林城附近的犬饲城，林城、冈田、桐原、山家四城城将闻风而逃，岛井、浅间两城向武田投降，小笠原旗下的豪族青柳城城主青柳赖长与谷原城城主赤泽经康也来到武田军门下献上降书，穷途末路的小笠原长时被包围在了深志城。

七月十日，小笠原长时打开城门向武田投降。武田晴信接过长时递上的誓书（发誓效忠的请愿文），也没有难为长时，"实在是对不住，因为甲斐人多地少，武田家迫不得已才过来要口饭吃，但是武田与小笠原自祖上起便是兄弟，这份情谊我们可不能丢弃，今后阁下在信浓的土地就由我代为治理，阁下本人安心前往京都侍奉将军罢。"言毕竟下令将小笠原长时释放了。

事后有人问起晴信为何不收纳长时为部下，他却答道："小笠原长时尽得其家学，乃是弓术马术天下无双的大将，若是将他杀死，势必会使天下武士侧目；将其收在旗下，我方对他素来景仰的武将恐怕都要投到他的门下。"

就这样，信浓的名门小笠原长时丢掉了老家，开始了漫长的流浪生涯。他先是以仅余的平濑城投靠了村上义清，后来与义清一起前往越后依靠上杉谦信，再后来上京投靠同族的三好长庆，在长庆的推荐下一度担任过将军足利义辉的马术师范；永禄六年（1564）三好长庆病死，永禄七年（1565）足利义辉被杀，永禄十一年（1569）织田信长上京，三好氏逐渐没落，小笠原长时便再度前往越后投靠上杉谦信。天正六年（1578）上杉谦信病死，随即越后大乱，长时又离开了越后。天正十一年（1583）二月二十五日，小笠原长时在会津芦名家的领地内病死，长达 30 年的流浪生涯才结束。

— 第十章 —
砥石大溃退

小笠原家祖祖辈辈的居城乃是筑摩郡的林城。此城位于松本平原东北部的高山之巅，在战时适合挟险自守，但在和平时代却并不便于以松本平原为中心，向整个信浓发号施令。而且，这座城池承载了太多的历史，是信浓守护小笠原家的象征。因而在夺取整个安昙筑摩两郡之后，武田晴信便下令将林城破弃，把材料移到松本平原正中间的深志用来建设新城。

深志也处在信浓政治与经济的中心区域内，又是奈良井川与田川两条河流的交汇点，并且有善光寺街道（"街道"在日本类似于国道）通过，既便于商人、百姓汇集成市，又能利用河川输送物资和构筑护城河，可以说是统治整个平原的最佳地点。所以武田晴信令山本勘助提供筑城方案，以驹井政武为筑城奉行，在此处建造新的城池。

新建成的深志城具有明显的"勘助流"风格：环绕城池的日月形三重水壕、圆形跑马道，以及筑高土垒，在土垒上直接修

◇ 深志城（后改称松本城）

筑以天守阁（主楼）为主的连体防御建筑，既美观，又不失大气实用。山本勘助前后设计的著名城池还有高远城、海津城、小诸城等，他一生筑城17座，勘助流的筑城术也作为武田家甲州兵法的一部分被后人传往邻近诸国。

然而深志筑城的完成还是年后的事情，七月十九日，武田家在深志附近举行了"锹立式"（又作地镇祭，为日本筑城的奠基仪式），用四天分别向青龙、白虎、朱雀、玄武四方神献祭，将新领主的族魂置之城中，割断城池与旧领主族魂的关联。二十三日，筑城工程才正式开始。

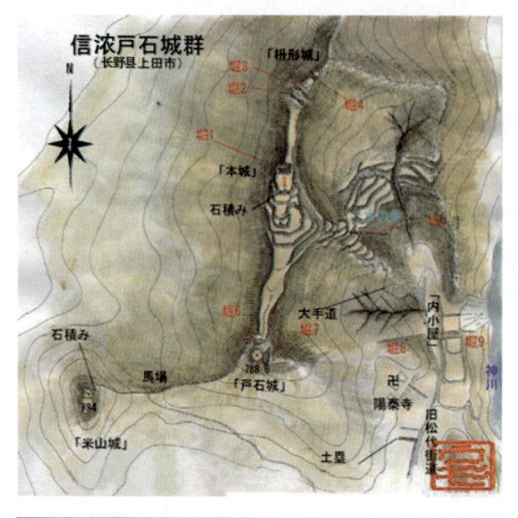

◇ 砥石城地形图

借着深志筑城的掩护，武田家悄然发动了对村上义清的攻势。八月二十四日，今井藤左卫门、安田式部少辅作为间谍首先出发，二十五日大井信常、横田高松、原虎胤作为先锋出阵，八月二十七日，晴信亲率主力从长洼城出发，目的地是村上家的砥石城。

砥石城又作户石城，是村上家主城葛尾城的支城，位于葛尾东部的伊势山之巅，虽然名为一城，实际是由中心的本城、北面的枡形城、西南的米上城以及南面的砥石城四座城池互为掎角，将整个山头都包围在一起的复合型要塞。由于此城位于村上家腹地，东连佐久郡，西接筑摩郡，攻落此城便等于是扼住了村上家的咽喉。

八月二十九日，武田晴信到达砥石城下，当天用箭把宣战布告射入城内。这个时候，村上义清本人正兵发北信浓，被自己的宿敌、同时也是北信浓七家中的第二大豪族高梨政赖拖在了中野小馆城下，无法回师救援。乘此机会，武田军一方面向砥石城发动猛攻，同时出兵压制小县郡内的亲村上势力，岩尾城的真田幸隆也大展谋略，劝降了海津城主、村上一族的清野氏。尽管武田军随后在砥石周边地区取得一系列的进展，然而却始终无法攻下砥石城。除了地势险恶的缘故外，城内 500 名守军中有不少当年是从志贺城逃出的人，由于志贺的惨剧这些人对武田恨之入骨，凭着一腔热血打退了武田军的数度进攻，将晴信的 7000 人钉在城下达一个月之久。其间武田家的金掘众挖断城内水源，但守城方却仿效中国的战争智慧，以白米洗马，让武田方远远望去以为城内饮水尚有余裕，从而士气大跌。

九月十三日，砥石城的使者终于越过群山，将求援信交到了山另一侧的村上义清手中。大惊之下，义清慌忙与高梨政赖缔结了协议，此时武田已成为北信浓七家

◇ 村上义清

共同的敌人，因而高梨政赖甚至派兵与义清组成联军一起杀向砥石。义清的回师之神速，超过了所有人的反应。九月二十五日，村上军突如其来地出现在已投向武田家的寺尾城面前，待到数日后真田幸隆赶来救援时，城上已插满了村上家的旌旗。十月一日，寺尾城陷落的消息传到晴信阵中，眼看砥石城仍旧没有陷落的迹象，村上家的本队又要杀到，为避免遭遇内外夹击的尴尬，武田晴信只有下令撤退。正当武田军拔营上路，陆续撤向大门岭的时候，村上家的 2000 劲骑已经杀到，一声令下，骑马队就扑向了武田家的后队，冲在最前面的正是村上义清本人。村上的怒涛倾泻而下之际，本就士气低迷的武田军犹如浪尖上的泡沫，转眼便散得不见踪影，义清的铁骑洪流突破层层阻碍，直奔晴信的本阵而来。这时在武田军的中部，有一降将乘势扮成村上义清的形象，高呼"村上胜了"，造成武田中阵的大混乱。砥石的守城兵也乘势出城来追击武田军。

眼看就要到达大门岭，但相比起最后的路程来说还是村上骑兵的冲刺速度更快，照着村上的这种势头晴信的本阵也无法保住，足轻大将、"甲阳五名臣"之一的横田高松自告奋勇地上前担任殿后任务。这边横田高松的横向拦截队列

◇ 横田高松

还未整好，村上家的先锋便已杀到，为首的先锋乃是村上家勇将乐岩寺右马介与小岛五郎左卫门，二人分两队来回向前突击，将武田的队列一层一层剥落，瞧见敌人对己方军阵视若无人，武田家的一员小将愤然跃马而出。此人乃是横田备中守高松的养子横田彦十郎纲松（康景），实则是鬼美浓原虎胤之子，后来过继给了横田高松，时年22岁，已经数度立下战功。秉承这两位父亲的勇名，横田彦十郎怎么容忍敌人这样猖狂，暗自向族神妙见大菩萨祈求保佑之后，横田彦十郎便拍马舞刀直取敌方大将小岛五郎左卫门，这边小岛也不甘示弱，两人在马上大战了数十回合，还是成名已久的小岛刀法更为高明一点，抢先一刀砍破横田彦十郎的肩甲，在这生死一瞬间横田彦十郎的反应更为迅速，他想都不想就牺牲了这条左臂带得小岛长刀一滞，右手的一文字太刀电光火石般落下，一刀使得来不及收回身形的小岛身首异处，横田彦十郎从人欢呼着举起了首级。然而小岛虽死，乐岩寺右马介的突击却丝毫不减，早已将横田的队列冲散，村上家的井上、桢岛、须田等部将也赶了上来，转眼之间横田彦十郎身上又增加了四五处枪伤。无法再战之下只好回转马头后撤退向大门岭。随后的横田队陷入了总崩溃，足轻大将横田高松及部下渡边云州当场战死，横田所部几乎全灭，就连赶来支援的小山田信有也受了重伤，不久便因伤去世。到了最后，乃是山本勘助带着25名足轻利用地形掩护，在撤退时步步伏击敌人，又献计让诸角丰后守虎定率少量骑兵绕道下泽做出佯攻户石城的样子，村上义清以为武田家的援军已经驰集过来，这才慌忙不迭地撤退。

武田晴信退到大门岭南侧的望月城后，一清点，此役的战死者竟达1200人之巨，而村上方以总兵力2500人击败7000武田军，损失才不到200人。更令晴信捶胸顿足的是横田备中守高松的战死，事后他曾不止一次惋惜地对身边的侍者说道："武田家之勇者，实以横田备中守与原美浓为最。"

这场战役被后世称作"砥石大崩溃"，乃是武田晴信一生战历中最为惨重的一次失败。战前武田家的准备并不充分，在平定小笠原之后一个月便贸然出征，而真田幸隆对北信浓豪族的拉拢也未竟全功，若是能拉拢北信浓七将中的另外几家，对村上义清的回军路线造成层层阻碍，战局也不会无法收拾；另外被拖延在砥石城下一个多月却不做任何应变，让敌人有时间扭转战局，这纯粹是因为对目标过于执着而产生的狂热使人陷入了盲目，从其中我们也可以看到武田晴信急欲一雪上田原之耻的急切心情。然而丧失了平常心之后的偏执，往往会使人露出更大的破绽，从而遭受无法挽回的失败。砥石之战使得北信浓七将特别是有着宿怨的村上义清与高梨政赖抱成了一团，加大了武田家今后进攻北信浓的难度，这才是战略上最为失败之处。

— 第十一章 —

奇迹般的逆转

战略的失策会导致战术的失败，而战术的积累，也会形成战略的优势。眼看砥石的大崩溃将使武田家的信浓平定日程无限延后，但事情却突然又迎来了转机。

对手最为得意之时，也就是他防备最为松懈的时候，智将真田幸隆抓住了这样的机会。砥石之战过后，村上义清已经两度打败武田晴信，其威名如日中天，原本投向武田的众多豪族，也再次转投到村上旗下，岩尾城真田幸隆的同族矢泽赖纲，也随着这股人流涌入了砥石城内，另外城内尚有真田幸隆的弟弟常田纲赖，以及先前被幸隆拉拢的清野氏之人，矢泽赖纲入城后便与这些旧交取得了联系，并用半年时间获得了村上义清的信任。

天文二十年（1551）初，村上义清意气风发地进攻武田的佐久郡，北信浓

◇ 武田家的信浓进攻流程图

各地的豪族也大多相随出战，就连砥石城也抽调了不少城兵加入攻城的队伍。三月八日，义清再度在常田打败武田军，这一次武田家又有一名谱代重臣、以守城出名的小山田昌辰当场战死，另一名谱代重臣栗原昌清身负重伤，不久便不治去世。五月中，村上家的大军开始进攻樱井山城，但是到了二十六日，真田幸隆带着岩尾城的人马经过大半夜的行军，到达了砥石城下，得到幸隆的信号之后，城内的矢泽赖纲等挟持城将打开了城门——武田晴信用7000人都无法攻下的砥石城，就这样被真田幸隆不费一兵一卒地占领了。

因砥石之战的胜利而振奋万分聚到村上义清旗下的豪族们，听闻这座坚城陷落的消息，又变作惊弓之鸟，各自逃回自己的领地。战后，武田晴信将砥石城和周边的秋和之地都赏给了真田幸隆，这其中便包括了幸隆的老家真田乡，至此真田家多年的夙愿终于得偿。此后真田幸隆虽然一直作为武田家的信浓先方众（信浓先锋部队）活跃在信浓，但也在踯躅崎馆被安排有宅第，得到了与武田家谱代重臣同等的待遇。

武田晴信对村上义清的总攻，从天文二十二年（1553）元旦之后开始。

天文二十二年（1553）正月二十四日，仁科城主仁科盛康成为武田家臣。

正月二十八日，武田军从深志出发，向北方进军。

三月初，村上义清重臣大须贺久兵卫受到武田方策反，攻击了村上家的狐落城，城主小岛兵库助及两个弟弟小岛小四郎、小岛与四郎当场战死，狐落城向武田家开城。

三月二十三日，武田军包围苅谷原城，四月一日发动总攻击，四月二日苅谷原城被攻陷，城主太田资忠战死；苅谷原城陷落的同一天傍晚，塔原城向武田开城。

四月三日，武田军攻至会田城（虚空藏山城）下，会田城城主会田氏降伏。

四月五日，宝贺城城主宝贺信俊、荒砥城城主屋代政国以及市川信纲、乐岩寺雅方等将领来到武田家本阵投降。

四月六日，武田晴信将旧村上家臣编成12队作为武田家先锋，以武田信繁为大将，向村上义清的居城葛尾城发动进攻。当天葛尾城内发生骚动。

四月八日，小泉城城主小泉重成以及两家豪族出浦守清、布下雅朝向武田家投降。

四月九日，村上义清带着妻子高梨氏和部分亲信一起逃往北方，葛尾城不战自降。

在北方的越后国，村上义清还有一个郡的领地，但丢失了根本之地北信浓四郡，村上家已经不可避免地走向没落。

从天文十年到天文二十二年，花费12年的光阴，武田晴信才将信浓这个面积是甲斐三倍的国度收入囊中。大起大落的曲折反复中，晴信虽然才32岁，却已由初生牛犊成长为一个饱经沧桑的深沉老道之将。为这柄逐渐开锋的宝剑淬火的，是无数士卒和老将的鲜血。

在这一时期，武田家较为有名的武将，乃是号称"甲阳五名臣"的五员猛将。他们是原美浓守虎胤、横田备中守高松、小幡山城守虎盛、多田淡路守满赖以及山本勘助。在骏河的武田信虎，某日曾与女婿今川义元谈及武田家的猛将，便提及"若要在武田家内推出勇武善战的侍大将，当是板垣信形、甘利虎泰、饭富虎昌、小山田备中守（昌行）、诸角丰后守（虎定）、原加贺守（昌俊）六人，若论起足轻大将，则当数横田高松、原虎胤、多田三八（满赖）、小幡虎盛四人了"。这样的豪华阵容，也是武田信虎留给晴信的丰厚资源。

上述提及的"侍大将"通常由谱代重臣担任，指挥300人左右的独立部队，其中包括50名骑马武士，其余为徒步武士、由农民兵组成的足轻及其他杂役，这种300人规模的部队通常又称作一"备"，较有名的是武田家饭富虎昌的"赤备"以及北条氏康属下的"五色备"。就当时的战争规模而言，一备便相当

◇ 多田满赖

于现在的一个军,因而率领一备的侍大将通常都需有独当一面的作战能力。

而"足轻大将"就比"侍大将"低一个层次,他们指挥的是纯粹的足轻部队,也即步兵部队,按兵种的不同还可以分为长柄枪足轻、弓足轻、铁炮足轻等,一个足轻大将所指挥的人数大致为50到200人不等,在战时偶尔会受侍大将领导,但更多时候则是总大将的直属部队,类似于旅或团。如果说出色的侍大将讲求的是指挥能力的话,那么统率少量步兵的足轻大将,除去山本勘助这种常以智谋建功的之外,更多则是凭着肉搏战中一刀一枪地拼杀立下的威名。他们最初的身份,往往也非武田的谱代之臣,而是凭着各种本领成为武田军之一员的甲斐国外武士。前面提及的山本勘助,本是骏河的浪人出身,"夜叉美浓"原虎胤也本是上总的千叶家一族,后来被小弓公方足利义明强占了领地,才前往甲斐投靠了武田家,而在砥石城战死的横田高松,也非甲斐出身。

横田高松本出自近江国甲贺郡的横田,乃是近江国佐佐木源氏一族,后在永正十六年(1519)十二月来到甲斐成为武田信虎的家臣。是何原因让高松离开故乡已经不得而知,但从他后来收原虎胤之子彦十郎为养子的行为来看,有可能是在近江遭遇了灭门之祸,故而断绝了子嗣背井离乡吧。不过横田的故乡甲贺郡与伊贺并称日本的两大忍者之乡,高松在武田家内也是以指挥忍者收集情报为长,兼及判断敌军动向,寻找作战时机,而且以布置和指挥先手(先锋)而闻名,有着"先手必胜"的美誉。然而砥石大崩溃的重要原因之一乃是对村上义清回军的情报掌握不及时造成的反应迟缓,所以横田高松在砥石战死,一方面是为了掩护晴信，另一方面大概也有为造成败战负责的思想在内。

甲阳五名臣中的另一人多田淡路守满赖，又名多田三八，也不是甲斐出身，而是出自美浓的摄津源氏一族，这是一个富有传奇色彩的家族。满赖的祖先源赖光曾是在京都侍奉天皇的武士，后奉天皇之命，带着"赖光四天王"的四名勇士，前往丹波国附近的大江山斩杀了名为"酒吞童子"的妖怪，还留下一把名刀"童子切"。后来多田满赖本人镇守会田城（虚空藏山城）时，也曾前往虚空藏山中斩杀了一个为害人间的地狱妖婆"火车鬼"，其武勇足以与先祖并列，成为后世之美谈，另外，多田满赖也是武田家的夜袭高手。

剩下的小幡虎盛，则是西上野的小幡氏出身，天文十年（1541）的韭崎合战，小幡虎盛三度抢先杀入敌阵立下"一番枪"之功，一战斩杀四名敌将，自己受伤七处，从此"鬼虎"之名也远播邻近诸国。

为了吞并信浓，武田晴信付出的代价是六名侍大将丧其三：板垣信形、甘利虎泰、小山田昌辰，"甲阳五名臣"或者说甲阳五足轻大将，也损失了一个横田高松，对武田家造成如此伤害的村上义清，也可以称为是少见的悍将与晴信的劲敌了。不过武田晴信有一句名言于后世广为流传："人即城、人即垣、人即壕，对己方友善、对敌人残忍。"以人为本、注重人才培养与提升，帮他渡过了老将连续战死这样的难关，武田家青年一代的武将马场信房、内藤昌丰、甘利昌忠、横田康景等已经在连年的战事中得到成长，弥补了先辈战死的空缺，面对这种愈败愈强的军事人力机制，豪勇如村上义清，最终也被拖垮了。

如果说付出相当大的代价而能够战胜的，可以称作劲敌，那么付出无数的代价却无法战胜，甚至无法从对方身上捞到一丝便宜，这样的对手，似乎就得称作天敌了。村上义清这个劲敌的退场，换来的却是一个堪称武田晴信终生天敌的名将的出现。

卷之三 兴云啸风

― 第一章 ―

越后有苍龙

丢掉了老家葛尾城，村上义清一行翻过奥信浓的群山，一直向北逃亡。关东管领上杉宪政早在前一年就被北条氏赶出上野，流亡于越后，能够收留义清一族，并帮他夺回葛尾城的，也只有越后的长尾家了。

越后，是一个比信浓更为广袤的国度，颈城、鱼沼、刈羽、三岛、古志、蒲原、岩船七郡串在一起，犹如一条苍龙向北拱绕着日本海，借着绵长的海岸线尽得鱼盐之利，漫山的青苎（染料）与佐渡岛的金山是越后取之不尽的钱袋，上越、中越、下越三大平原是日本北方最为丰饶的粮仓。

这块膏腴之地自室町幕府成立以来便是足利将军家的外戚一族上杉氏的世袭领

◇ 越后与北信浓

地，但是到了战国时代，越后守护上杉家已经被架空，真正的越后统治者乃是越后的守护代、春日山城城主长尾氏。

在 15 世纪末，越后名君上杉房定为了加强对豪族们的控制，一度在国内实行检地，检地即统计土地收入，再根据收入确定应缴纳的税赋，然而以守护代长尾氏与七个郡的郡司为主的代官阶层作为检地的执行与监督者，同时也是越后最大的土地主。明应三年（1494），检地还没执行完毕上杉房定便去世了，新一任守护由房定之子房能继承，在房能手中，检地政策得到继续贯彻，然而房能的威信却无法与父亲相比，国内豪族的反抗之心因此也无法再被压制。永正四年（1507），守护代长尾为景打着房能的养子上杉定实的旗号起兵，得到国内豪族的一呼百应，众叛亲离之下，上杉房能逃往他的兄长同时也是关东管领的上杉显定处，但却在半路被长尾为景追上，最后在天水之地被迫自杀。永正六年（1509）关东管领上杉显定为报杀弟之仇率领8000 关东军杀入越后，一度将长尾为景与上杉定实逼向绝境，但是到了第二年，长尾为景重新集结起国内豪族，在寺泊・椎屋打败上杉显定。尽管显定得以脱身出来逃向关东，但是追击者长尾为景却并不放过他，一番急追之后，终在长森原追上并将显定打死。

以极为彪悍的下克上之姿打死越后守护与关东管领，长尾为景便当仁不让地成为越后霸主。尽管为景在名义上仍奉上杉定实为越后守护，但在与继任关东管领的上杉宪宽达成和睦之后，他又向京都的将军足利义晴献上 5000 两黄金与名贵的飞鹰骏马，让已经威信扫地的将军大大风光了一把，作为回报，足利义晴特许长尾为景使用毛毡做的鞍覆（马鞍垫子）和白伞袋，这表示将军已经将长尾氏视作越后的守护和国主，另外，足利义晴还把自己的"晴"字赐给为景的嫡子，后者由此得名"长尾晴景"。

◇ 毛毡鞍覆（藏于米泽上杉博物馆）

然而长尾为景统治越后的基础不是将国内的有力豪族全部家臣化的一元化支配体制，而是在反抗守护上杉氏集权的过程中形成的豪族联盟，长尾为景仅是盟主而已，在其之下尚有古志长尾、上田长尾等分家，柿崎、宇佐美、黑田，以及有"扬北众"之称的中条、黑川、新发田、色部、本庄等有力豪族，由于越后民风彪悍，讲求实力为王，在长尾为景生前与死后，这些豪族对长尾氏的反抗就没有中断过。

长尾为景的继承人，本是其嫡子长尾晴景，但是晴景自幼便体弱多病，加上气量狭小，立于众多勇武豪迈的越后豪杰之上只是遭到更多鄙视而已。比起晴景来，大多数豪族看好的，乃是他的弟弟，长尾平三郎景虎。

◇ 长尾景虎

长尾景虎是为景的第四子，幼名虎千代，生于享禄三年（1530）正月二十一日。天文五年（1536），长尾晴景继承家督时，按照为景的遗嘱，虎千代被安排在春日山城下的林泉寺出家为僧，并受教于住持天室光育。但是虎千代在林泉寺所受的教育除了佛法之外，更多的则是武将之道，虽然自小没有重臣作为传役来传授兵法武艺，但是凭着刚猛强悍的个性，在梵音缭绕的祥和之境，虎千代仍然不依不饶地向着武将的方向成长。战乱的世道和他与生俱来的天赋一起发生作用，让亡父长尾为景的意愿无法达成。

纵使是投入佛门，也无法改变最终走上武将之路的结果，或许这便是命运的力量。天文十一年（1542），越后守护上杉定实欲收奥州（陆奥国）的强大领主伊达植宗之子实元为养子，使得陆奥与越后都爆发了动乱：在伊达家内，植宗的嫡子伊达晴宗反对养子计划，最终将父亲禁闭，家臣分为植宗派与晴宗派，最终演变为绵延多年的"伊达天文之乱"。在越后，扬北众中最有实力的中条藤资，与伊达家有着姻亲关系，藤资的妹妹便是要迎来做养子的伊达实元之母，因而中条极力促成养子之事，扬北众的其他家族却害怕中条氏因此一家独大，长尾晴景也不甘让奥州的伊达渗入越后，干扰自己的国主地位，因而，越后的众多豪族，也分成两派发生了冲突。虽然最后伊达实元入继越后上杉的计划被迫中止，被闹得身心交瘁的上杉定实也决定隐居，但是越后豪族与守护代长尾晴景的对抗却愈演愈烈。天文十二年（1543）八月十五日，长尾晴景让出家的虎千代还俗，并为他元服，取名为"长尾景虎"。随后，景虎便作为晴景的臂助，以栃尾城为据点，统治中越地区（越后国的中部）。

在接下来的两三年里，这位还俗的小和尚，以出人意料的凌厉攻势讨平了栃尾城周边的不稳豪族。天文十五年（1546），黑泷城城主黑田秀忠对长尾晴景举起反旗，一度攻落长尾家世代的居城春日山城，晴景本人被迫前往府中的上杉宪实处避难，后来长尾景虎从栃尾城出阵，一战便消灭黑田氏，夺回了春日山城，又将城池交还给了兄长。16岁的少年表现出的超凡脱俗之勇武，比起孱弱的晴景，更能让越后的豪杰们看到希望。本庄实乃、大熊朝秀、直江实纲、山吉行盛、长尾景信等领主则更直接地聚集在景虎周围，支持他取代晴景成为越后之主。黑田清实及上田的长尾政景则依然支持长尾晴景。

由于在养子事件中的对立，长尾晴景已成为扬北众之首中条藤资的死敌，藤资自然希望晴景能早早下台，现在众将拥立景虎，藤资也乐于促成此事。中条藤资除了表面上声援景虎之外，还特地前往北信浓山中的中野小馆城游说高梨政赖。北信浓七将之一的高梨氏领地位于信浓的最北端，在和越后接壤的同时，与越后长尾氏的世代姻亲关系，是高梨氏长期对抗村上家的坚实后盾，高梨政赖本人，便是长尾晴景与长尾景虎的姑父，就他而言，背靠一个强大的长尾家，乃是高梨氏的根本利益所在，因而在与中条藤资商议过之后，高梨政赖随后便也派出了使者，向长尾晴景施加压力，希望他让位给弟弟景虎。

在长尾景虎逐渐确立优势的情况下，最终经隐居的守护上杉宪实调停，长尾晴景以收景虎为养子继承人的形式，体面地让出了家主之位。天文十七年（1548）十二月三十日，长尾景虎进入春日山城，第二年元旦，景虎作为长尾家之主兼越后守护代正式接受了豪族们的拜贺。

身处越后豪族联合体的核心，长尾景虎采取的是传教与感化双管齐下的笼络手段：景虎在成为武将之后，依然保持着对佛教信仰的虔诚，一生号称不近女色不娶妻，常常整日埋首于佛堂之中祷告祈愿。和武田晴信信仰的诹访大明神相区别，长尾景虎最为尊奉的神明乃是佛教里的护法四天王之一的北天军神毘沙门天。在全身心地将自己融入神佛的世界中之后，长尾景虎某日信誓旦旦地对豪族们宣言已得到神示："我便是毘沙门天的化身，北方的守护神，今后若要作胜战祈愿，只需向我祈愿便可！"景虎又下令，从当日起，便采用毘沙门天的"毘"字作为自家的军旗。长尾景虎的另一个旗印则是佛教护法八部众之一的天龙之"龍"字，此龍字用草书撰写，乍一看似乎是个"乱"字，因而这个军旗又称为"乱龙旗"。长尾景虎在战场上驰骋的英姿和身后飘扬的"龍"字旗，也给他带来了"越后之龙"的称号。

◇ 毘字军旗　　　　◇ 乱龙军旗

　　景虎平日的威严、睿智以及禁欲，让众将们看到的是超越了普通人欲望的近乎神的品格，加上这个神示，不管武将们如何想，至少大多数武士与人民对景虎乃毘沙门天转世这一说法信以为真。对于越后这帮个个实力不凡、反复无常的豪族，长尾景虎时时宣扬自己的战争原则："不打无义之战，不占无义之地！"守护代大人处处以"义"做表率，属下的豪族们也只能按下私欲尽量表现出大义凛然。军神崇拜的引导、义气氛围的营造，使得越后的豪族们团结在景虎的旗下，成为一个勇武且狂热的强力军团。

　　随着村上义清逃往越后，意在吞并信浓的"甲斐之虎"武田晴信，与为了正义而战的"越后之龙"长尾景虎，不可避免地相逢了。

— 第二章 —

龙虎初相逢

天文二十二年（1553）四月九日，村上义清自葛尾城逃出，数日后，他到达了越后春日山城的长尾景虎居馆。这位猛将将自己的失败归因于信浓豪族们的反复无常，并恳请景虎派兵相助光复旧领。就连不曾向关东管领低过头的信浓豪将村上义清也拜伏在自己脚下，这足以让景虎得意了一把，扶助弱小恢复家园，这也是义薄云天的壮举，于是景虎便答应借兵5000给义清出征信浓，手笔之大，出人意料。

四月二十日，5000名长尾军突然出现在埴科郡的八幡附近，武田家谁也不承想会在打扫战场的时刻出现这样庞大的一支敌军。在击溃武田先头部队后，村上义清于四月二十二日攻陷葛尾城，武田方的守将於曾源八郎当场战死，随后越后军团又四处出击扫荡分散在北信浓的武田诸军。但是北信浓的要害砥石城，仍然掌握在真田幸隆手中。

这边的雇佣军可以靠烧杀抢掠来补给，那边的武田军却还要赶着回乡播种。另外要马上找到突如其来的陌生敌人之破绽，也有点准备不足，毕竟晴信根本没做好与越后为敌的准备，所以四月二十四日，武田晴信的本队退往南信浓深志城，晴信本人于五月十一日返回踯躅崎馆，其余诸军除留下少量守备外，也都陆续退往南信浓。一时间村上义清夺回了大半的领地。不过，这已经是他的回光返照了，由于村上家作为羽翼的信浓豪族大半已经变心，村上义清要在这片风雨飘摇的领地上重建领国，并不是几场胜仗便能解决的问题。

六月一日，武田家在晴信座前召开军事会议，一切布置妥当，只等再给村上义清一次致命打击。夺取砥石、攻略葛尾之后，这个昔日的劲敌以前在武田之人心中投下的阴影早已被扫荡一空，而且越后之敌也已撤回北方，村上义清只是凭着匆匆集结起来的余部镇压各地的反抗而已。六月中，武田军正要出发的时候，京都的将军家信使到来，使得出兵日期大大延迟。

七月二十三日，足利义辉的正式使者到达踯躅崎馆，他所带来的，是将军义辉给武田家嫡子的赐字。同日在城内举行了晴信的嫡子武田太郎的元服（成年）仪式，当时由小幡昌盛、原虎胤、山本勘助在旁服侍，太郎的传役饭富虎昌为他扎好铠甲，晴信亲自倒酒，太郎接杯后一饮而尽，仪式便算是完成，同时，太郎受赐了足利义辉的"义"字，此后在正式场合便被称作"武田太郎义信"。将军借由赐字所传达的，乃是对武田家信浓攻略的默许，因而此事也大大鼓舞了武田的士气。

带着这股喜气，武田军于七月二十五日从踯躅崎馆出发，再度指向北信浓。八月一日，村上方和田信定镇守的和田城投降，八月四日，武石城开城，同日武田军攻陷高鸟屋城。八月五日，武田大军攻陷村上义清亲自镇守的要塞盐田城，随后一天之内，村上方16座城池开城投降。那些因为村上义清的复归而重新聚集来的豪族，又跟着义清一起逃往越后，如果说义清的第一次出逃仅是避难的话，那么这一次便是北信浓大移民了。北信浓的须田、岛津诸将也都举家北迁，在越后被长尾景虎安置在水内、芋川两城，后来这些信浓豪族作为长尾家的先锋，参加了历次对武田的作战，但是始终未能夺回老家，逐渐被越后长尾景虎家臣化。这些失去老家的武士，在长尾家如同"扬北众"般被命名为一个集群——"信州侍"（"信"即信浓，"侍"也指武士）。

武田晴信对北信浓的最后攻略，可以说是诹访攻略的一个翻版：先攻落葛尾城，完全颠覆村上义清的统治，虽然村上义清随后带回5000越后军，但以武田之力也并非处在绝对劣势。晴信却在未经大战之时便行后撤，等到原本对村上义清还抱有幻想的豪族全都乘势冒出头来反攻倒算之时，武田军再如秋风扫落叶般的横扫过去，已经无从遁形的敌人们便只能逃往北方，而剩下的便是真心效忠于武田的豪族了。

然而在越后的春日山城，上次村上义清只是带着一家老小，这一次随他一起拜伏在长尾景虎座前的还有井上城城主井上清政、须田城城主须田满亲、长沼城城主岛津忠直、善光寺大御堂主里栗田宽明，这些全部都是被武田家夺取了领地的信浓豪族。自己的5000大军非但未能取得战果，反而成就了武田更大的胜利，这让长尾景虎恼羞成怒。此前村上义清已于八月二十八日拜见过景虎的军师宇佐美定满，得到了定满的同情，在此时宇佐美定满作为越后诸将的中坚人物也极力建议出兵，于是越后之龙与甲斐之虎的正面遭遇终于到来了。

八月二十九日，长尾景虎亲率8000人自越后春日山城出兵。有了之前的经验，武田晴信在事前已做好了防御布置：晴信将本阵设置在盐田城，在盐田城北面是猛将饭富虎昌镇守的室贺城，再往北的原村上领地则分布着一些依附时间还不久的小豪族，在没有时间建立牢固的支配体系之前，新征服的领土被晴信毫不犹豫地当作了战场。

◇ 第一次川中岛合战进军路线图

长尾军的先锋经过一番急行军，仅用一天左右便进入北信浓，首先在布施击破了原村上家臣、狐落城城主大须贺久兵卫，九月一日又在八幡原击破武田家的分队，占领荒砥城，武田家的这支分队由山本勘助、原虎胤、小幡虎盛三员侍大将率领，其任务是查探长尾军的虚实。败战之后，山本勘助回到后方，向晴信禀道："长尾景虎殿下之勇武犹如古之项羽再世，尽管我方人数占优，但只可智取，不可力敌。"武田晴信随后便下令全军坚守，不得出战。而长尾景虎也无意进攻晴信死守的坚城盐田，一转军杀向信浓西线，沿青柳城而下，直奔刈谷原城，刈谷原城的后方，乃是武田家信浓统治的中心——深志城，景虎的目标很明确——引武田家的主力前来决战。九月三日，武田方的援军在猛将饭富左京亮的率领下进入刈谷原，大大加强了守城方的实力，随后上杉军被钉在城下达10日之久。

战局发生转变是在九月十三日，当晚武田军发动夜袭，攻落了长尾军占领的荒砥城，城将弥津治部少辅也被武田家的洼村源左卫门斩杀。荒砥城一陷落，长尾军就如同一条长蛇被扼住了七寸，随后武田晴信的主力直趋青柳，若是晴信在青柳将景虎拖住，那么长尾军北归的退路将在这段时间被完全截断。在此情况下长尾景虎不得不从刈谷原城下撤兵，赶在武田的包围圈完成之前成功北撤，于十五日到达布施，经过一番整备，长尾军再度南向，直取晴信的本阵盐田城，此时武田晴信周围已集结起1万人，面对锐气已失的长尾军，晴信也无需再避战了。十九日，两军在篠井展开阵形。

此战武田军摆出的是鹤翼阵，右路的先锋为小山田备中守昌行，昌行旗下为信浓先方众相木、望月、芦田、友野等家；左路先锋为郡内的小山田信茂，信茂旗下有信浓先方众长洼、小曽、盐尻、和田等家；中路先锋为栗原左卫门尉昌清及信州先方众须田、室贺、绵内、井上。晴信本阵的前卫是真田弹正忠信浓，本阵右方呈锋矢阵列的是饭富虎昌的赤备军团，在本阵的后方，马场信房、内藤昌丰、日向昌时、胜沼入道、穴山信良、武田信繁六队呈一字雁行摆开。

鹤翼阵：
· 攻防阵形

源自诸葛八阵之一，此阵以中军前锋为主轴，俟敌动而动，若敌攻其侧翼则收其翼为防备，展另翼为攻击，若敌攻其中央，则缩其首而展双翼包围，但须防误展为全面包围，翼面太薄易形成折翼，鹤翼阵可同时变换为鱼鳞阵，偃月阵或锤纺阵。

◇ 鹤翼阵

在平野的另一端的高地，长尾景虎策马昂首立于乱龙战旗下，武田的阵势尽收眼底。景虎并不想正面攻击人数占优的武田军的前队，找准敌人的软肋，狠咬下去一口将对方撕裂，才是令他热血沸腾的战法。武田军当下能见到的兵力薄弱、防守空当之处，便只有晴信的本阵的侧翼了，但是景虎也清楚地看到，武田本阵右侧的那支队伍，铠甲马具战旗全是清一色的深红，在日光下犹如一团即将燃烧的烈火，那便是无论移动力与冲击力在武田家内都号称第一的饭富赤备。恐怕还来不及攻破晴信的本阵，自己的骑兵便会被赤备烧熔吧，景虎不得不将突袭对方本阵的诱惑强行按捺下去。不过相对于武田方摆出的以静制动的鹤翼阵，长尾景虎摆出了阵形与之相似，但攻击多于防守的鱼鳞阵。

十九日午时，武田军的小山田昌辰与长尾方的先锋长尾政景互射铁炮，拉开了合战的序幕，铁炮互射之后，便是步兵枪阵对接，你来我往地拼杀了半晌，长尾政景队失利

鱼鳞阵：
· 缓式中央突穿阵形

源自诸葛八阵之一，旨将敌驱于两侧，待敌中央薄弱时，将中军主力投入，突穿敌本阵，若敌攻我侧翼，避免以两侧部队接敌，而由后方勾状部队予以运至，鱼鳞阵可同时变换为鹤翼阵，偃月阵或锤纺阵。

◇ 鱼鳞阵

后退二町左右（日本的一町合现在的109.9米）。在左路，越后的直江实纲、柿崎景家、安田能元等将率骑兵突击小山田信茂队，迫使小山田队也撤退了二町，此时武田的中路前锋栗原昌清枪尖一转，带着中路军向左杀入越后方的侧翼，伴随着武田方战鼓的咚咚作响，距离栗原昌清最近的越后甘糟长重队率先被冲散。随后栗原昌清继续向前，试图与小山田信茂一起将越后诸将包围。此时越后方的法螺一直吹响，长尾景虎亲率旗本突出，宇佐美骏河守定满作为后备掩护，尘浪滚起大地轰鸣，这股洪流挟带着的挡我者死的气势，让栗原昌清不得不生生拉住马头，停马远望着洪流与前部的直江、柿崎会合，尔后长尾景虎军扇一转，越后军便扭转马头，浩浩荡荡地拥回阵地。

这场战斗就其过程而言，只是双方象征性地示威，长尾方战死263人，武田方则战死了131人，由于长尾景虎战前已失去了战局的先机，即使是通过一场死战获得胜利，但是越后方的士气已疲，要接着攻城略地也难以再有效果。尽管如此，但是在具体的战斗中，景虎还是以攻为主，先发制人先敌而变，争取到了进退的先机。而面对景虎凌厉多变的攻势，武田晴信在最开始便已确定只需以坚固的阵形防守，保证不败就行了，因为只要不在战场上大败，那么整个战局上的优势便不会被抢走。而这场示威性的遭遇战也让两人感到对方都不是易与之辈。晴信在战后对身边的侍大将们感叹道："看来景虎不仅有项王之勇，其兵法智谋也堪称当代奇杰呀！"而为武田军摆出鹤翼阵的山本勘助，也对长尾景虎的鱼鳞阵赞叹不已。

九月二十日，长尾景虎拔军北返，武田晴信也不追击，只是命小山田与栗原两支队伍远远跟着防备，又派山本勘助率领12名插着"百足旗"的"使番"一路监视长尾军，同时负责与己方各军的联络，直到长尾景虎退入越后为止。十月七日，武田晴信离开盐田城前往深志，十月十七日回到踯躅崎馆。

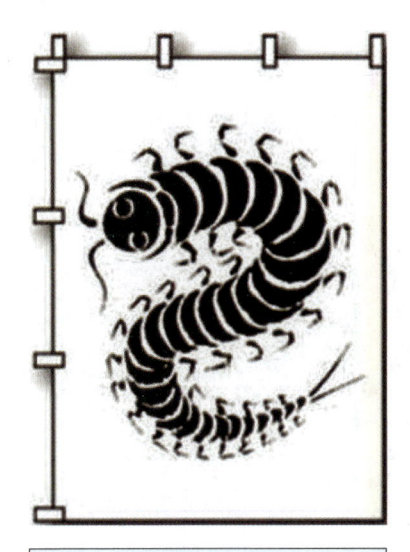

◇ 武田家的百足战旗

这里派出的"使番",在日本战国时代主要负责战场上的监察,或是前往敌军阵营充当使者,而武田家的使番,背负的战旗为"百足旗",百足便是蜈蚣,由于脚多也有善走之意,另外据说这种爬虫也是长尾景虎所信仰的毘沙门天唯一害怕的生物。取其相克之意,武田晴信于是下令在使番的战旗上用这种昆虫,这种使番战旗后来也成为武田军的一大特色。

甲斐之虎与越后之龙第一次交战的时候,武田晴信32岁,长尾景虎23岁。这一战的地点,是在布施(篠井)附近,因而又被称为布施(篠井)合战,但是此地区属于北信浓盆地上犀川与千曲川交汇处附近的平原,这片平原被统称为"川中岛地区",此后武田晴信与长尾景虎的数次交战,都是在川中岛地区展开,其中规模较大的五次,被世人称为"五次川中岛合战","布施(篠井)合战"在更多的场合则被称为第一次川中岛合战。

◇ 川中岛地区犀川与千曲川的交汇点

— 第三章 —

龙之上京,虎之同盟

天文二十二年(1553),并不是长尾景虎与武田晴信一决生死的时刻。第一次川中岛之战,景虎向武田家彰显了越后的实力,这就已经足够了,遥远的京都,还有更重要的事在向他招手。

由于天文十九年(1550)越后守护上杉定实去世,并且没有留下子嗣,因而长尾景虎已经成为名实兼备的越后国主;天文二十一年(1552),关东管领上杉宪政在北条氏康的穷追猛打下丢掉了老窝上野平井城,来到越后投奔长尾景虎,景虎便将他安置在原来上杉定实居住过的越后国府。这么一来,越后长尾氏便从关东管领的对立者,摇身一变成了关东管领的保护人。当年四月,得到上杉宪政的推举,长尾景虎被朝廷册封为从五位下弹正少弼之职。为了进一步巩固权威,长尾景虎打算借着为请官之事还礼谢恩的名义,前往京都参见足利将军与天皇,为此他在这一年已经派出使者与西进路上的诸侯——加贺的本愿寺及越前的朝仓义景修好,打算借道上京。仿佛是有老天助运一般,天文二十二年,景虎的兄长兼名义上的养父长尾晴景也因病去世了。原来名义上的主君不是去世便是没落,加上村上义清和小笠原长时这样的名门前来投靠,无需经过你死我活地拼抢,长尾景虎仅凭着正义、仁慈与那么一点点运气便获得了越后的无上权威和时人的崇敬。不过当然,为了让村上和小笠原这些原本的幕府名门老老实实为自己所用,让关东管领上杉宪政尽心地依仗自己,前往京都去赢得将军的重视便是非常紧迫的事了。

事实上因为村上义清的突然求援,已经打乱了景虎的上京日程计划,所以从川中岛撤回越后之后,景虎马上便带着数千人马西上京都。凭着事先已和本愿寺僧徒达成的和议,景虎一行得以平安经过动乱的越前、加贺、能登,于九月底到达京都。在京都,长尾景虎先是拜见了第十三代将军足利义辉,景虎之前庇护关东管领上杉宪政与信浓守护家小笠原氏的行为,乃是对幕府旧秩序的维护,加上长尾家数千人的军队跋涉崇山峻岭前来效忠,着实让在与三好家的对抗中碰得灰头土脸的足利将军风光了一把,因而足利义辉在对景虎大加赞许之余,更是将他引作心腹。由于从五位弹正少弼具备了上殿的资格,长尾景虎随后又前往大内朝见了后奈良天皇,并蒙赐天皇的酒杯与御剑,要知道战国时代分散在各地的诸侯虽说多如牛毛,但正式叙任为从五位下官职的也仅是为数不多的几家大名,加上战乱纷迭、道路阻塞,这些具备了上殿资格的大名,能够到达京都朝见天皇的,也是屈指可数。而长尾景虎在获得天皇赐物之后,又通过传奏人广桥大纳言向天皇启奏,请求蒙赐讨伐邻国敌人的纶旨。

纶旨,是日本天皇发布的命令,相当于中国的圣旨。但在日本中世纪,常有天皇退位成为上皇(太上皇),这时候的上皇也被称作"院",在早些时期,经常出现天皇年幼,实际政令由上皇发出的例子,上皇所发出的命令,便被称为"院宣"。在足利幕府初期乃至镰仓幕府时代,由于纶旨与院宣的至高权威性,常常能在武士中达到一呼百应的效果,几次动乱的发起和全日本的统一历程，也都有着纶旨与院宣的推动。但随着室町幕府的建立，天皇被足利将军架空，天下只闻将军的御教书，不见朝廷纶旨与院宣已经很久了，偶尔有，也都是一些庆典或赐官之类的主题，而直接带来战争的"治罚纶旨"，向来只有武家的首领在动乱之时才能申领，而长尾景虎区区一个国主，申请治罚纶旨，着实是一件惊世骇俗的事，而且这种僭越通常来讲也犯了足利将军家之忌。不过此次长尾景虎的申请，大概也是事先得到了将军的默许，所以没经过什么波折，他便顺利地拿到了天皇颁下的纶旨。此事便意味着，谁与景虎对抗，谁就是天皇与朝廷的敌人，这是他今后四处作战的大义名分。西面的本愿寺已经与长尾家修好，与越后大范围接壤的敌人，便只有控制甲斐与信浓的武田信玄，以及驰骋关东的北条氏康，真正的三雄大战，从此时起便步入了高潮。

办完正事之后，长尾景虎参加了京都公卿的和歌会，并拜会了各大寺院教派的首领：向本愿寺的法主证如上人献上太刀、名马与沙金，为天台宗座主的大讲堂营造工程献上黄金 200 枚。随后长尾景虎还大老远跑到纪伊高野山的金刚峰寺学法，师从寺中的清胤和尚入门学习真言密宗的教义。日本的真言密宗，拿到中国来说，就是喇嘛教。回到京都之后，景虎又在紫野的大野寺参禅，师从临济宗的澈岫宗九和尚学习禅宗心法，受了"三归五戒"，得了一个"宗心"的法名。所谓的五戒，乃是戒"杀生、淫邪、妄语、偷盗、饮酒"，不过这位"宗心大喇嘛"，一生只以自己的"心"为"宗"，"杀生"乃是他的职业，"饮酒"乃是他的最爱，就连在战马上，也常常拿着"马上杯"大口地喝酒，"三归五戒"对他究竟有多大的约束力，不免让人存疑。在打点完将军、朝廷、公卿、寺院等方方面面之后，长尾景虎一行在十二月的大雪到来之前返回了北国越后。

在长尾景虎上京之时，武田晴信却无法在信浓继续采取大规模的军事行动，一则已近岁末，二则晴信的骏河兄弟今川义元遇到了一点小麻烦。

天文十八年（1549），乘着三河大名松

◇ 马上杯

平广忠去世，今川义元乘机夺取了三河全境。与控制骏河、远江、三河的今川家在西面接壤的，便是尾张的织田信秀了。织田信秀是尾张守护斯波家的家臣，但却下克上成为尾张之主，同时也是号称"尾张之虎"的猛将。他在北与美浓的"蝮蛇"斋藤道三交战，向东攻入三河，与今川、松平激战，丝毫不落下风。今川家控制松平氏之后，义元采纳了太原雪斋的计策，一举攻取织田家在三河的据点安详城，并捉住了信秀的庶长子织田信广。为了换回儿子，织田信秀不得不放弃了三河的据点，并将松平家的人质竹千代交给了今川家。尽管今川取得了三河，但要强行打下信秀控制的尾张，也是极为艰难之事，但是，这位"尾张之虎"居然在天文二十年（1551）三月突然病逝，享年42岁，他的继承人织田信长，当时的外号是"尾张第一的大傻瓜"。

尾张的劲敌一死，今川义元向京都进军的热血又沸腾起来。义元首先派出大批忍者，化装成山伏和行商进入尾张，对织田家的武将进行策反，由于织田信秀去世引起人心动摇，山口教继、坂井大膳等尾张武将受到策反投向了今川家。眼看尾张已出现破绽，天文二十三年（1554），今川义元正式向尾张派出军队，在尾张境内建造村木砦作为进攻的桥头堡。不过令人大跌眼镜的是，尾张的傻瓜织田信长居然在其岳父斋藤道三的协助下，出兵奇袭攻陷了村木砦。"看来真是小瞧了这个傻瓜！"正当今川义元准备集结兵力大举杀入尾张的时候，煞风景的一幕出现了：相模的北条氏康又突然出兵攻入骏河，列阵于吉原、蒲原一带。今川义元手忙脚乱之下，连忙遣使邀请武田晴信前来相助。

早在天文十九年（1550），今川义元的夫人，也即武田晴信的姐姐定惠院便因病去世，年仅32岁，为了避免武田与今川的同盟因为定惠院的去世而崩溃，天文二十一年（1552），武田晴信的嫡子与今川义元的长女与津弥（后称岭松院）结为夫妇。上一代存留的交情加上下一代的姻缘，使得两家的关系更亲近了一步。所以今川义元求援，武田晴信也不得不出兵前往骏河了。

但是此时的北条已非当年被关东诸家围攻之北条，河越夜战之后，北条氏康一统武藏，又进军上野，将关东管领赶往越后，放眼关东八州，再无人是他的敌手。而武田晴信多年前就不愿与北条正面冲突，此时越后的长尾景虎已让他寝食难安，故而更不想将北条变成自己的敌人。而今川的目标在于西面的京都，也无暇与关东的北条交战。尽管北条家独步关东，但是武田与今川联手，足以与北条互相制衡，在这种情势下，双方谁都不率先出战。

三家在骏河相持不下之际，今川家的太原雪斋和尚开始了奔走协调。他的策略，乃是引导北条氏康认识到越后的长尾景虎才是自己的劲敌，因为收容了关东管领上杉宪政的人，必将与北条一战；而且北信浓的战事已表明，长尾景虎年纪虽轻，但在战场上绝非易与之辈，加上年前天皇颁下的治罚纶旨，景虎一旦出兵关东，必将有大量关东武士相随，获得公家与武家两方面大义的景虎，其影响力已不再限于越后一国之内。另外，北条不放心的，不外乎是武田与今川联盟的强大实力，而这个联盟又是以联姻为基础确立的，为了让北条氏康确信西面的甲斐骏河联盟对自己无害，最可靠的办法不外乎把北条家也拉到联盟中来，以婚姻关系将三家捆到一起。

经过雪斋牵头，三家最后形成的方案是：

在武田家嫡子武田义信与今川义元之女岭松院成亲的基础上，北条氏康的嫡子北条氏政迎娶武田晴信长女黄梅院为正室；今川义元的嫡子今川氏真迎娶北条氏康之女早川殿为正室。

以三大强者之间互相缔结的姻亲关系形成的这个同盟，被称为"甲相骏三国同盟"。在富士山下的善得寺里，武田晴信、今川义元、北条氏康这三个敌手兼朋友进行了会面，并交换誓词，宣告这个同盟正式成立。

甲相骏同盟的成立，对武田、今川、北条三家的利与弊各有不同。

对武田而言，这个同盟有利于武田晴信腾出手来巩固信浓的霸权，并全力以赴与越后长尾景虎对决；不利的问题在于这个同盟也宣告了武田家不会染指南方今川与北条所控制的海岸，在日本这样一个海洋资源丰富的国家，武田却要依靠甲斐信浓的群山和为数不多的平原来维持国力，还要仰赖今川与北条的食盐供应，因而晴信若不打败长尾景虎，获得北方的出海口，那么武田家的进一步壮大便只能是镜中花水中月。

对北条而言，借着三家联姻恢复了自北条早云以来与今川家的姻亲关系，在西面没有后顾之忧的同时，北条氏康在关东的下克上事业不再是独立奋战，而有了武田与今川两个臂膀。向北若与长尾景虎交战，还能得到武田的支援，在武田牵制长尾之时，北条氏康便可以扫荡关东的佐竹、宇都宫、里见等地方诸侯。上杉宪政远遁越后之后，关东的旧诸侯们失去了凝聚到一起的核心，单

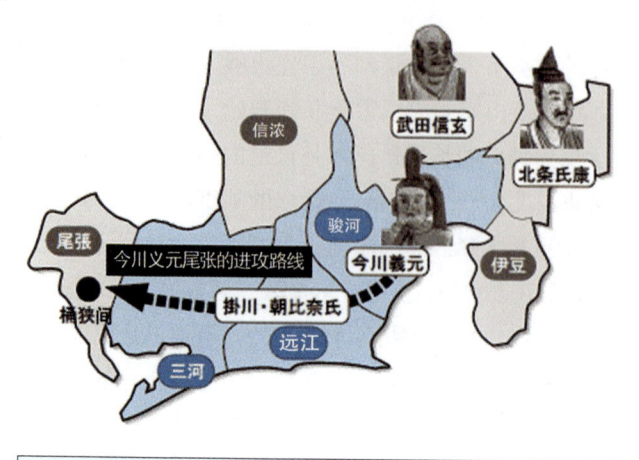

◇ 甲相骏三国同盟形势图

凭其中任何一家，都不是独步关东的北条家之对手。不利的地方在于，北条家向西扩张乃至上京的陆路已有今川与武田站在了前面，北条要么只能跟着这两家上京，要么便老老实实地在关东当个地方大名，从而失去了号令天下的先机。

实际上甲相骏同盟的最大获益者乃是今川义元，武田和北条可以说充当了他的后盾，凭着今川家领有的三个国的兵力，一旦义元带兵西上京都掌握了政权，出于同盟之义，武田与北条都会响应今川在京都发出的号令。以东海道的骏河、远江、三河为纽带，将西方的政治文化中心——京都与东方的武家政权发源地——关东连接起来，便是当年室町幕府的开创者足利尊氏一统天下的基础，如果进展顺利的话，数年之后，这一幕极有可能将在今川义元手中重演。今川家雄踞骏府，坐拥海陆两条上京之路，手握三国之兵，尽收鱼盐之利，加上北条与武田为后盾，可以说得尽地利与人和，接下来只要将新到手的三河经营稳妥，便可以向尾张的织田氏进军了。

不过当时却有人对今川家的未来抱着悲观的态度，这人便是三国同盟的发起者、今川义元的军师太原雪斋和尚。《名将言行录》记载：在三国同盟缔结之后，有过一段庆典时期，当时太原雪斋与武田家的青年豪杰饭富三郎兵卫（后来的山县昌景）、春日虎纲（后之高坂弹正忠昌信）聚到一起，出于对两位青年的赏识，闲谈之余，雪斋不免说出了自己的真心话："今川家的荣华看来是无法传到后世了，现在无功而受禄甚至被列入谱代重臣的人越来越多，但却没有像你们两位一般真正能够担当一方大将的人物，这样的今川在我死后恐怕将无法免予衰退啊！"

太原雪斋，乃是今川义元一生成长与崛起的见证人。他本是今川家的重臣之子，早年便出家在京都建仁寺修行，后来骏河守护今川氏亲招他回乡负责第五子芳菊丸的教育，这个芳菊丸便是后来的今川义元，当时雪斋27岁，今川义元4岁。起初两人一起在善得寺修行，后来为了让芳菊丸得到更全面的教育，雪斋将他改名为"梅岳承芳"，并带他前往京都建仁寺，一起做了名僧大休宗休的弟子。在京都的时光，除了饱受各种学问熏陶，两人尤其浸染于京都的"五山文学"，所谓"五山文学"是指以南禅寺、天龙寺等五座寺庙为中心的汉文诗创作风俗。五山，本出自中国的五岳以及佛教五山、道教五山，这种定名风俗传到日本后，日本的统治者们便常将某地排在前五位的寺庙命名为五山，比如京都五山、镰仓五山，就连武田晴信统治的甲斐，也在甲府地区设立了五山。以上的寺庙，不仅是全日本佛学，也是汉语文化最为兴盛之处。当时的太原雪斋，可能只是准备将义元培养成为一名僧人，但在命运的捉弄下，师徒两人最终登上了政治舞台，成为称霸东海道的风云人物。

◇ 太原雪斋

由于早年受到京都文化的深刻熏陶，今川义元在成为大名之后，致力于将骏府变成一个文化中心，为此他不仅长期招徕公卿、歌人在城下居住，举办各种连歌会和茶会，还出版了《聚分韵略》这样的作词音韵字典以及中国的历史书《历代序略》，将骏府发展成为和越前的一乘谷、周防的山口馆齐名的三大京都文化中心。作为武将，因为早年便于京都的繁华和将军的威仪留下深刻的印象，成为名门今川之主以后，义元的人生目标无形地便定为向西进军，成为京都的主人。为了徒弟的梦想，太原雪斋不得不抛弃僧人的矜持，置身于血雨腥风的修罗场和尔虞我诈的谋略场上。平定远江，控制三河，最终达成甲相骏三国同盟，当年的4岁孩童如今以"东海道第一弓"的绝世勇名屹立于世，而当年27岁的僧人师傅此时却已垂垂老矣。弘治元年（1555），也就是三国同盟确立的第二年，太原雪斋和尚便在隐居的长庆寺去世，享年60岁。

— 第四章 —

第二次川中岛对决

长尾景虎的上京之旅，是以大量的金钱铺路的，为此他事先在越后国内进行了大范围地征税，这激起了越后豪族们的不满。察知了越后不稳，武田晴信便派出忍者与说客在越后进行策动，天文二十三年（1554）十二月二十五日，越后北条城主北条高广宣布倒向武田家，向长尾景虎举起了反旗。

这个越后北条氏既非镰仓幕府的执权北条一族，也非后来驰骋关东的北条早云一族，而是镰仓幕府早期的名臣大江广元的子孙。大江广元的第四子毛利季光一系自镰仓时代起，便领有越后的佐桥庄与安艺的吉田庄。安艺吉田的毛利氏，在名君毛利元就的统领下，后来逐渐成长为一统关西十国的超级诸侯；而越后佐桥庄的毛利氏，以北条城与安田城为中心，分成了北条氏与安田氏，这两家作为镰仓时代以来的旧门第，在武家中的地位本来就比后来到越后的长尾氏还高，由于实力因素却不得不屈尊成为侍奉长尾氏的臣子，身为北条城城主的北条高广早已有所不满，加上因为景虎上京被征收了大量金钱，在武田的策动下，高广的不满终于爆发了。

然而另一边北条高广的同族、安田城城主安田景元却没有参与高广的起事，安田与北条虽是兄弟之家，但是到了以实力说话的战国时代，却已演变为一种互相竞争的关系，在景元看来，北条高广的叛乱，正是安田家进一步上升的大好机会，故此他迅速将北条叛乱的消息通知了春日山城的长尾景虎。景虎在收到消息后，一面向安田景元表示了谢意，另一面迅速派出两员大将柿崎景家与宇佐美定满率兵前往北条城监视，两将将高广的行动压制住的同时，长尾景虎也在春日山城聚起大军，紧跟着便对北条城发动了猛攻。眼看城池快要被攻破，武田的援军却始终没有出现，最后北条高广迫不得已降于景虎的军门之下。对于高广的行为，长尾景虎并没有做出惩罚，而是暗暗把这笔账记在了武田晴信头上。

从天文二十三年（1554）十二月二十五日北条高广起兵，到弘治元年（1555）二月二十六日高广投降，耗去了长尾景虎整整两个月的时间，为了以牙还牙，景虎也派出了小笠原长时前往南信浓策动旧部与武田家对抗。不过还没等景虎喘上一口气来，北信浓的善光寺别当栗田宽安又在武田家的策动下起兵造反了。

◇ 善光寺

日本古代的佛教丛林，除去各地的"五山五寺"之外，就日本全岛而言还有"四门四额"之说，东门为定额山善光寺，南门为南命山无量寿寺，西门为不舍山净土寺，北门为北空山云上寺，以善光寺为中心的定额山上，分布着大大小小40余座寺院，而这一地区的管理者，便是善光寺的别当栗田氏。别当便是管理寺务的长官，其身份既可是僧人，也可是俗家，栗田氏乃是村上义清的同族，同时兼任着栗田城城主，在北信浓的僧俗两道都是极有势力的家族。在村上义清战败之后，栗田宽安也跟着逃往越后。但是，作为善光寺的别当，栗田宽安必须居于善光寺才能施展自己与众不同的权势，一旦离开老家失去了寺院背景的笼罩，他在越后就只不过是一个普通的避难者。这种巨大的落差，让栗田无法适应，武田晴信正是看中了这一点，于是便派人邀请他脱离上杉阵营，回善光寺主持大局。

栗田宽安倒向武田家，带来的连锁反应是川中岛以北，善光寺以南的平原全部被纳入武田家的领土，武田家以这片平原为基地，向越后又迈进了一大步。为了防止事态进一步扩大，四月初，长尾景虎率兵8000再度杀向川中岛。而武田晴信在三月中便率军离开了甲斐，四月六日在桔梗原打败小笠原长时一党与南信浓木曾家的联军。收到长尾景虎已经越过地藏岭进入川中岛的消息之后，武田晴信下令诸军停止对木曾与小笠原的追击，北上回到深志集结起来，而后于十一日向川中岛进军。长尾景虎的主要目标，是善光寺南侧旭山城的栗田宽安。由于旭山城是北信浓通往越后的门户，为了封锁旭山城，在犀川北面，长尾景虎除了布下攻城阵形外，还筑了一座名为葛山城的城塞，借此城重新锁住通往越后的道路。

另一方面，武田军的 12000 人到达犀川南岸之后，晴信首先便派出 3000 士卒带着硬弓 800 张、铁炮 300 挺抢渡犀川进入旭山协助守城。此时葡萄牙人传到九州的铁炮，由于具有射程远、精度高、杀伤力强的特点，已经开始在全日本普及。由于旭山有大量铁炮相助，8000 长尾军一时也奈何不了这座小小的城塞。但是由于长尾军的警戒，武田方主力也无法渡过犀川，两军只能隔着犀川布阵相望。

从四月到七月，因为找不到对方的破绽，两军一直隔河相持，到了七月十九日，长尾军 8000 人一起出阵，渡河杀向武田晴信本阵。这边武田家早就严阵以待：

右路先锋：饭富兵部少辅虎昌；

左路先锋：小山田备中守昌辰；

前卫：真田弹正忠幸隆与信州先方众；

中军前阵：武田信繁、穴山信良；

中军右阵：马场信房、内藤昌丰、浅利信音、日向昌时；

中军左阵：诸角虎定、甘利藤藏、小曾、胜沼。

长尾景虎的先锋甫一入河，便遭到了武田方的铁炮攒射，好不容易穿过矢林弹雨到达对岸，还来不及摆好阵形，武田家诸队便如黑云般压了上来，加上天空阴云密布，刮起一阵南风，大风挟着武田的战鼓、法螺与呐喊向北直扫过来，其气势卷得越后的士卒们四散奔走。此时长尾景虎军扇一挥，前方的骑兵们开始向后撤退，接着景虎本人与几员大将一起策马左右驰骋，将走散的士卒收拢起来，重新编成密集阵形，徐徐后撤。

第二天，长尾景虎派人送给武田晴信一封书信，大意是："现在越中与能登发生动乱，我欲发兵前往，当下想暂时与阁下休战。且望阁下能让村上义清还住葛尾城。"这看似是景虎的一个小花招，因为他提出的"让村上义清还住葛尾城"是当前形势与实力对比之下不可能的事情，作为一个并不重要的虚拟筹码，故意留给武田家在谈判时去剔除，换了是一般人，可能会回答："缔结和议可以，但绝不允许村上回归。"长尾家表面上吃了亏，其实却是卖了个免费人情就达到了安然撤军的目的。但是对于老谋深算的武田家，这封信不啻传达了一个信号：长尾家在越中的战事吃紧，不得不从川中岛撤退——此时正是追击长尾家的大好时机。为了撤退设下的那个谈判花招，看似也花了不少心思的，这就让聪明人以为，长尾确实是急于撤退的。

武田的本阵里，晴信对众将展示了这封信，大家议论纷纷之际，山本勘助出列进言道："从此信来看长尾家撤退之意似乎已经很明显，但如此又将破绽暴露在我军面前，颇不合常理，虚虚实实之间，无法判断其真意。为今之计，只有派出忍者前往越中，一验情报，便知真伪。"莽撞者只从诱惑中看到机会，慎重的人却会从诱惑里发现陷阱，在事态虚实难辨之际，对原始的信息进行调查，才能发现诡谲风云背后的真相。所以武田晴信采纳了山本勘助的建议，并不马上答复长尾景虎，而是派出僧人大益和尚及小幡虎盛之弟小幡弥三郎带着一批户隐忍者前往越中侦察。

◇ 五次川中岛之战交战地点示意图

数日后，两人带回来的情报是：越中并没有发生战争，反倒是长尾景虎在撤退路线上的险要之处已埋下伏兵，就等武田军前来追击。众将都惊出了一身冷汗。

接下来两军又一动不动地相持了两个月。其间在长尾家阵内，为了几片肥沃田地的归属权，越后诸将起了纷争，你来我往喋喋不休一个月之久，长尾景虎一怒之下，命令诸将全部写下绝对服从自己、听从裁断的誓约书五条，这才将内讧镇压了下去，此事传到武田家，让众人为之嗤笑。不过武田方也没高兴多久，他们这边不久就发生了士兵在田地里斗殴放火的事情，长期守在前线，无法回家收割粮食，导致以农民为主的杂兵们躁动不已。

在关东，北条氏康已经夺取了上杉宪政的大半领地，仅剩下上野一国还未完全收入囊中，但上野有号称"上州之黄斑"的猛将长野业正，光凭氏康一家之力进展也极为缓慢，故而氏康急于让武田家出兵西上野，牵制长野氏。武田家与长尾在川中岛的对峙，大大延误了北条对上野的侵攻进程，故而北条氏康与今川义元商议，希望义元派使者促使武田与长尾和谈。在此背景下，今川义元派出以四宫右近为正使、庵原弥兵卫为副使的使团来到武田阵中。得悉今川

109

方的来意，武田家内迅速召开了军议。

北条氏康的上野出兵邀请，首先便遭到老臣诸角虎定与原昌胤的反对，武田家在上野方面向来难以有所进展，加上背后又有上杉环伺，当下对上野大举进攻根本是不可能的。而春日虎纲、饭富昌景、原昌胤等青年武将则极力反对与长尾和谈，为此三人还联名写了一封谏书呈给晴信，其道理是，一旦与长尾议和、让村上义清回归信浓，不仅晴信将威信扫地颜面无光，还会大大助长在南信浓持续反抗的小笠原长时与木曾义康的气焰。一番权衡之后，武田晴信决定先大战一场再议和，这样也能争取几分主动。同时借着这场战役，还能完成对小笠原长时与木曾义康的压制。

九月十五日，武田晴信下令诹访的主将板垣信里（信形之子）、小山田信茂从深志出发，攻击北上而来的小笠原长时，另外饭富虎昌、小山田昌辰及部分信州先方众作为诹访众的后继部队紧跟着南向，这两支部队在鄙仓岭会合，将小笠原长时的主力击溃，迫使后者再度逃往越后。此时在善光寺平原的武田晴信主力也南退到筑摩川北岸的法福寺附近，长尾军紧跟着向南转移阵地，从九月二十八日到十月十日，两军又僵持了12天，此期间南信浓的诹访众与饭富、小山田部已北上与晴信会合。

十月十五日早上，两军正式展开决战。越后方的先锋为北条（高广）、柴田两军，柿崎和泉守、甘粕近江守紧随其后，接着便是长尾景虎的本队，武田这边的先锋依旧是饭富虎昌及小山田昌辰，随后武田晴信本阵12军一起扑上。一边是久持已疲，另一边则新胜之后气势如虹，两军的前锋一接触，长尾方的箭头队便在饭富赤备的冲击下溃散开来。如若再深入接触，长尾军恐怕要陷入大乱，此时长尾景虎急忙调转阵营，将先头的北条、柴田、柿崎、甘粕四军由先锋变为殿后，加上长尾政景与村上义清等总共八队排成一面铁壁，一面徐徐后退，一面将武田家冲在最前面的饭富、小山田两队人马包围起来，迫使后者陷入苦战。等到武田的后续部队跟上的时候，长尾军已经毫发无伤地安然退回阵地，而饭富队却有大量伤亡，其中小幡虎盛之弟小幡总七郎，乃是12名背负"百足战旗"的使番之一，由于过于深入敌阵，遭到长尾方的围攻，最后虽然逃了出来，但却受了三处重伤，于十月二十九日伤重去世。

虽然武田家阻止了小笠原长时对南信浓的干扰，却始终无法在战场上战胜长尾景虎，继续相持下去，依然会胜负难分。这一战之后，今川家的四宫右近与庵原弥兵卫便开始前往长尾阵营为两家说和。到了十月十五日，以今川为中介，武田与长尾两家终于达成了协议：武田氏可以保有已经占领的善光寺平原南部地区，作为交换，其必须破除今后向北再进攻的基地旭山城，另外还得恢复北信浓的须田、井上、岛津三家之旧领，但村上义清的旧领恢复之事就没有再提了。比起村上之地来说，这三家的领地都微不足道，恢复他们的领地，仅是为了表示长尾景虎已经在名义上达到了为北信浓豪族夺回领地的目标，尽管夺回的只是那么一点点。

随后长尾景虎便引军北返，武田晴信也于十月二十日率军回到踯躅崎馆，至此这场持续200多天的第二次川中岛合战宣告结束。

— 第五章 —

忍者之道：户隐与轩辕

在第二次川中岛合战中，武田与长尾两家的忍者对战局起到了重要作用。

武田家的忍者，主要是北信浓的户隐忍者。

户隐忍者的起源，乃是北信浓五岳之一的户隐山。养和元年（1181）源平合战时代，清和源氏之木曾义仲在信浓起兵讨伐平家，与平家的越后大将城资长在北信浓的裾花川发生激战。当时木曾义仲便在户隐山中的岩窟里指挥作战，同时搜罗山中的异能之士以为己用。在此期间，有一个名为仁科大助的山中修行者成为义仲的家臣，此人擅长飞鸟术与投镖术，跟随木曾义仲于各地立下战功。木曾义仲败亡之后，仁科大助先是逃往忍者的故乡伊贺，并结合伊贺忍术创出了自己的伊贺流户隐忍术，后来又回到户隐山中修行，他便是户隐忍者的始祖。户隐忍术的特征是自己不动而让敌人先动，一旦找到对方的弱点，便一举将敌人打倒。除了能使用很多独门兵器之外，其最高奥义就是不用兵器而将敌人打败，从而达到守护自身守护主君的目标。战国时代较有名的户隐忍者，

◇ 户隐山

是真田幸隆的家臣出浦对马守盛清，武田家在北信浓的历次作战的背后，经常有出浦盛清的身影出现，他率领着户隐忍者漂亮地完成了敌情侦察、敌城破坏，乃至劝诱、暗杀等任务。另外要提到的是，武田家的小幡虎盛，有着近江甲贺出身的忍者背景，而军师山本勘助，也是擅长忍术之人。

在户隐山东南面直线距离约10公里，有一座饭纲山，此山由饭纲山、灵仙寺山、玛瑙山三座大山连在一起，主峰高1917米，是北信浓五岳之一（北信浓五岳乃是饭纲山、户隐山、黑姬山、妙高山、斑尾山），和户隐山一样也是著名的修行灵场。"饭纲"是一种细小的妖狐，据说这种狐狸小到可以在竹筒中钻进转出，因而又被称作管狐。

和户隐忍者侍奉武田家相对的是，饭纲山的忍者们以饭纲神社为核心聚到一起，先是侍奉村上义清，后来为越后的长尾景虎作战。饭纲神社所供奉的主神，乃是饭纲山的山神饭纲权现，他所展示出的，通常是乘着白色管狐、一手持剑、做修行者打扮的鸟天狗（一种长着鸟嘴的怪物）形象。除了作为山神之外，饭纲权现也是修行者的保护神，还是长尾景虎所信仰的大神之一，景虎有一个较有名的头盔，名为"饭纲权现兜"，取此名便是因为此盔以饭纲权现的形象作为前立的装饰物。

饭纲忍者在全日本的名声，远远比不上武田的户隐众，越后长尾家主要倚仗的忍者，并非饭纲众，而是居住在越后大山之中的轩辕众。根据日本忍者秘传之书《万川集海》的记载，轩辕忍者的"轩辕"之名，得自中国上古传说中的黄帝轩辕。轩辕众居住的地方，是越后与越中交界处的

◇ 长尾景虎"饭纲权现兜"上的饭纲权现前立

"亲不知子不知",这是越后国境通往越中的一条长达15公里的海岸线,由于是由大山崩塌形成的断层地貌,故而断崖与沙浜交替,沿途净是悬崖绝壁、岩礁洞穴,加上波涛汹涌,发生过许多旅人掉下山崖或被大浪卷入海中的惨事。据说在寿永年间桓武平氏一族的平赖盛,背叛自己的家族,投降了清和源氏,平氏灭亡之后,此人遭到京都百姓诟骂,最后不得不离开京城,前往自己在越后的领地蒲原五百刈村。但是当平赖盛一家通过越后的这条海边断崖时,他的妻子和幼儿却被一阵涌起的巨浪卷去,悲恸之余,平赖盛写下一首和歌:"亲不知子不知,越路浦波之恶,使吾妻子尽失。"因为这个典故,此地便得名"亲不知子不知"。而轩辕众便是一直生活在这片地区的向导与乡民,他们长年在这片险山恶水中穿行谋生,世世代代锻炼出了一身本领。在长尾景虎与武田晴信对战的时代,轩辕众作为长尾家中专门针对武田家的谍报组织,足以与武田的户隐众媲美。轩辕忍者中较有名的是中西吉兵卫,此人最擅长名为"傀儡之术"的化装术,常常扮作商贾刺探武田的情报。

◇ "亲不知子不知"的景观

在越后与甲信,最有名的忍者既不是出自轩辕众与饭纲众,也不是单纯侍奉武田家的户隐众,而是户隐众出身,却在武田与长尾两家翻来覆去的一个异类,加藤段藏。此人出自常陆国秋津的加藤一族,其祖先加藤段右卫门景介曾前往信浓户隐山,投于户隐忍者之首鸢法师门下,后来的加藤子孙也传袭了户隐鸢一族的忍术。由于擅长鸢一族的飞行之术,加藤段藏被称为"飞加藤"或"鸢加藤"。

除了飞行术外,加藤段藏还长于幻术。为了出仕长尾景虎,他曾在春日山城下的闹市之中表演"吞牛之术",在众多民众面前将一头牛活生生地吞下肚子,实际上这只是一种幻术。长尾景虎听闻此事后便将加藤段藏召入府中。为了测试段藏,景虎命他前往重臣直江大和守实纲府中偷取名刀"村雨"。潜入戒备森严的直江宅之前，加藤段藏先使用"逢犬之术"，用有毒的饭团毒死了直江家的看门猎狗，拿到宝刀之后，他还顺便从直江宅背出一名年仅11岁的婢女作为证明人。事后，长尾景虎兑现了承诺，让段藏成为长尾家的忍者，但在背后却对他过于匪夷所思的忍术极为厌恶：能轻而易举地潜入别人宅邸之中背人取物，一旦被敌人买通，也便可以轻而易举地杀死自己的主君，景虎所害怕的便是这个。当他下令让直江实纲捕杀段藏的时候，段藏却已察知此事而事先逃亡。

既然长尾家不容自己，加藤段藏便去投靠景虎的死敌武田家。在武田家内测试段藏功夫的，乃是山本勘助，他事先命人偷偷在五尺高的围墙内铺上一层荆棘，叫加藤从围墙外飞越围墙，晴信本人则在围墙内的树荫下观看。结果加藤段藏轻而易举地跃到围墙上方，在落地前看到地上满布的荆棘之后，又凌空一个跟头转身飞回了围墙另一边的原地，这让在场的人无不惊骇至极。事后山本勘助询问晴信是否要留下此人，武田晴信却说："不过是魑魅魍魉之人，留之恐生意外之变。"

面试之后，山本勘助与马场信房等人在马场的屋敷里宴请加藤段藏，一番奉承之下，加藤段藏不禁多喝了几杯，乘着他酒酣耳热、神志飘忽的时候，旁边的土屋昌次悄悄绕到他身后，一刀将他砍翻在地。段藏受了重伤，吃痛之余，还能一个滚地闪出了众人的包围圈，接着快步逃到屋外一跃而起，准备借着飞行之术逃走。但这边诸人对他的飞行术早有防备，当段藏跃到半空中的时候，马场信房早已将弓拉满，一箭将他射落到地上，接着众人一拥而上，将其乱刀砍死。

尽管忍者们具有种种异能，但长尾景虎和武田晴信所希望的是让忍者们成为自己属下的办事组织，老老实实地去执行自己的命令，而加藤段藏过于超卓的忍术，以及独立的意志，足以让长尾与武田都产生不安全感，这是他无法融于两家的原因。

除了户隐众之外，武田晴信还让山本勘助专门训练了一批前往各国搜集情报的忍者，这种忍者称作"三者"。1548年武田在上田原惨败，主要便是因为情报收集不足，"三者"就是在这个背景下组建起来的。这支忍者的主要成员大多是失去双亲的独身少女，在接受武田家的忍术训练的同时，又在甲斐的浅间神宫接受巫女的种种祝仪、舞蹈训练，圆满出师之后，便打扮成流浪巫女，一边在各地表演舞蹈，一边收集各国的家臣动向、保有兵力、城主能力与兴趣

嗜好、城砦的构造等信息，并及时将情报回告武田晴信。最盛的时候，武田家的"三者"达到200人之众。"三者"的组织，分为"间见"、"见方"、"目付"三个级别。"间见"，便是某一地或一国的侦察人；"见方"，乃是九州、四国、北陆这样多个国的总联络人；"目付"则是所有"三者"的总管，而武田晴信本人，在"三者"中的代号叫作"足长坊主"，这个称呼被用在巫女们来回的消息传递之中。以这样的方式，武田晴信建立了覆盖全日本的情报网络。

— 第六章 —

武田的女婿

在弘治元年（1555）十月十五日武田与长尾缔结了和议后，信浓豪族中还在抵抗武田的，便只剩下南信浓的木曾氏了。

木曾氏，乃是极近清和源氏嫡流的名门。在源平合战年代，源氏宗家内部发生火并，总领源为义与嫡子源义朝渐渐势不两立，为义的次子源义贤受父命前往关东牵制兄长义朝。但在久寿二年（1155）八月，源义朝的长子源义平却袭击了这位叔父，在武藏的大藏馆消灭了义贤一族，义贤仅有一个两岁的儿子驹王丸存活下来，受到武藏豪族的掩护逃往信浓木曾谷，后来由当地的豪族中原兼能抚养长大，成人后取名为木曾义仲。而他的堂兄弟、源义平的弟弟，便是开创了镰仓幕府的源赖朝。

治承四年（1180）九月七日，木曾义仲在北信浓举兵讨伐清和源氏的宿敌桓武平氏，第二年他仅以3000人的兵力攻取越后，接着纠合源氏武士沿北陆道西进杀向京都。寿永二年（1183）五月在越中的俱利伽罗岭打破平维盛率领的10万平氏大军，并于当年七月底成功入京。事后白河法皇封他为从五位下左马头、越后守，又赐其"朝日将军"的称号。当时义仲的声势，已经远远盖过了源氏总领源赖朝。不过随后木曾义仲在备中水岛海战败于平氏之手，回到京都又施下一连串暴行，与法皇以及镰仓的源赖朝反目。寿永三年（1184）

一月中，木曾义仲强迫朝廷任命自己为征夷大将军，但接下来的几天里却接连被源赖朝之弟源义经率领的镰仓军打败，最后于一月二十日在近江的粟津战死。他号令天下的时间，还不到60天。然而木曾义仲作为一位盖世猛将，留下了一连串逸事，加上他手下有号称"木曾四天王"的今井兼平、桶口兼光、根井行亲、盾亲忠四员勇将与同样勇武善战的妾室巴御前，共同构成了以义仲为中心的一系列英雄传说，为"木曾"这个姓大大增光添彩。

木曾义仲的嫡子义高本来与源赖朝之女大姬订下亲事，住在镰仓，在义仲战死后他从镰仓逃出，却被源赖朝派出的追兵杀死，剩下的子女们一直潜伏在各地。50年之后的天福二年（1233），源赖朝的嫡系子孙已经在北条氏的策谋下断绝，出于对木曾氏的怜悯，由北条氏所掌握的幕府将木曾之地又赐给木曾义仲的儿子们，这便是战国时代信浓木曾氏的起源。

作为信浓四大将之一，木曾氏与小笠原有着姻亲关系，故而活跃在历次对武田家的战斗中。面对这样一个刺头，在第二次川中岛合战结束之后，武田晴信紧接着便以甘利虎泰之子甘利晴吉为大将，率领马场信房、内藤昌丰、原昌胜、春日虎纲五军杀奔木曾谷。在武田军摧枯拉朽的猛攻下，木曾义康最终打开城门向武田家投降。对于名门木曾氏，武田晴信不仅让他们保有原来的领地，还把自己的第三女、年仅16岁的真理姬嫁给了木曾义康的嫡子木曾义昌。事后木曾义康将自己的女儿作为人质送往踯躅崎馆，十一月，

◇ 木曾义仲与巴御前的铜像

◇ 巴御前戎装画像

木曾义康、义昌父子又亲自前往踯躅崎馆参见武田晴信，从此木曾氏便成了武田家的家臣。

武田晴信较有名的女婿，除了北条氏政与木曾义昌，还有甲斐国河内领的穴山信君。

河内的穴山氏是武田家的同族，其家祖穴山义武是武田信武之弟，义武之后的穴山氏代代都从武田本家迎来男子做养子继承人。穴山所领有的河内地方，是富士川沿岸与骏河今川相接的土地，这里原来还居住着武田的另一同族南部氏。在南北朝时期，南部家作为南朝方，在陆奥获得了大片领地，在甲斐却遭到属于北朝的武田与穴山的压制。明德三年（1392）南北两朝合一之际，南部家便放弃了甲斐的旧领，全部移往奥州，这片南部旧领就为穴山氏所得。河内地方不仅土地广阔，还有金山等资源，足以使穴山氏的实力能够与领有一国之大名相媲美。以下山城为中心，历代穴山氏在城下发展了商业街町，并有着强大的军事动员力和自己独立的家臣团。到了武田信虎、晴信的时代，为了拉拢穴山氏，信虎与晴信都将自己的女儿嫁给穴山氏的当主。

◇ 穴山的家纹：三花菱

武田信虎的女儿南松院殿，便是穴山伊豆守信有（信行）之妻。穴山信有作为武田家的长老，曾在晴信放逐信虎的时候发挥了重要作用。另外由于穴山的领地位于武田本领与骏河今川之间，充当了两家的缓冲地带，穴山信有也时常作为武田的外交使者来往于今川家。天文十三年（1544），京都的公卿冷泉为和访问甲斐，晴信在踯躅崎馆为之举行了欢迎的连歌会，作为武田家内第一风雅之人，穴山信有在歌会上便担当了领歌之责。穴山信有死后，为了继续笼络穴山氏，武田晴信便将自己的女儿见性院嫁给了信有之子、穴山家的继承人穴山伊豆守信君。信君后来出家号为"梅雪斋不白"，与其父信有一样，也是擅风雅之道的人物。除了参与武田家的历次军事行动外，也经常作为外交使者来往于各国之间。

甲斐最具实力的家族，除了武田本家、河内领穴山之外，便是郡内领的小山田了。穴山的河内领是武田与今川的缓冲地带，而小山田的郡内领则是武田与北条的缓冲地带，历来小山田氏都充当着武田与北条的交涉役。武田晴信继位之后，小山田的郡内众作为武田家的重要战力也一直活跃在各地的战场上。1552年小山田信有伤重去世，其子小山田信茂从父亲那里继承的战力为骑250人，杂兵900人，而郡内领的最大动员力达到了2000人，实力在武田家内屈指可数。天文二十二年（1553）小山田家居城岩殿山城大内前的桂川桥修筑完毕，为拉拢小山田氏，武田晴信特地向15岁的信茂赠送了太刀、清酒等礼品以示祝贺。而作为武田对北条的使者，小山田信茂在第二年晴信之女黄梅院与北条氏政的婚礼上充当了"墓目役"（司仪）之职。

据说这场婚礼极尽当时之奢华：参与送亲的2万名甲斐武士穿戴起崭新的铠甲，马鞍配刀都用金银作为装饰，在上野原的牛仓神社会合并举办了庆贺仪式，接着簇拥着黄梅院的婚轿来到国境上。与北条方的引路人碰头后，以小山田信茂为首的少数人便举着火把护送婚轿前往北条领。到达北条家的小田原城之际，武田这边的人便用带来的火把将北条家的火把点燃，称之为"过火"。这种仪式起源于中国古代，类似于现代的圣火传递。婚礼正式举行的时候，小山田信茂作为"墓目役"将象征喜悦的镝矢（响箭）射向天空，以求新人获得上天的保佑。历代担任墓目役之人，要么是家内地位至高之人，要么是出身正派名门的家族，从此事也可以看出小山田的地位之崇高。而北条这边也隆重接待了小山田信茂一行。婚礼和事后的祝宴从当年十二月一直持续到了第二年正月。当时饭富昌景称赞小山田信茂："年纪虽轻，但人情世故的掌握一点也不落后于人呀。"

小山田氏同样也是武田氏的女婿之家，小山田信茂的母亲，便是武田信虎之妹，也就是晴信的姑母，因而信茂实为晴信的表兄弟。借着与甲斐两大巨头的联姻关系，武田信虎、晴信父子两代在甲斐建立了牢固的统治。而在控制了信浓之后，武田晴信又将这种亲缘关系向信浓扩展，除了与木曾家的联姻之外，晴信还让自己的几个幼子分别继承了信浓的名家。

武田晴信的正室三条夫人，除了生下嫡子武田太郎义信之外，还生下一个次子二郎，这个孩子和山本勘助的经历有些类似，都是幼年患了疱疮导致眼睛失明，不过山本勘助只瞎了一眼，而武田次郎却是两眼皆盲。但是作为武田家正室所生的孩子，其地位仍然很高，后来晴信安排他继承了信浓的海野氏，成年后取名为"海野信亲",此人后来出家为僧,法号"龙芳",以一种半僧半俗的身份生活在战国之世。

晴信与三条夫人另外还有一个第三子武田信之,不过此儿在1553年夭折,年仅11岁。

晴信的第四子,便是与诹访御料人所生、继承了诹访家家门的诹访四郎胜赖。

除了三条夫人与诹访御料人,晴信尚有一名油川夫人,作为晴信的侧室为他生下了第五子和第六子。第五子继承了信浓的名门仁科氏,称为仁科五郎盛信,第六子出继骏河国骏东郡的领主葛山氏元,取名为葛山信贞。

借着这种亲子出继名门的策略,原来海野、诹访、仁科、葛山等名门的大片领地,都直接变成了由武田家亲子所统领的嫡系领地。

— 第七章 —

三战川中岛

和武田晴信在甲斐与信浓建立起的牢固统治相比,第二次川中岛合战却反映出长尾家的统治秩序极为混乱,家臣之间的互相倾轧等问题。

自长尾景虎就任家督时起,拥立他的直系将领便与原来侍奉越后守护上杉宪实的旧领主们冲突不断。上杉宪实去世后,后者归到景虎的直接管辖之下,却受到景虎亲信将领的欺压,这是第二次川中岛合战时长尾阵营内讧的根本原因。尽管当时景虎向众将收取了誓书,但这一根本矛盾却并未平息。

弘治二年(1556)三月,长尾家内的国人豪族上野家成与下平修理亮为了一块田地的归属权问题又起了纷争。上野家成是越后鱼沼郡妻有乡的节黑城城主,而下平修理亮则是同郡的千手城城主。尽管两家相距不远,但上野家成是景虎的旗本豪族,而下平则是原上杉宪实的家臣。两人的冲突,逐渐发展为两大派系的斗争,景虎身边的重臣们都卷入其中:以本庄实乃与直江实纲为首的新兴重臣极力偏袒上野家成,而原守护系的大熊朝秀则是下平修理亮的靠山。

直江与本庄作为景虎的功臣和左膀右臂一直受到重用，大熊朝秀虽是原上杉家臣，但却是越后第一的理财能手，景虎的历次出兵，倚仗的都是大熊的财务手腕而筹得军费，为此大熊朝秀得到了准谱代重臣待遇，然而直江与本庄这些在战场上拼杀的猛将，对于以大熊为首的文职官僚却一直不屑一顾，这也是两方冲突爆发的潜在原因。

豪族们为了一点土地而无休止地倾轧，让长尾景虎烦心不已，他并没有对此事做出任何裁断，只是将自己关在毘沙门里对着军神神像念了一整天咒，出来之后便告诉家臣们，自己准备出家为僧。不过这时大家以为景虎只是准备像一些在家出家的武将一样，剃个头取个法号而已。但是到了六月二十八日，景虎却向自己的恩师、长庆寺的天室光育和尚送去一封书信，告之自己准备前往远方出家修行，接着便带着几名亲随，悄悄离开春日山城，前往纪伊的高野山。发现家主突然失踪，重臣们全都慌了神，随后赶紧停止争吵四处寻找。好不容易在天室光育处得知了景虎的去向，但天室光育同时也告诉众人：景虎出走实是因为众人为了微末之利而争斗不休，根本不将他这个家主放在眼里。对此，以直江实纲为首的重臣们一商议，安排由景虎的姐夫长尾政景与同族的长尾景信牵头，让越后全部豪族一起写下一封誓书，表示今后绝对服从景虎再无二心，接着派快马带着誓书前去追赶景虎。由于左脚患上了风湿性关节炎，因而景虎一行徒步行进的速度极为缓慢，还没走到高野山，便在八月十七日被家内的来人追上了。

然而还没等长尾景虎回到越后，大熊朝秀便受武田晴信策动而举起了反旗，在他看来，长尾家的派系之争当下虽然归于平静，但是今后家内的主流派已经不可避免将抱成一团来打击自己，而自己这一方比起直江与本庄，在景虎面前的面子实在有限。趁着景虎还没回来，他便先发制人赶着起兵。但是大熊朝秀的举动一直受到本庄等人的监视，他一举兵，本庄实乃与庄田定资等人便聚集兵力准备攻打他的居城箕冠城。朝秀一看形势不妙，干脆丢掉居城，和鸟坂城城主城正资一起带兵直奔越中方向，准备一方面利用亲不知子不知的天险拦截追兵，另一方面堵住长尾景虎回归越后的道路。但接下来他却在亲不知子不知、驹返接连被越后军打败，最后不得不坐船出海，先走海路绕道越后的东方，接着又翻山越岭经过西上野投靠了武田家。

先有北条高广，后有大熊朝秀，陆续在武田晴信的策动下举起反旗，武田家不费一兵一卒就能在越后造成几个月的动乱，为此长尾景虎不由得对晴信恨之入骨。弘治三年（1557）正月，长尾景虎在更科八幡宫向八幡大神奉上祈愿文，祈求神灵保佑自己消灭武田氏。

但是二月的大雪，使得北信浓成为军神毗沙门天的神力难以触及之地。二月二十日，武田晴信从踯躅崎馆出阵，直取要塞葛山城。由于旭山城已经被废弃，葛山城便成为长尾家最前线的要塞。当时镇守葛山城的落合备中守治吉，出自原来木曾义仲手下以忠勇著称于世的"木曾四天王"之一的落合兼。然而不和谐的是，在这样一个代代相传的忠勇之家里，却依然有着心怀贪欲之人。在武田军正式发起进攻之前，真田幸隆便买通了落合一族的落合远江守和落合三郎左卫门卫，这两人负责镇守的是葛山城中部的要害静松寺，武田军一到，他们就打开了城门，随后城将落合备中守治吉与援军大将小山切骏河守均被拥进来的武田军乱刀砍死。这座在第二次川中岛之战中成名的要塞，不到一天便落到武田家的手里。事后武田晴信也不放心让背叛者落合远江守与落合三郎左卫门卫镇守这座要塞，而是把他们安置到后方的长沼城。

接下来武田军继续向北进逼，将须田、井上与高梨等北信浓豪族的老巢一一掀起，村上家在西条山的家庙，也在武田军的扫荡中化为灰烬，此事反而让北信浓豪族们以高梨政赖为中心同仇敌忾团结到一起，合力死守最后的据点饭山城。接下来的一个多月里，武田军尽管在北信浓的群山中进进出出，但对这群已经拧到一起的死斗者始终无可奈何。

越后的长尾景虎，早已收到高梨的求援信，但苦于大雪封山，对饭山城也是爱莫能助。到了四月十八日，积雪初融，长尾景虎急忙率领早已聚集起的1万大军，翻过群山杀奔信浓。到此武田晴信的冬季攻略依旧没能把北信

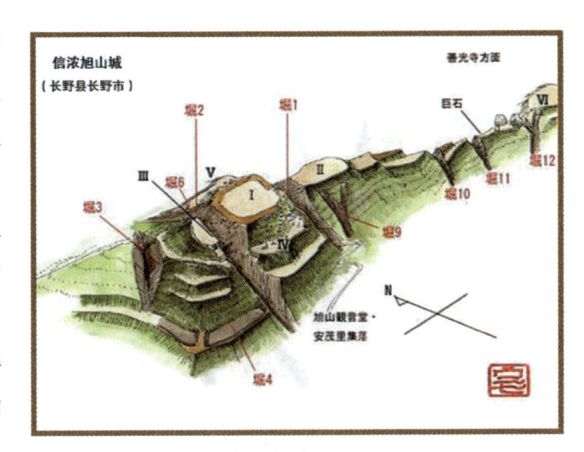

◇ 信浓旭山城鸟瞰图

浓豪族连根拔起，只是相当于把土全部都铲了一遍，最后不得不又回到与长尾对战的怪圈上来。

面对越后诸军的长驱直入，要在仓促之间将分散于各地的军队集中到北信浓的山中去决战，显然是不明智的，因而武田晴信果断地下令主力部队南撤到川中岛平原以南的尼严、清野、鞍骨三座山城周围，避免与长尾军在川中岛的平原上决战，而是借助领地的纵深拉长长尾军的战线。

由于葛山城被武田方死守，这一次长尾景虎在到达川中岛之后不得不将已经毁弃的旭山城修整起来作为大本营，不过长尾军的攻势极为顺利，数日之内便已突破群山、越过平原，在偌大的川中岛地区如入无人之境。

六月十日，长尾景虎完成对北信浓的初步压制之后，便集中1万人，向武田方南面的要害清野城靠近。此举并未引来武田家的本队，武田方仅派出马场信房率领一支由骑兵350人、杂兵3500人组成的队伍前去牵制。马场队与长尾军始终保持着若即若离的距离，一旦长尾军攻来，他便后退，长尾军攻向清野城，他又靠上去。由于他身后又与武田本阵保持着紧密联络，若是长尾军对马场发动总攻，便会遭到武田的本阵与清野的守军的夹击。所以在马场信房的干扰下，长尾景虎进退维谷，恨恨之下，放了一把火烧掉清野附近的村庄，就转军前往武田本阵的茶臼山方向。

此时茶臼山的武田军中，有四人原为村上义清重臣，后来投降武田晴信，成为武田家的信州先方众，他们是乐岩寺右马助、和田修理近、依田右京近及布下权左卫门。这四人原本是村上义清的同族谱代重臣，只是迫于形势才投降武田家，现在看到长尾军摧枯拉朽的攻势，本已沉寂下去的村上之血又开始奔腾起来。乐岩寺右马助在战前便与长尾景虎互通消息，约好一旦景虎向茶臼山发起总攻，他们便在阵前倒戈。故而景虎接到密信后，更是毫无顾忌地疾速向茶臼山靠近过来。

这一边武田晴信本来已经借助茶臼山之险布下了铁桶阵，长尾景虎若是正面向茶臼山进攻，等于是自己踏入了作战的死地，因此看到长尾军的动向，武田方的诸将都窃喜不已，只要敌人一钻进口袋，就变成一场简单的包围战了。然而在晴信看来，景虎的这种莽撞前进并不符合他向来算无遗策的用兵风格，直觉告诉他，在景虎的行动背后，一定有什么事作为倚仗，因此他加倍派出侦

察队在两军不断缩小的缝隙里来回巡视。也许是运气使然，乐岩寺等人与长尾军联络的信使竟然就被武田军的侦察队给捉住了，密信也被搜出来送到了晴信手中。读过密信之后，晴信不禁倒吸一口冷气，急忙下令将乐岩寺四人就地拘捕，又把他们的部队整编入各军之中，将包围阵形调整为厚实的防守阵形。

六月十二日，长尾景虎率军到达武田本阵前，发现武田的阵形与乐岩寺的密报大相径庭，知道情况有变，不待交战便又退回旭山城重新修整。事后，武田晴信勒令乐岩氏四人全部切腹自杀：

乐岩寺右马助，由饭富三郎兵卫昌景监斩，广濑乡左卫门担任介错；

依田右京近，由甘利左卫门尉昌忠监斩，井上文左卫门担任介错；

布下权左卫门，由春日弹正忠昌信监斩，饭岛长左卫门担任介错；

级别较低的和田修理近，则由旗本小队长三泽三郎兵卫监斩并担任介错。

到了七月，长尾景虎又向武田方的另一个支点尼严城发动进攻。尼严、清野、鞍骨与武田本阵茶臼山，一起构成一条横向防线，任何一点被突破，长尾军都可以借此进入武田家后方的信浓中部地区，迫使晴信的防御战略发生全面变化。在现有战略局势下，长尾景虎根本找不到武田方的破绽，机会，只能从对方战略的转换瞬间去捕捉了。然而武田方镇守尼严城的，乃是真田幸隆与小山田昌辰，在真田层出不穷的奇计之下，景虎在尼严城没讨到任何便宜。

长尾景虎还在尼严城下鏖战不休之际，武田晴信派出饭富三郎兵卫昌景，带着一支分遣队，从后方向西走，沿信浓的西界向北，插入信浓西北角的小谷地区。

小谷是信浓通往越后的又一个路口，山外有山，距离信浓的腹地极为偏远，当地的主要势力是平仓城城主饭森春盛，及平仓城周围号称"小谷五人众"的五家小领主。所谓的"五人众"，也就是五个村长而已，实力较大的饭森氏，也比他们强不过多少。由于距离越后反比信浓中心近，因而小谷的诸家一向都服从越后长

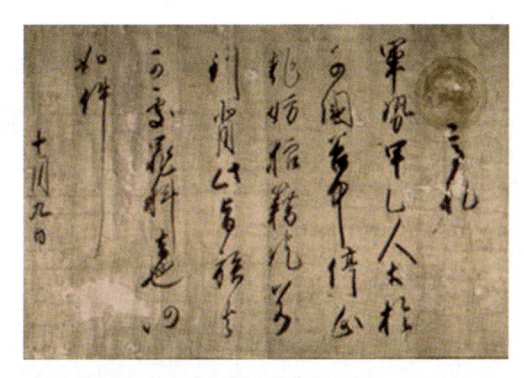

◇ 武田晴信事后在小谷地区发布的禁止军士扰乱令（右上角为信玄的"龙朱印"）

尾氏的号令。但是饭富昌景进军之前，便已与小谷五人众中的几家取得了联络，所以当饭森春盛收到武田军动向后邀请五人众协助守城时，仅有和越后关系最深的山岸丰后派出了援军。随后饭森与山岸联军，攻杀了拒不从命的田原氏，本来也只是想借此震慑一下其他三家，却反使得另外三家全部投入了饭富军军营。七月五日，饭富昌景向位于海拔835米高山之上的平仓城发动总攻，饭森春盛当场战死，其一族也被歼灭。随后，武田的马蹄便踏到了越后的国境线上。

越后的根本之地受到直接威胁，长尾景虎不得不从尼严城下拔军北撤。当善攻之人被迫转为守势，便是武田的进攻之时了。八月二十九日，长尾军在武田一路追击下退到善光寺北面的上野原，然后在这里突然杀了一个回马枪，在长尾军的凌厉冲击之下，武田方一开始也乱了阵脚，但毕竟一方久战已疲，另一方养精蓄锐多时，接下来仍然战了个不分胜负。就算是战略上已占了优势，但在战术上仍然无法奈何对方，到此时，武田晴信也不得不叹道："景虎殿真乃善攻之人啊！"

此战过后，长尾景虎在各个要处留下防守兵力，于九月五日徐徐退往越后，到了十月十六日，武田晴信也率兵返回甲斐。第三次川中岛合战，双方依旧没分出个胜负，北信浓犬牙交错的局势也没有任何变化。

这一年，京都的将军足利义辉由于和控制畿内的三好长庆对立，受长庆与其家臣松永久秀所迫，离开京都逃往近江的朽木谷。危难之时，足利义辉首先想到的助力便是四年前上京表过忠心的长尾景虎。同时，甲斐武田氏也是自幕府建立以来的名门，两家的长年对战，尤其让将军焦灼不已，到达朽木谷后，足利义辉特地向武田与长尾发出书状，要求他们和解。此时武田晴信的回复是，请求将军把信浓守护赐给自己。武田已经控制了信浓的绝大部分，原守护小笠原氏也已逃亡，这个守护职已成为虚名，足利义辉因此就毫不犹豫地将之赐给了晴信，毕竟还能借此获得武田的效忠。而武田晴信索取信浓守护职，也是想获得幕府名义上的确认，这样长尾景虎便无法再质疑武田在信浓统治的正当性了，看似这是个有点自私、但却也是个一劳永逸的要求，前提是两家今后都绝对遵从将军的号令。

然而日本战国的历史之轮，往往是以超强的破坏力碾碎一切传统规则滚动着前进的。

— 第八章 —

武田入道信玄

长尾景虎在三次川中岛之战中丝毫不落下风,让世人看到这位仅27岁的武士的盖世智慧与力量,更让需要这种力量的人看到了希望。在景虎身边,便有个极具权位之人,想把他当成救命稻草牢牢捆在身上,此人便是关东管领上杉宪政。

流亡到越后的上杉宪政,几乎称得上是孑然一身。他在居城平井城快被北条氏康攻破之前逃出城外,但是妻子儿女却都没来得及带走。城破之后,宪政的三子鹤若丸被乱刀砍死,次子竹松丸不知所踪,嫡子龙若丸更是被绑到北条家的小田原城枭首示众,堂堂关东第一的名门,落到这般田地,真是凄惨至极。此时在关东尚愿服从宪政号令的,只剩下上野箕轮城城主长野业正。在裹挟了相模、武藏、伊豆、下总的北条氏康面前,长野业正也只有招架之功,没有还手之力,据守在西上野一隅苦苦死撑。

上杉宪政逃到越后,仅剩下一个关东管领的名号,再无其他良性资产。一旦宪政在越后终老,足利的外戚之家关东管领上杉氏也就绝后了。尽管上杉宪政没了性命之忧,但是一想起在兵火中夭折的三个儿子,对北条的仇恨便痛入骨髓,让他无法甘于就此终老一生。为了用长尾景虎的利剑砍下北条氏康的首级,上杉宪政赌上了仅余的所有家当。

弘治三年(1557)年底,上杉宪政向景虎提出,为了不让上杉氏绝嗣,他愿意收景虎为养子,传以关东管领之位,作为关东管领,景虎自然也得背上消灭北条、重整关东的使命。以没有任何血缘关系的陪臣之家,却能继承关东第一的名门上杉氏家门和关东管领的职位,这对长尾氏而言是莫大的荣耀。相比"上杉"这个姓而言,"长尾"的历史和地位也不值一提,上杉宪政表示出的这番诚意,是景虎这一辈子想都没想过的惊喜。为了一个高门之姓而丢掉原有

◇ 镰仓鹤冈八幡宫

家名，在日本是屡见不鲜的事，对此他也没有什么心理负担。但是为了表明自己不是乘人之危和所继承的名号地位的正统性，长尾景虎提出，要继承上杉氏家名接任关东管领，首先要获得京都足利将军的正式承认，除此之外，还要在镰仓的鹤冈八幡宫正式就任，以获得八幡大明神的保佑。鹤冈八幡宫由镰仓幕府的开创者源赖朝所建，乃是关东的武士举办各种武家仪式的第一神社，不过当下却位于北条家的本国相模，要在那里举办就任仪式，换句话说就是要灭掉如日中天的关东北条氏。凭着长尾家手中仅有的越后一国，要达成这样艰巨的目标，似乎也太遥远了一点，不过对于上杉宪政来说，只要景虎愿意把打倒北条氏这个目标放入近年的工作日程，那么其他的事就都不重要了。

永禄二年（1559），将军足利义辉与三好长庆达成和解，重新回到京城室町的御所。这样长尾景虎就不必带着与三好交战的使命上京。当年四月三日，长尾景虎由越后出发前往京都，为了夸示武威，他还带了5000名武士作为随从。四月三十日，景虎到达京都，首先拜会了足利义辉，并禀报了自己将继承上杉氏之事，希望获得义辉的允可。而上次接见过景虎的后奈良天皇，已于弘治三

年（1557）九月去世，此时在位的，乃是后奈良天皇之子正亲町天皇。五月一日，长尾景虎朝见了天皇，再度受赐了御剑和天杯。接下来，为了等待足利将军的批复，景虎一直流连在京都，其间少不了与公卿们和歌唱答、吃茶往来之事。到了六月，足利将军终于发下了允许长尾景虎继承关东上杉氏的确认状，为了让他在正式就任关东管领前便宜行事，义辉还给予景虎"上杉之七免许"（等同关东管领上杉的七种特许权）。作为回报，长尾景虎向足利义辉呈上了一封宣誓效忠的血书。十月二十八日，长尾景虎返回越后春日山城，随后在春日山城举办了盛大的庆典。

早先上杉宪政要收长尾景虎为养子的事也传到了甲斐，让武田晴信大为懊恼：自己苦战近10年才获得个微不足道的信浓守护之名，那个越后的毛头小子没费什么力气，却几乎已把关东管领拿到了手中，自己用尽心思定下的和议，反而助长了对手的势力，难道他就是自己命中的死敌么？许多事，光凭着思索难以解清，到最后难免就会用一个宿命来概括，但是这样的宿命，却是晴信无法接受的。为了解开自己的疑惑，晴信找来高僧快川绍喜为武田家的家运卜了一卦。绍喜占出的卦象，按《周易》而言是"丰"的六二像："丰其蔀，日中见斗，往得疑疾；有孚发若，吉。"其大意是，王师虽然盛大如乌云蔽日一般，但是敌国的君主也犹如北斗星般精明强盛，难免会让己方疑惑；当此之时，君主应该用自己的诚信仁义去激励己方将士、感化敌国臣民，这样做才是吉祥的。接着快川绍喜又为今后的行事利弊卜了一卦，得出的结论却是："日中进取之年大吉，日中之后虚盈。"从这卦象上，武田晴信联想到已经遭遇过的或是潜在的对手长尾景虎、北条氏康乃至今川义元，无一不是精明强干之主，正是应了"日中见斗"之象，然而卦象说明就算与这些强者相争，也能有所收获，这个结果足以解开晴信当前的困惑。然而"日中之后虚盈"一词却让他隐隐感到了不安，这句话等于是说武田

◇ 快川绍喜

家此后将盛极而衰了。按人生60年算，30岁也已算为日中之界，晴信时年38岁，自继承家督以来到30岁以前，诸事一帆风顺，而30岁以后这几年，在北信浓的攻略称得上是停滞不前，难道武田家真的要盛极而衰，从此走上下坡路了么？

发现晴信的疑惑，快川绍喜又说道："天道虽然无常，但若尽人之智力，尚有化解之法。"绍喜的俗家身份是美浓源氏名门土岐氏一族，原本是足利将军家的侍僧，后受晴信之邀来到甲斐主持甲府五山之一的惠林寺，对古往今来武家之典故极为熟稔。他所援引的例子，是源平合战时代的平清盛。平清盛在平治之乱中几乎将清和源氏连根拔起，后来把持京都朝廷，就任从一位太政大臣，一手构建了桓武平氏的最盛期。但他在中年的时候，也是卜出个盛极而衰的"丰"卦，为了避免平氏在自己手中灭亡，清盛中年便在家出家，进入佛道奉持三宝，并取法名为"入道净海"，以求受到佛祖的保佑。后来数十年虽然清和源氏的反抗力量不断积攒，但在平清盛入道净海主政的时代却无法颠覆平家的政体，最终平清盛得以以64岁之龄安然走完人生。晴信的境遇和平清盛多有相似之处，也可以效法清盛入道之事，让佛祖保佑"日中之后"30年的武田家运。

武田晴信思考再三，觉得这也是个办法，不过他对此还是有一点迟疑："虽然自己是不孝之人，18岁便放逐了父亲信虎，但是这么多年来自己每日也手不离《论语》，孝道之念长存于心，现在父亲信虎还在世，身为人子却要削法为僧，于理是不孝的。"但是快川绍喜显然已经打定主意要拉晴信进入和尚的行列，于是一方面陈说吉凶利弊，劝晴信以武田家的家运为重，另一方面则拉来晴信的启蒙老师岐秀元伯一起规劝，终于促使他下定了出家的决心。

弘治二年（1556）二月十二日申时，在武田家的家庙武田八幡宫内的御旗与盾无铠前，由快川绍喜持戒，岐秀元伯

◇ 武田信玄像

剃度，武田晴信正式削发为僧，同时他还得到了三个名字：坊名德荣轩，道号机山，法名信玄。日本的和尚有多种称谓，本愿寺、安国寺等众多寺庙的主持，通常世代以寺名为姓，故有名僧本愿寺显如、安国寺惠琼，由于晴信是在家出家，只入僧籍不入寺籍，他的僧姓就以家内的斋号为姓，即是"德荣轩"；道号"机山"则类似于快川绍喜的"快川"、岐秀元伯的"岐秀"，在中国还有黄梅弘忍之"黄梅"，马祖道一的"马祖"，都是修饰法名的前缀，以形容该僧的特点；而"信玄"则是最根本的法名，乃是岐秀元伯根据中国高僧"临济义玄"与日本名僧"关山惠玄"的"玄"字所定。因而此后的武田晴信，按庙名来称，便是"德荣轩信玄"，若是放到记载禅宗佛理之书中，则应记为"机山信玄"。但实际上，他虽然削发为僧，但只是在家礼佛，奉持"佛、法、僧"三宝，却无需受"不杀生、不偷盗、不邪淫、不妄语、不饮酒"五戒，实际上仍是个披着僧人外袍、顶着法名的武士，所以按照武家的惯例，更多时候他被人称为"武田大膳大夫入道信玄"，或是更简单的"武田信玄"。

此外，日本的佛教全盘模仿中国古代的佛教制度，佛教在中国的南北朝蓬勃发展之时，当时许多王朝都设立了僧官，最高的级别为"僧正"，"正"通"政"，僧正就是主持一国或一方佛家事务之人，北方的前秦、南方的刘宋、萧梁王朝都曾陆续任命过高僧担任此职。到了后世的北宋王朝，便形成一个定制，在每个州都选拔一名僧人担任该州僧正。在日本中世，先是沿用了中国的僧正之制，后来发展成为"僧正、僧都、律师"三级十个阶位，其中的僧正又分大僧正、权大僧正、僧正、权僧正四阶。武田信玄事前便已派家臣小松大和守前往京都，通过公卿三条实纲向天皇奏明了出家之事。在他出家后不久，天皇的使者也到达他府中，就地任命他为大僧正，没念几天经，信玄便一举站到了僧官的顶点上。

为了表示与主君共同进退，武田信玄的出家，引起了重臣们的跟风，同时出家的有：原美浓守虎胤，出家后称"原美浓入道清岩"；山本勘助，出家后称"山本勘助入道道鬼"（道鬼指犹如鬼神般精通弓马之道）；真田弹正忠幸隆，出家后称"真田一德斋"；小幡山城守虎盛，出家后称"小幡山城入道日意"（小幡历代信日莲宗，以日为法名）；长坂左卫门尉光坚，出家后称"长坂钓闲斋"。

卷之四 天地对决

卷之四 天地对决

— 第一章 —

龙战关东

永禄三年（1560），是甲相骏三国同盟遭遇重大冲击的一年。

年初，骏河的今川义元收到将军足利义辉的密信："速来京都就任管领代，助我剿灭三好长庆。""管领"等同于将军的宰相，历来由足利同族的细川、田山、斯波三家交替担任，但是到了战国时代，这三家已经在家臣们的下克上中陆续败落。足利义辉为了在京都重振权威，终于想到了足利家的远房亲戚、骏河的今川氏，"管领代"等同于"管领"。今川义元收到此信后，禁不住感叹："我掌握天下的时机终于到来了！"但他还是首先写了一封回信："请待我消灭织田，讨伐美浓斋藤、近江六角，打开上京的道路再来与您相聚。"

此时，今川义元已经完全控制了骏河、远江、三河三国，同盟的北条氏康在关东无人能敌，武田信玄也成为甲信霸主，后方已固，羽翼已成，正是一举飞上云霄的时候。五月十日，三河豪族井伊信浓守直盛作为今川家的先锋最先出阵西上。十二日，今川义元亲自率军出发，离开骏府西进尾张，兵力达到25000人，对外则号称40000—45000人之巨，是规模在全日本都极少见的大军。

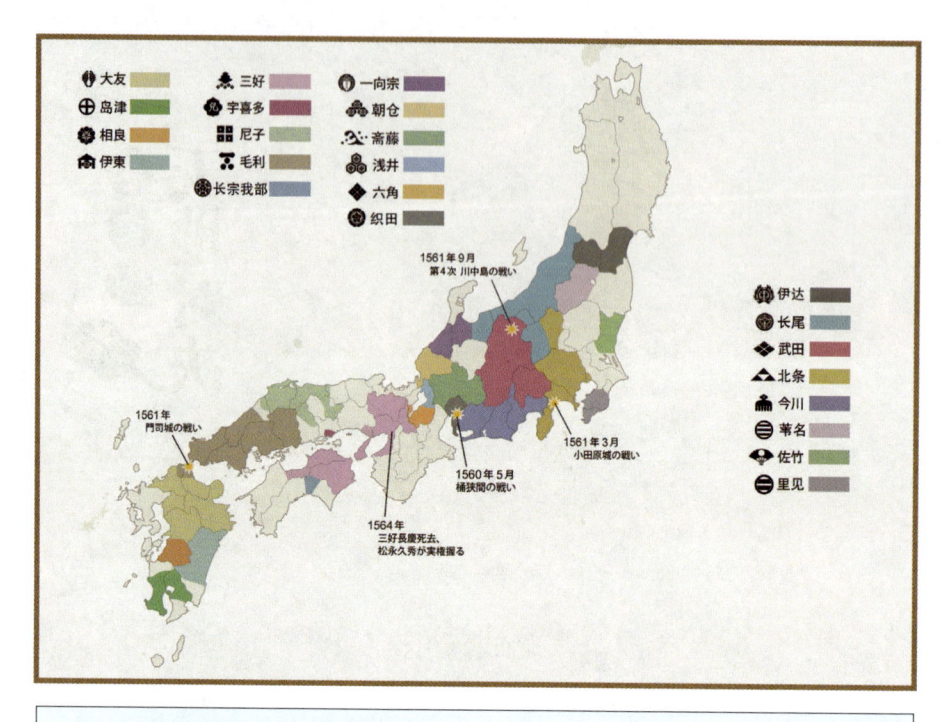

◇ 1560年的日本割据形势图

　　在今川家先锋的猛攻之下，尾张织田的防御体系迅速崩坏，丸根城守将佐久间盛重、鹫津守将织田秀敏、奥田城城主饭尾定宗、羽豆城城主千秋季忠以及鸣海的守将佐佐正胜如同割草一般陆续被今川的大军击破斩杀，伴随着接连胜利所带来的兴奋与狂热，五月十九日，今川义元的本队5000人一路前行到了沓挂与大高城之间的桶狭间山。

　　后来的事实表明，今川军先前攻取的据点全部是织田家的弃子，织田信长正严密地注视着义元的一举一动。五月十八日夜，在讨论今川军动向的军议上，信长一语未发，最后只说了一句："夜深了，大家都回家休息去吧。"到了半夜，他却突然起身，在侍从们的注视下跳起了"敦盛殉死舞"，边舞边唱道："人间不过五十年，下天之内，焉有不灭者。"舞毕，命令从人为自己穿戴好甲胄，又吃了一碗茶泡饭，便出门上马，疾驰而去。随从们一看主君奔出去，立马也都赶了上去，在信长一行经过的地方，尾张各地的武士们闻讯也聚集过来相会，到最后在信长身边形成一支2000人左右的队伍。第二天早上在尾张热田神宫举办了简单的誓师仪式之后,织田军便从小路悄然行军,直奔今川义元所在的桶狭间山。

五月十九日正午,义元的本队用过午饭,散在山间的谷地林荫间休息,织田信长的部队悄悄到达山边。下午1时左右,突然下起了暴雨,今川的士兵们忙着躲雨乱成一团。信长一声令下,织田军对义元的本阵发起了突击。由于暴雨导致今川方诸军联系不便,今川家的前卫很快便被织田军击溃,紧接着信长又追上了向东逃窜的义元本队300人。在织田军的不断突击之下,义元本队300人迅速减员到50人,到了下午2时左右,今川义元最终被织田方的服部小平太春安和毛利新助良胜合力斩杀。随后分散在尾张各地的今川军也陆续退走。

◇ 今川义元像

此战织田方砍下的首级大约有3000枚,事后信长将今川义元的首级交还给今川家,不过却留下那把由武田信虎传给今川义元的名刀"宗三左文字"作为纪念。这就是战国三大奇袭战之一的"桶狭间合战"。战后今川家所掌控的骏河、远江、三河又陷入动荡之中。原本作为今川家人质的三河松平家家主松平元康,趁着义元之死,占据了三河的冈崎城宣布独立。随着东海巨人今川义元的战死,以及接任者今川氏真的暗弱,曾经辉煌至极的今川家走上了崩塌之路。

在关东,显赫一时的北条氏康也遭遇了比河越夜战更大的巨浪冲击。当年年初,北条氏康在下总结城城下击破常陆方面的佐竹、小田联军,向北攻入上野国的多野、甘乐二郡,同时又在南面的上总与安房的里见义尧作战,展现出独步关东的气概。被逼急了的关东豪族们不得不团结起来,向已经获得关东管领资格的越后长尾景虎求救。一月二十日,安房馆山城城主里见义尧向越后求援;三月十五日,常陆的太田城城主佐竹义昭牵头,联合关东八国还在与北条对抗的豪族们，包括：秩父、三浦、千叶、佐野、大胡、宇都宫、结城、横山、小山、鹿岛大宫司、太田等家，派出使者向长尾景虎献上太刀，并表示愿意在其帐下效命。

然而三月底的时候，由于越中的神保良春受到武田信玄策动起兵，长尾景虎不得不前往越中国作战，不久越中富山城被长尾军攻陷，神保良春逃往增山城。五月，佐竹义昭再度邀请景虎出阵关东，上杉宪政也通过与景虎同族的长尾政景催促景虎出兵，但景虎仍然悬而不发，他要看到关东的豪族们因为焦虑而丢其底线，毫无保留地臣从于自己。八月底，里见义尧再次遭到北条氏康的攻击，危在旦夕之下，不得不通过上野厩桥城城主北条高广向景虎紧急求援，佐竹义昭也再度联合关东国人领主们向景虎发出出阵邀请。

随着关东的豪族们对越后的期盼和对北条的反抗与日俱增，长尾景虎出阵关东的时机成熟了。八月底，长尾景虎将北信浓的防务托付给高梨政赖，安排同族的长尾小四郎与柿崎和泉守景家、村上义清之子村上国清一起留守春日山城，承担对越中的防务，自己与上杉宪政一起率领8700骑南下，从三国岭进入上野，而后一路击破沼田、岩下的北条方豪族，径直入驻上野的军事重镇厩桥城。

长尾氏作为上杉家

◇ 1560年的关东形势图

历代的家臣，一直跟随着上杉迁往各地，景虎便是出自越后守护上杉氏的家臣越后长尾氏，而在关东，长尾氏还有白井与总社两家长尾氏，作为关东管领的家臣，这两家的家格向来是高于越后长尾氏的，但此时也赶到厩桥城来向景虎效忠，随后较近的箕轮城城主长野业正、较远的武藏国成田氏、藤田氏，下野的宇都宫、那须氏，陆续赶到景虎旗下来效忠，常陆的佐竹义昭、安房的里见义尧也对北条氏展开反击以响应景虎。接下来景虎便一面等待关东诸将的会合，一面对北条氏在上野、武藏的据点各个击破。其间北条氏康曾从河越城出阵北上，但在松山城下与长尾军交战一场，便慑于长尾的锋锐而退回小田原城。

感到前所未有的危机之后，北条氏康急忙向武田派出使者，请求信玄施以援手，但是信玄也不敢贸然出阵。屯兵厩桥的长尾军，得到关东豪族们的陆续加入，已经变为一只越来越大的铁拳，若是武田家自信浓出兵，向北靠近越后，则会遭到这只铁拳从上野拦腰一击；东进上野，就得与铁拳正面相碰；若是兵进北条领，则不但甲斐信浓空虚，在关东也将成为一场难以预见未来的消耗战。苦思之后，信玄向摄津石山的本愿寺派出了使者。本愿寺是一向宗武僧的本山，其座主显如上人，娶的是三条夫人的姐妹，也是细川持隆的女儿，与武田信玄称得上是连襟。借着这层关系，信玄请求显如上人发动北方的一向宗教徒，干扰景虎的后方。当年年底，加贺、越中的一向宗教徒们在显如上人的号令下蜂拥而起，一度攻入上杉家的越后根据地，但最终被留守春日山城的柿崎景家等将领击退。

永禄四年（1561）正月，长尾景虎在厩桥城举办了盛大的新年贺仪，长野业正、小山秀纲、小田氏治、佐竹义重、太田资正、成田长泰、那须资胤、三田纲秀等关东武将悉数到场，这些往日的一方诸侯此时全部向景虎行了臣下之礼。二月中，留守越后的直江大和守实纲、柿崎和泉守景家、斋藤下野守朝信、北条丹后守高广率着长尾军第二阵进入厩桥城，其声势令关东诸将大为振奋。到了三月，聚集到厩桥城的兵力，竟然达到115000人之巨。

三月七日，长尾景虎以关东猛将、武藏国岩付城城主太田美浓守资正，与上野国国峰城城主小幡宪重为先锋，11万大军席卷武藏、下总，直指北条的根据地相模。景虎顺路还攻落了关东的政治中心古河，将由北条氏之女所生的古河公方足利义氏放逐，另立足利藤氏为公方。此举也是为他就任关东管领扫

◇ 小田原城构造图

清道路，毕竟今后作为公方辅佐人的关东管领，却去攻打与公方有亲缘的北条氏，在极重声名的景虎看来，是非常尴尬的事。

在小田原这边，北条氏康一方面收留了被流放的足利义氏，另一方面则将分布在各地的军势总计3万人全部收拢进小田原城以加强城池的守备。相模的小田原城在当时是号称全日本第一的巨城。此城本是西相模的大森氏之居城，北条早云奇袭消灭大森氏之后，便以此城作为北条氏的居城，历经早云、氏纲、氏康三代不断平整扩张，逐渐发展出将整座八幡山围在一起的内城及外围的二城、三城。战国时代一般都是在城池的周边兴建街町，城池只供武士做防守使用，而小田原城却是类似中国的城池，用9公里长的外墙将所有街町围在了城中，最盛时城内人口有20万之多，同时一直储备着可供数年之需的粮草。

三月十日，长尾景虎的大军到达小田原城下，其先锋布阵于小矶，第二阵驻军大矶东北的高丽寺，主力扼守住入海口，断绝海陆两道，将小田原城围得如铁桶般水泄不通。三月十三日，对小田原的总攻击开始，先锋太田资正从幸田口进攻小田原的正门，长尾景虎亲自督领直江实纲与柿崎景家自莲池口进攻其余四门，大矶、小矶的部队轮流出击增援。但是守城的北条军也是誓死抵抗，不仅利用地利处处阻击联军，而且还连夜修补破损的城墙，毕竟3万人的守城兵力，在日本攻城战史上也是前所未有的规模。

连续攻城数日，长尾景虎却丝毫奈何不了这座坚城，他设在大矶的阵地，反倒被北条军夜袭了几次，折损了不少人马。除了夜袭，北条氏康又派出游军干扰联军的补给路线，从年初聚兵以来，已有3个多月，联军这11万人的吃饭，逐渐便成了大问题。此外，北条方的风魔忍者又在联军阵营内四处散布流言："忍城城主成田长泰，上野甘乐郡的白仓城城主白仓五郎、长尾同族的白井城城主长尾景英都已与北条家暗通，时机一到便将里应外合夹击景虎的本阵。"流言之事，智者或许能辨其真伪，但在临时聚集起来的11万人中传播开来，

136

难免也会使得很多人惶惶不安。北条氏康还向本愿寺的显如上人提出，只要本愿寺再度发动信徒干扰景虎的后方，北条氏愿意解除禁止一向宗在关东传教的禁令作为报答。于是显如上人一声令下，加贺、越中的僧众再度聚集起来向越后进攻。甲斐的武田信玄，也乘着景虎的大军在小田原城下进退两难之时，出兵北信浓，西攻上野，摆出一副要截断景虎归路的架势来。

◇　成田长泰的武藏忍城

围城一个多月，小田原城依然没有陷落的迹象，这个乌龟壳让长尾景虎的盖世军略毫无用武之地，而武田军的进退也不得不开始让他动容了。闰三月十六日，景虎下令撤除对小田原城的包围，全军退往镰仓。为了犒劳将士，景虎于四月一日在镰仓举行了酒宴和能乐表演。

四月三日，长尾景虎与长杉宪政以及佐竹、宇都宫、小山、那须等关东的大将们一起参拜了镰仓的鹤冈八幡宫。在八幡宫的正殿前，上杉宪政正式收景虎为养子，赐给他自己的"政"字，从此长尾景虎改名为上杉政虎，与此同时上杉宪政将上杉氏的系谱、家宝与关东管领的职务一起传给了政虎，接着关东诸侯们的代表又向政虎献上了效忠的誓书。然而在仪式结束之后，却发生了不和谐的事件：上杉政虎策马离开八幡宫正殿后，在神社的参道上受到大小豪族们的朝拜，当时所有人都跪伏于地，武藏国忍城城主成田长泰却鹤立鸡群地坐在马上向他致意，在政虎看来，成田长泰的不敬举动大煞当天的喜庆风景，一怒之下，他便跃马上前，将长泰拖下马来殴打，连长泰头戴的乌帽都被政虎打落在地使劲践踏了一番。

然而成田长泰之所以在马上行礼，也是有其理由的。成田氏出自"武藏七党"之一，其先祖在"前九年后三年之役"时曾和源氏的先祖源义家有过深交，所以从源义家起，甚至后来的镰仓幕府、室町幕府，历代幕府统治者都给予成田氏在马上行礼的特权，久而久之这便成了一项传统。上杉政虎虽然就任了关东管领，但其地位比足利将军还是差了许多，就算是足利将军到场，成田长泰也

137

只需马上行礼，对政虎行马上之礼，在成田长泰和众多关东武士看来，也是极为正常之事。然而上杉政虎却不知道成田家的这番典故，加上小田原的攻城不顺以及和成田长泰相关的流言，使得政虎本已压抑的烦躁情绪突然爆发出来，变成对成田长泰的粗暴举动，此事也成了许多关东武士眼中的暴行。事后成田长泰带着满腔愤懑回到忍城，不久便宣布投向北条方，其他一些不满的诸侯也陆续受到北条氏康的策动而对政虎举起反旗，就连长野业正的女婿小幡尾张守宪重也带着西上野的地盘倒向了武田家。这支没成立多久的联军，顷刻间便走向了崩溃。

不过对于上杉政虎而言，在镰仓就任了关东管领，他的目的便已达到，要攻灭北条，一统关东，那是很遥远的事。此刻武田信玄在信浓的动向最牵动他的神经：信玄先是出兵2万进攻上野，接着又派出山本勘助，在川中岛清野城的基础上，建筑一座新的要塞海津城。由于前方的据点葛山城与旭山城屡次在越后与武田间换手，一旦上杉政虎取得这两城，便获得了向南进出川中岛的基地。而武田方在川中岛以南仅是鞍骨、尼严、清野三城，由于城池过小，兵力无法在城下汇聚展开，往往不得不去背靠茶臼山列阵，拉长了战线，使得防守较为吃力。海津城的建设，便弥补了这一缺憾：该城位于平原之上，背靠群山，既方便兵力展开布阵，近处山上的尼严城与鞍骨城也可以当成瞭望台和哨所，形成一套完整的城池防御体系。此城一旦建成，上杉政虎今后的战术便只能围着这座城池展开，无法像第一次川中岛合战的时候那样，深入信浓中部地区，使得武田的军队疲于应付。而且政虎刚刚在小田原吃过坚城的亏，无法容忍又一座坚城出现在多年来任他纵横驰骋的川中岛地区。

同年六月初，山本勘助开始在海津筑城，武田军也向北信浓的大田切、鳄岳等地发起进攻。六月二十八日，上杉政虎便率领

◇ 海津城城门

越后的军势离开厩桥城北归。临走前他对关东也做了一番布置：将新任关东公方足利藤氏安置于古河，由岩付城城主太田资正和下总关宿城梁田政信、晴助父子进行保护；北条丹后守高广与其子北条景广作为政虎在关东的代理人，留守厩桥城处理关东政务，西上野的长野业正负责协助高广。上杉家由此便形成了西之厩桥、东之古河互相呼应的两个关东防卫重镇。到此上杉政虎的关东出阵也告一段落，接下来他将与武田信玄展开最为激烈的对决。

— 第二章 —

武田二十四将

随着武田家的世代传承以及信玄对信浓的攻略，在信玄周围形成了来源不同、人数庞大的家臣集团。

按出处来分，大抵为以下几种：

武田亲族众

主要由信玄的兄弟、亲族组成，既包括他的弟弟武田信繁、武田信廉、一条信龙，又包括联姻的木曾氏、穴山氏。

谱代家臣团

由甲斐国内代代侍奉武田家的武士组成，板垣、饭富、小山田、甘利、内藤等便属此类，但是这个标准在信玄时代就不一定通用了，山本勘助、原虎胤、小幡虎盛等外来武士也被算入其中，从信玄的亲信随从中提拔起来的春日虎纲（后改名为高坂昌信）也被算在谱代家臣内，所以总结起来谱代家也是信玄的直属部队。

外样家臣团

外样，便是指甲斐国之外的他国武士，主要包括南信浓的诹访众、北信浓的信州先方众、后来归附的以小幡党为首的上野武士所组成的上野众，在信州先方众中表现最为突出的真田家，后被单列出来称作真田众，享受与谱代家臣同等的待遇。武田家后来取得入海口之后，所组建的水军海贼众也被列入外样家臣团。

地域武士集团

指在甲斐的某一地域内抱成团的武士集群，通常以联盟的形式从属于武田家，其代表是居住在甲斐与信浓边境武川沿岸的武川众，以津金氏为首，与之同族的小尾、比志、小池、箕轮、村山、八卷、清水、井出、鹰见泽、河上等家组成的"津金众"，另外在郡内小山田旗下，还有一群由巨摩郡与都留郡交界处九家乡村武士组成的"九一色众"。

按照行政职责来分：

两职，家内的行政负责人，早先由板垣信方、甘利虎泰担任。

公事奉行，负责诉讼的审判裁断。

勘定奉行，财务官。

藏前众，地方官，武田家直辖领地的管理者。

侍大将，类似于军长，通常由实力较强的谱代家臣或外样家臣担任，负责战时的出阵及日常的警卫。

足轻大将，级别低于侍大将，担任侍大将的辅佐协力部队，或者充当信玄旗本部队的直属战力。

浪人头，统率诸国过来的浪人武士。

在军务方面，武田家的武士又可分为以下几种：

旗本武者奉行，作为军事顾问，负责出战时的各种仪式。

旗奉行，执掌本阵的诹访法性旗。

枪奉行，统率旗本亲卫队的骑马武士。

使番众，背负"百足战旗"的战场使者。

诸国使番众，前往诸国的外交使者。

御伽众，侧近亲随。

新众，工兵集团，逢山开路，过河搭桥。

和复杂的武田家家臣制度相比，人们更多注意的是以"武田二十四将"闻名于世的24名武士。他们中既包括信虎—信玄时代的"甲阳五名臣"，又包括信玄—胜赖时代的"武田四天王（四名臣）"、"战国三弹正"，乃是武田军中令敌方闻风丧胆的人物。二十四将的名单如下：

　　武田左马助信繁、武田刑部大辅信廉，一条右卫门大夫信龙、板垣骏河守信方、甘利备前守虎泰、横田备中守高松、饭富兵部少辅虎昌、小幡山城守虎盛、原美浓守虎胤、山本勘助晴幸、多田淡路守满赖、马场美浓守信房、高坂弹正忠昌信、内藤修理亮昌丰、山县三郎兵卫昌景、穴山玄蕃头信君、秋山伯耆守信友、小山田右兵卫信茂、原隼人佑昌胤、真田弹正忠幸隆、真田源太左卫门信纲、土屋右卫门尉昌次、三枝左卫门尉守友、小幡丰后守昌盛。

◇ 武田二十四将图

　　关于武田二十四将的名单，还有多个版本，包括了甘利昌忠、小山田昌辰、小幡信贞、真田昌辉、诸角虎定、武藤喜兵卫（真田昌幸）等人，一般说来，上述的 24 人是在各种《武田二十四将图》中出现得较为频繁的。

　　以下是武田二十四将的军旗、绘像以及履历。

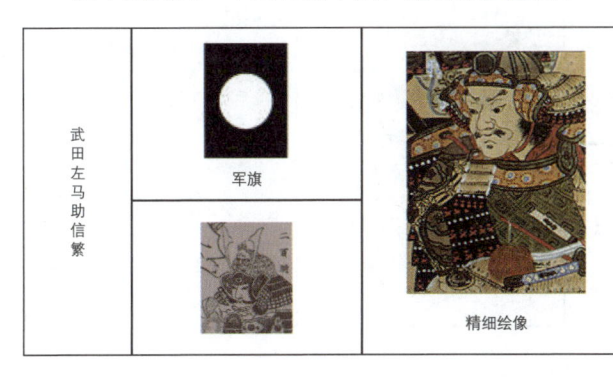

| 武田左马助信繁 | 军旗 | 精细绘像 | 武田信玄的二弟，其官位为正六位下左马助，在中国被称作"典厩"，因而信繁通常被尊称为武田典厩。少年时为父亲信虎所疼爱，信虎一度产生过废信玄立信繁的想法，最终导致自己被放逐骏河。在此事上信繁却紧随兄长信玄的步伐，信玄继位之后信繁也继续得到信任，常作为信玄的副将出阵时相伴左右。为人贤明仁爱，战时又勇猛果敢，被时人称为"武士的表率"，此外信繁还留下有名的《家训九十九条》。|

141

武田刑部少辅信廉			武田信玄三弟，与信玄、信繁同为大井夫人所生，出家后称作"武田逍遥轩"。作战时常作为后备队协防信玄的本阵，后历任信浓深志城代、高远城主，代替四郎胜赖主持南信浓之事。由于相貌声音酷似信玄，在信玄的生前及死后都常作为替身来活动。另外，武田信廉也是当时著名的画家，其父武田信虎与其母大井夫人现存世的画像便是由武田信廉亲手所绘。
一条右卫门大夫信龙			信玄之弟、武田信虎的第八子，继承了武田家内的名门、由家祖武田信义第二子一条忠赖开创的一条氏，作为武田家的亲类众，率领骑马武士200人，通常担任武田信玄本阵后方的预备队。《甲阳军鉴》中记载山县昌景评论一条信龙是"如鲜花般灿烂美好的武士"。信龙后来曾与织田军在骏河方面交战，于天正十年（1582）三月横死，享年40岁。
板垣骏河守信方			板垣氏是武田之祖武田信义第三子板垣兼信的后代。信方在信玄幼年担任其傅役，后与甘利虎泰分任武田家内"两职"。占领诹访之后，信方作为诹访郡代统领当地豪族，旗下有骑马武士120人。在天文十七年（1548）的上田原之战中遭村上义清的逆袭而战死。其子板垣信宪（信里）随后也接任为两职和诹访郡代，但却因不从号令而于1552年被处刑。
甘利备前守虎泰			原名甘利信益，受武田信虎的"虎"字后改名甘利虎泰，是武田之祖武田信义的次子一条忠赖的后代，世为甲斐家摩郡甘利乡领主，同时也是武田家的谱代家老，常与板垣信方、饭富虎昌一起担任武田军的先锋。在将信虎流放之后，和板垣信方一起担任武田家最高的两职。后在信浓上田原与村上义清的战斗中战死。其子甘利昌忠也是被列为多个版本中二十四将之一的猛将。

姓名	家纹	画像	简介
横田备中守高松			近江佐佐木氏出身,来到甲斐后成为信虎、信玄两代的足轻大将,俸禄3000贯,率领骑马武士30人,徒步武士100人,战时作为甘利虎泰旗下的部队之一,但实际却得到与一般侍大将等同的待遇。善于根据敌军动向揣摩对方的意图进行排兵布阵,有"先手必胜"(担任先锋必会胜利)的美誉,一生参战34次,负伤31处,最后于1550年在户石大溃退时作为殿后部队战死。
饭富兵部少辅虎昌			虽是武田家的谱代重臣,但在信虎时期却曾反叛信虎并与之交战,后又降伏。在信虎、信玄时代经常担任先锋,有"甲山的猛虎"之称,其部队的武具、马具、旗帜为清一色的红色,是武田家赤备的创始人。在信玄的嫡子太郎义信诞生后,成为义信的傅役和监护人。第四次川中岛大战时为武田家别动队的主将。永禄八年(1565)因为义信事件的连坐而自杀。
小幡山城守虎盛			信虎时代起就担任武田家旗本足轻大将,食俸禄1800贯,常率领骑马武士15骑,足轻75骑,一生参战36次,得到信虎、信玄的军功感谢状36张,上下受伤41处,是有"鬼虎"之称的猛将,莒崎合战中三度立下一番枪之功,4次率先冲入敌阵令他一战成名。永禄年间,作为高坂昌信的副将协防驻守海津城,后于永禄四年(1561)第四次川中岛大战前夕去世,享年71岁。
原美浓守虎胤			有"鬼美浓"之称的猛将。出自下总名门千叶氏一族,来到甲斐后成为武田家的足轻大将,领骑马武士35人,徒步武士100人,食俸禄3000贯。一生参战38场,全身受伤53处。受军功感谢状38张,不过有9张是北条氏康给的。1553年时甲斐国内日莲宗与净土宗相争论法,虎胤由于偏袒净土宗而被流放,转而加入北条家,在善德寺会谈后,经武田信玄邀请又回归了武田家。

人物	家纹/画像	图像	简介
山本勘助晴幸			三河牛洼人，青年时走遍诸国修习兵法剑法，却因容貌丑陋而难以仕官。1543年，板垣信方将他推荐给信玄，本来事先约束信玄，只给100贯俸禄，但信玄在与勘助交谈之后不嫌其丑，破格给他200贯的俸禄。1548年户石之战时，以奇计击破村上义清的追兵，战后成为足轻大将，率领步卒75人，俸禄800贯。作为筑城高手，建造了高远、松本、小诸、海津等名城。
多田淡路守满赖			出自美浓源氏，来到甲斐侍奉武田信虎，成为武田家内统率浪人组的旗本足轻大将，食俸禄3000贯。一生受伤27处，获得信虎、信玄父子发布的军功感谢状29张，位列信虎时代的"甲阳五名臣之一"。在进攻佐久时以夜袭击破村上义清而获得夜战名人的称号，并留下在虚空藏山斩杀地狱妖婆火车鬼的逸话。其子多田新藏也是一员猛将，获得过5张军功感谢状。
马场美浓守信房			原名教来石景政，教来石是甲斐的地方武士团"武川众"中势力最大的一支。在谏访、佐久的战斗中崭露头角，被信玄列为谱代家臣，作为侍大将统领旗本骑士50骑，经信玄安排继承了马场氏，改名为马场信房，在原美浓虎胤去世后得到了美浓守的官位。以后马场队又加入飞騨、骏河武士，合兵500骑。由于信房出入沙场40年，仅负伤一处，又被人称作"不死的鬼美浓"。
高坂弹正忠昌信			原名春日虎纲，本是甲斐石和的富农春日大隅之子，因为一场诉讼案件而被信玄赏识并收为身边的近习侍童。历任百足使番、统率150骑的侍大将、小诸城代、海津城代，第四次川中岛大战时立下战功，后娶北信浓名门高坂宗重之女，改称高坂昌信。后期作为海津城主和武田家在北信浓方面的负责人，统率骑马武士1027人，具有武田家内第一的动员力。晚年又改回姓春日氏。

姓名	旗印	肖像	简介
内藤修理亮昌丰			武田家谱代重臣工藤下野守虎丰的次子，在父亲被武田信虎斩杀后，与兄长昌佑一起逃亡关东，在信玄时代回归武田家。成为信玄旗下统领50骑的侍大将。参加了历次代表性的大战，常以副将和军需补给官的身份负责战时的后勤运输。在西上野攻略后成为箕轮城代，统领原长野氏旧臣，加上自己的郎党，总计动员力为300骑，负责武田家在关东方面的事务。
山县三郎兵卫昌景			饭富虎昌之弟，又名源四郎，本是信玄的近习随从。后成为百足使番、统领150骑的侍大将。在平仓城攻略、飞驒作战中成为统领诸军独当一面的大将。永禄八年（1565），因为义信事件的牵连导致其兄饭富虎昌自杀，信玄为了加强与昌景的情谊而让他继承了信虎时代重臣山县河内守虎清的名迹，由此改名为山县昌景，接替饭富虎昌继续统领武田家的赤备骑兵。
穴山玄蕃头信君			甲斐河内领的下山城主，穴山信友与信玄之姐南松院的嫡子，其妻为信玄与三条夫人所生的第二女见性院。穴山的河内众是与小山田的郡内众并称的甲斐两大势力，作为武田家的亲类众，信君同时也是统率骑马武士200人的侍大将。在信玄去世后，与武田信廉一起作为家中的长老主持了葬礼。入道称"梅雪斋不白"。武田家没落后成为德川家康在甲斐的代理人。
秋山伯耆守信友			又名秋山晴近，另外还有一个异名："武田军的猛牛"。作为与武田同族的加贺美远光子孙，早年担任武田家的谱代家臣、侍大将，在南信浓攻略时成为高远城代，弘治二年（1556）成为上下伊那郡代，作为武田在伊那郡的长官统领南信浓的坂西、下条、知久、松冈等家，负责对美浓方面的防务，属下有骑马武士355骑，是武田家内的一支重要战力。

145

姓名	家纹/画像	画像	简介
小山田右兵卫尉信茂			又称弥三郎信有，其祖父、父亲也以信有为名。于天文二十一年（1552）其父出羽守信有病死后继承小山田家，成为甲斐国都留郡岩殿城主。作为武田家的谱代家老，率领骑马武士250人和投石部队，同时能动员杂兵900人，小山田家的总动员力可以达到2000人以上，具有武田家内诸将中排名第四位的动员力。当时铁炮的射程为30米，而小山田投石部队射程为200米。
原隼人佑昌胤			其父原加贺守昌俊是武田家的阵场奉行。传说加贺守之妻本因难产而死，但在临死前却向家门口的地藏菩萨日夜祈愿。在死去百日之后，位于法成寺的墓穴突然崩塌，其妻抱着一个婴儿走了出来，由寺里的老僧将孩子送到昌俊手中，这名女子便失去了踪迹。这个孩子就是后来的阵场奉行、统领120骑的外样近卫队首领原昌胤。他专门负责战时整理地形情报和排兵布阵。
真田弹正忠幸隆			又名真田幸纲，本来只是海野名族海野栋纲第二子真田赖昌的第二个儿子，在家内也只是庶家，但在海野氏没落后却由上野前往甲斐，凭着独步一方的智谋成为武田家信州先方众的首席，以奇计攻落连信玄也束手无策的户石城，后在对村上与上杉的历次战斗中发挥了重要作用。以武田家侍大将的家格，在信浓领有1300贯领地及骑马武士200人。
真田源太左卫门信纲			真田幸隆的嫡长子，其母为河原隆正之妹（一说为饭富虎昌之女）。17岁起担任武田信玄的贴身亲卫，其父隐居后成为信浓先方众的首领、统领200骑的户石城主。与二弟真田幸辉并列为武田家中年轻一辈的勇将，参加了信玄后期的历次战役，但兄弟两人最终却一起在长篠战死。真田家后由真田幸隆的第三子武藤喜兵卫继承，此人便是赫赫有名的战国智将真田昌幸。

146

土屋右卫门尉昌次			武田同族的金丸虎义第二子,从小便作为六名近习侍童之一在武田信玄的身边长大。第四次川中岛之战时作为旗本守卫信玄的本阵,第二年成为统领50骑的侍大将。家老浅利右马助信种战死后,信玄便将浅利的郎党70骑和骏河先方众30骑拨给昌次,又让他继承了甲斐的名门土屋氏,成为统率100骑的谱代家老。由于后来斩杀了德川家的鸟居忠元,遂以鸟居为家纹以记功。
三枝左卫门尉守友			三枝氏本是甲斐旧家,后迎入武田家同族的石原守纲继承了家门。守友是三枝守纲之孙、三枝土佐守虎吉之子。从小便是信玄的近习侍童之一,后来成为统骑马武士30人、徒步武士70人的足轻大将。由于在骏河攻略中作战勇猛,屡次立下一番枪之功,得到山县昌景赏识,昌景不但赐之以吉光宝刀,还把女儿嫁给了守友,守友由此便继承山县家,改称山县右卫门昌贞。
小幡丰后守昌盛			小幡虎盛之子,通称丰后守。在与北条氏康的富士大战及历次川中岛合战都有出色表现。其父小幡虎盛号称"鬼虎",而原美浓守虎胤又称"鬼美浓",武田信玄常以此开玩笑道:"鬼之子便应该与鬼子女结为夫妇",于是便当真为小幡昌盛做媒娶了原虎胤之女为妻。后接替其父担任旗本大将。昌盛的第三子小幡景宪是江户时代知名的兵法学者,专门传授武田流的甲州兵法。

武田信玄的家臣中,另外还有多种组合:

二军师——真田幸隆与山本勘助。

三弹正——"攻弹正"真田弹正忠幸隆、"逃弹正"高坂弹正忠昌信、"枪弹正"保科弹正忠正俊。这三个人的官称都是"弹正忠",并各有其特色,故得"三弹正"之名:真田幸隆善于以谋略营造攻势,所以称攻弹正;高坂昌信用兵谨慎,一旦发现不利因素便将兵力收回,故称逃弹正;而保科正俊在武田家内的地位并不如高坂、真田二人,只是因为恰也有弹正忠的官名,加上枪法通神,特别是在1554年的川中岛之战中,从长尾方猛将高梨赖治手中救出了奄奄一息的真田幸隆，从而赢得了枪弹正的美名。

四名臣——山县昌景、马场信房、高坂昌信、内藤昌丰，则是武田家新一辈中能征善战，各自独当一方的名将，在信玄去世之后，作为核心重臣支撑了武田家的未来。

在越后上杉家，与武田二十四将对应的，也有一个上杉二十五将，其名单如下：

长尾越前守政景、宇佐美骏河定满、新津丹后守义门、金津新兵卫义旧、北条丹后守高广、本庄美作守庆秀、本庄弥次郎繁长、色部修理亮长实、甘糟

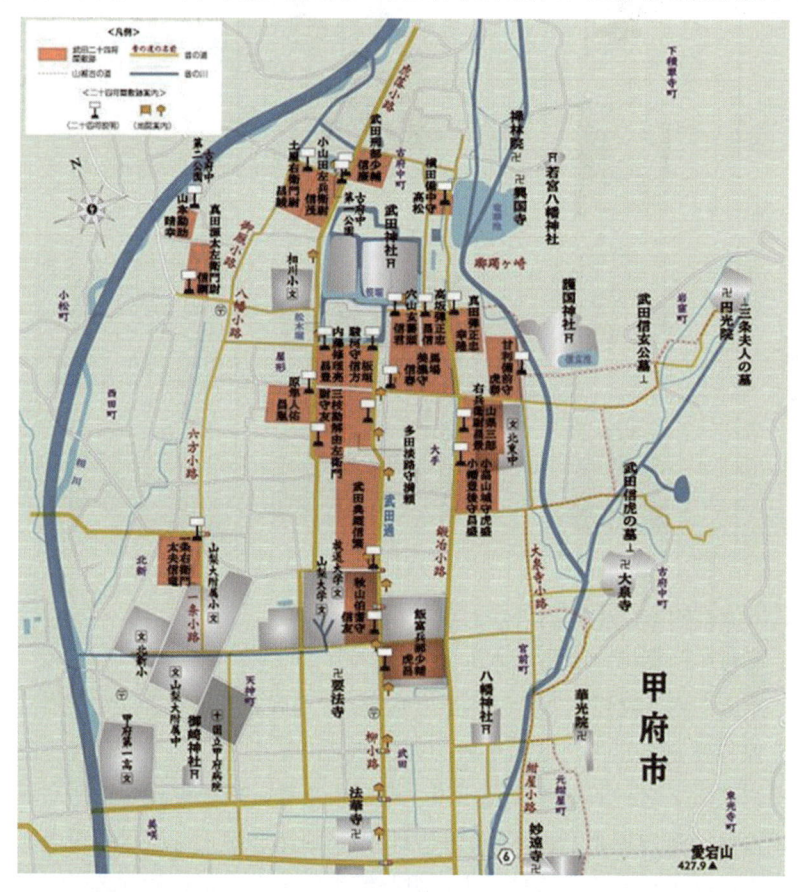

◇ 后世确认的武田二十四名臣位于踯躅崎馆的宅邸分布图

备后守清长、杉原常陆介亲宪、斋藤下野守朝信、安田上总介顺易、高梨源三郎赖包、柿崎和泉守景家、千坂对马守景亲、直江大和守实纲、竹股三河守朝纲、岩井备中守经俊、中条越前守藤资、山本寺胜藏定长、长尾权四郎景秋、吉江中务丞定仲、志田修理亮义分、大国修理亮赖久、加地安艺守春纲。

以上二十五将见之于《上杉将士书》，但实则只是越后本地武士的大杂烩，许多在上杉家内具有重要地位的武士如村上义清以及其他北信浓武士均未列入其中。在现在日本的米泽县，举行上杉家的祭典时，通常采用一个28人的陪祭名单：

柿崎和泉守景家、新发田因幡守治长、岛津左京进规久、水原壹岐守隆家、斋藤下野守朝信、竹俣三河守广纲、须田相模守满亲、松本石见守景繁、下条萨摩守实赖、本庄越前守繁长、安田治部少辅长秀、长尾近江守藤景、新发田尾张守长敦、山吉孙次郎丰守、加地安艺守知纲、高梨源太郎政赖、大河骏河守忠秀、鲇川摄津守清长、井上河内守资政、绵内内匠守广纲、村上周防守义清、色部修理进胜长、宇佐美骏河守定满、中条越前守藤资、古志骏河守秀景、大崎筑前守高清、甘粕大和守景持、直江大和守实纲。

以上名单才囊括了上杉政虎时代最为活跃的上杉家武将，但是其中大多数的人的知名度，远远不如武田二十四将。上杉家最为有名的重臣，也只是号称"上杉四天王"的直江实纲、柿崎景家、宇佐美定满、甘粕景持四人，在此就不一一细述了。

— 第三章 —

从妻女山到八幡原

永禄四年（1561）八月十四日，上杉政虎命令同族的长尾政景为春日山城留守大将，自己亲率16000人的大军向海津城进军。

八月十五日，上杉军到达善光寺，政虎留下3000人驻守该处维持保护后

◇ 第四次川中岛合战战场地形图

方补给路线，主力13000人继续南下，越过川中岛平原，直插到海津城侧面的妻女山上布阵。

八月十六日，上杉政虎海津城守将高坂弹正忠昌信向信玄飞书求援。

八月十八日，武田信玄率领2万人经浦野路北上，二十四日，到达川中岛南侧的茶臼山布阵。

这一回上杉政虎可以调动的兵力有13000人，雄厚的实力让他有自信展开更大胆的行动。妻女山在深入海津城的西侧的高地要害，既向北俯视整个八幡平原，又可向西监视武田的援军。但是放弃北方的平原，选此处作为阵地，却是打破前三次川中岛合战的超常之举。正因如此，武田信玄直接进入海津城与高坂昌信会合的计划也被打破了，而且若在妻女山北面的平原上布阵，随时都有可能遭到上杉军从山上自上而下的突袭。不得已之下，武田信玄才率军进入西北面的茶臼山，从而既可威慑上山后方的善光寺，又可远远监视妻女山的上杉军本阵和海津城。

由此双方便形成暂时的均势，谁先下山，就会在战略上处于被动，随时将遭到对方的突击。接下来的五天，两军各自驻阵于山头对峙，其间武田信玄也曾派出间谍，在妻女山中的上杉营中散布谣言，说武田军将派出分队渡过犀川，直取善光寺，截断上杉军的退路。善光寺一旦被夺，上杉方的补给将被截断，而且这种可能性也是非常之大的。然而流言传遍上杉军营，惹得诸将众说纷纭的时候，上杉政虎却一概不理，只是静坐在山头上，一边敲着小鼓，一边凝望着武田方的茶臼山。此刻政虎唯一确信的一点是，海津城乃是武田信玄不可失去之地，一旦被上杉军夺取，就等于失去了北方的整个川中岛平原。而且上杉军已经深入武田领内，若信玄弃政虎的主力于不顾，那么中信浓的腹地和南信浓都将不保。而就算信玄攻取了善光寺，往北还有北信浓的群山相阻，继续发挥的战略空间非常有限。

而武田信玄也确实牵挂着海津城，上杉的主力在城的一边悬而不动，武田军无论采取什么行动，对海津城方面都还是心怀忧虑。八月二十九日，武田信玄终于下令，从茶臼山上移阵，渡过千曲川前去与海津城会合。武田军从山上向平原移动，按常理来说这应该是上杉政虎一直等待的攻击机会，但此刻他却依然按兵不动，因为当下就算向正在行军的武田军发起突击，也是信玄事前可以预见到的，武田方面必定有所防备，万一武田军的移阵是个陷阱，上杉军攻过去，便可能遭到武田主力2万人和海津城3000人的夹击。由于上杉方继续按兵不动，二十九日晚武田军安然进入了海津城。

◇ 武田军、上杉军八月二十九日前后的对峙形势

武田军主力一进入海津城，南返的归路便被妻女山扼制，而上杉军由妻女山北归的路线也受到武田军的监控，相当于双方的退路都被敌方锁住，陷入了不得不战的死地。只有胜利者才能从战场上离开，这种凝重的形势，使得两边都不敢随便发动进攻，只有静待战局的变化。从九月一日到九月九日，两军又悄然不动地相持了9天。这边的海津城早已屯有存粮，妻女山上的上杉军补给就不是那么方便了，估算着上杉方的粮食和士气即将接近临界点，武田家于九月九日的重阳之夜召开了军事会议。

小幡山城守虎盛已于当年六月病死，猛将原美浓守虎胤也在不久前的鳄岳城攻略中受伤13处尚未平复，正在甲斐养伤，其余的武田诸将全部到齐。由阵场奉行原昌胤简要讲解过战场形势后，大家就开始讨论下一步的作战方案。在板垣信方与甘利虎泰战死后，已成为第一谱代家老的饭富虎昌首先发言道："往年历次作战上杉殿皆是只攻不守，达成战果便返回，此番却一直按兵不动，看来已经立定决心要与我方死战到底，然而我方有2万之众，对方仅13000人，大可与之决战一场！"信玄闻言感叹道："本家最负勇名的原美浓与小幡山城守皆不在场,若贸然与上杉交战,恐怕未必当得起对方之军锋,两方冲突之下难免死伤惨重。此番的作战,不必死斗,只需将对方赶下妻女山,便算是达到胜利了。"对于这个议题,有人早有准备,那便是马场美浓守信房和山本勘助道鬼。山本勘助来到武田家后便被马场信房拜为老师,向信房传授了筑城及用兵之术,对于当下的战局,师徒两人已经多次讨论过。由于长期跟随信玄身边,勘助也大致能预测到信玄的作战目的和方向,故而当场陈述了自己的作战策划,也就是后世称之为"啄木鸟战法"的方案:将己方的2万人分为两部:12000人为正攻部队,从妻女山后方攻上山顶,将上杉军赶往平原;包括信玄旗本在内的8000人作为奇兵,向北移动给善光寺施压,同时在八幡原上布下厚重阵形,拦截从山上下来的上杉政虎本队。这就好比啄木鸟从后方敲打树干,引得树中的昆虫乱窜起来,再从前方打洞啄食昆虫。这个前所未有的巧计,得到了武田信玄的认同。

当下武田军便分出十员大将:

饭富兵部少辅虎昌、马场美浓守信房、高坂弹正忠昌信、甘利左卫门尉晴吉、小山田右兵卫信茂、小幡尾张守宪重、小山田备中守昌辰、真田弹正入道一德斋幸隆、芦田下野守信守、相木市兵卫昌朝。这10队合计12000人,担当从后方进攻妻女山的任务。另外8000人则随武田信玄本阵前往八幡原。

上杉军的本阵妻女山,就在海津城的旁边。当天晚上10点左右,海津城下依然一片灯火通明,武田营中生火造饭,准备吃过之后连夜行军。上杉政虎在妻女山上日夜监视海津城,海津城里突然燃起的炊烟没有逃过他的眼睛,当下政虎便召集诸将勒令戒严备战,同时鼓舞阵内士卒们的士气:"马上就能够回越后了。"海津城的烟熄火灭之后一个多时辰,又有一阵炊烟升起,到了这时,上杉政虎已经完全清楚武田军兵分

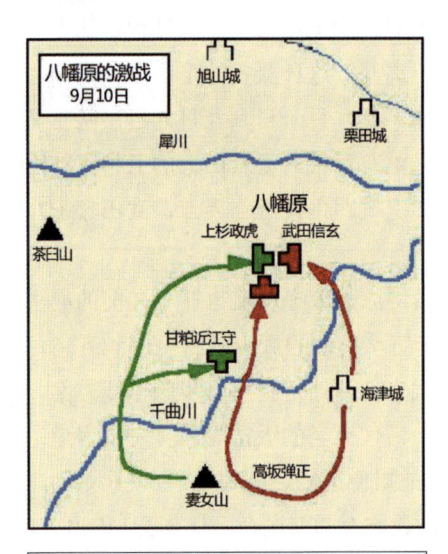

◇ 九月十日两军的行进路线

两路的计划。不管这两道炊烟是真是假，但只要武田军先有所行动，就是战局发生变化的时刻到来。

九月十日凌晨，武田军12000人悄然离开海津城，前往妻女山。

凌晨2点，上杉军13000人拔营起寨，人衔枚、马裹蹄，灭掉火把从妻女山悄悄下山。由于上杉政虎下令将旗帜全部换成武田家的割菱旗，骗过了沿路的武田方哨所。同时上杉家的外围忍者全数出动，跟随潜伏在上杉军周围，一旦武田方的忍者或侦察人员靠近，便遭到外围忍者的狙杀。

从雨宫渡口渡过千曲川之后，上杉政虎留下甘粕近江守景持率1000人防守渡口，拦截随后将从妻女山下来的武田军，本队继续摸索着向北前进。

凌晨4点左右，武田信玄本阵8000人按原定计划离开海津，前往八幡原。

九月十日天未亮的时候，武田信玄率先到达八幡原上，布下阵势之后静待妻女山方面的回音。而上杉政虎为防备前方尚有伏兵，派中条越前守藤资带着2000人的辎重队走在队伍的最前方探路。按上杉政虎订立的军法，作战队伍身上绝不携带粮食，所有食物全部由辎重人员背负，一个人负责三个作战人员的伙食。在政虎看来，接下来的战斗以速战为主，让辎重人员去探路，可以避免根本战力的损失，如果前方辎重队被武田的伏兵歼灭、粮草丢光，反倒可以鼓舞士兵背水一战。

九月十日早上，八幡原上起了浓雾，由于不断逼近北面的犀川渡口，直觉让上杉政虎感到离信玄的阵地越来越近，但却无法查知对方究竟位于雾中的哪一处，他便下令收回辎重队，将12000人摆成独创的"车悬之阵"：以上杉政虎的本阵为车轴，其余诸部围绕本阵呈放射状排列：

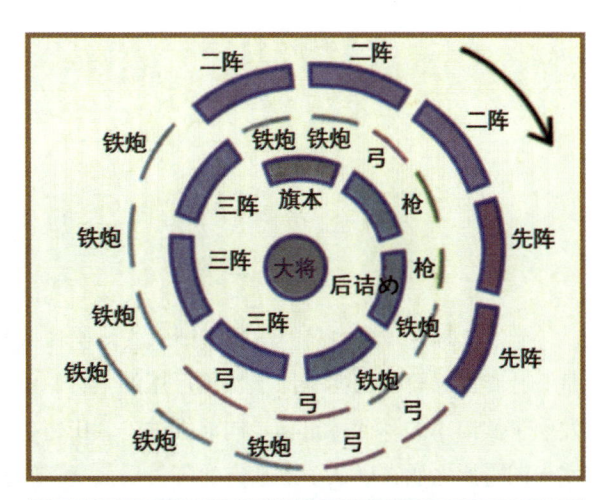

◇ 车悬之阵

轮子左边由村上周防守义清、本庄越前守繁长、柴田因幡守形成车辐；

右边则是山吉玄蕃允丰守、北条丹后守及安田上总介；

号称"越后七郡第一猛将"的柿崎和泉守景家，作为先锋突出在本阵的右前方；

古志的上杉景信、宇佐美定满，及直江大和守实纲、中条越前守藤资作为后备队位于整个车轮之外的左后方；

信浓豪族须田右卫门尉满亲，在右后方，负责本阵与雨宫渡口甘粕近江守景持的衔接。

这样无论从哪一个方向发现武田军，车轮上的部将们不用变阵便可以发动攻击，而且一旦与武田军接触，车轮转动起来，可以与敌方进行轮番鏖战。"车悬之阵"，乃是集行军、进攻于一体的诡妙阵形。

按照武田方的计划，前往妻女山的部队将在早上6时左右向上杉军发动总攻。然而到了6时之后许久，信玄都没有从妻女山方向收到任何消息。在妻女山方面，饭富虎昌等12将发现上杉政虎留下的空营，连忙下山疾追，但已经晚了对方4个时辰，他们向武田信玄派出的信使，由于大雾以及外围忍者的干扰，也无法及时将这一消息带到八幡原上的信玄手中。当晚，外围忍者一共斩杀武田方侦察人员17人。

— 第四章 —

龙虎生死斗

上午7时许，川中岛的浓雾渐渐退去，坐镇八幡原的武田信玄，发现本该是一片青山绿野的西面平原上，黑压压的上杉军已经列阵完毕，对方显然也已发现了武田军的阵营，正稳步向前推进。武田方位于最前端的侦察使者、信浓武士浦野源之丞在确认了上杉方的阵势后,急忙转马驰入本营的信玄面前汇报。面对与战例上从未见过的"车悬之阵"，信玄急忙招来诸将商议，山本勘助当下进言道："敌方此番摆出大奇之阵，我方应以大正之阵迎击，大正之稳重，方可抗大奇之诡异。"另外，武田左马助信繁也建议道："可将世代相传的日之丸御旗放在太郎义信阵中，本阵只插风林火山的孙子旗，这样会让敌方无法确定本阵之所在，万一一头失陷，另一头也可以继续担当本阵的职责。"

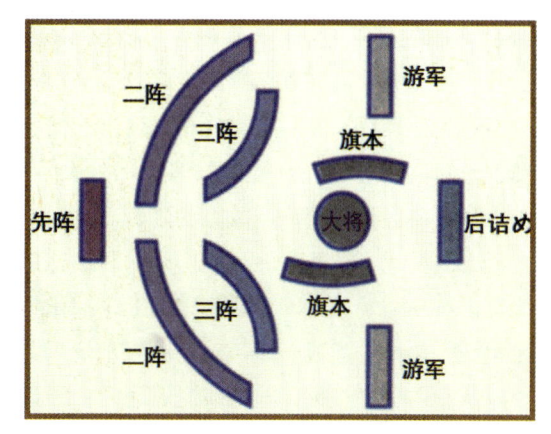

◇ 防守型鹤翼阵

综合了各人的意见之后，信玄按下心头的恐慌，下令："转向，以鹤翼阵迎敌！"此番的鹤翼阵，并非第一次川中岛合战时以静制动的鹤翼阵，而是展开两翅、将本阵作为鹤头缩到最后方的防守型十二段鹤翼阵。由于两翼分多层左右展开在前，一边受攻击，另一边也可及时救援，因此上杉军必须向鹤的两翼层层突破之后，才能到达信玄的本阵。信玄此时可以确信的是，上杉军的主力已到眼前，说明妻女山的行动扑了空，现在己方的兵力处于劣势，唯有全力防守而已。

武田军鹤翼的布阵情况如下：

左翼最外层为武田左马助信繁，穴山伊豆守信君；

左翼第二层为原隼人佑昌胤，武田刑部大辅信廉；

右翼第一层为内藤修理亮昌丰，诸角丰后守昌清（虎定）；

右翼第二层为武田太郎义信，望月三郎信雅（信玄第三子）；

两翼之后是武田信玄本阵。

本阵后方尚有三支后备队：迹部大炊助胜资、浅利式部少辅信种、今福善九郎显倍。

另外，饭富三郎兵卫昌景还率一队人马，作为中路的先锋。

随着上杉军的战鼓与法螺响起，战国时代最为惨烈的双雄决战就此展开。对射了一阵铁炮之后，上杉方的柿崎和泉守率令300骑兵，2000步卒，率先突出，裹着巨大的尘浪直扑武田军阵地，车轮上的其他诸将也转动起来，补上柿崎突出后的前端空缺，并以稍慢一点的速度向前推进。武田家前端的饭富昌景同样担当着先锋之任，此时也针锋相对地跃马向前。饭富与柿崎两队人马嘶喊着冲到了一起，经过短暂的猛烈碰撞之后，由于向前惯性的作用，又前后呈反方向脱离开来，各自继续冲向敌方的阵营。然而饭富昌景在冲入上杉军后，便受到上杉方的村上义清队与渡边越中守的合击，饭富昌景由此陷入苦战，无法再向前突击；而柿崎景家冲入武田阵内后，武田方右翼第一层的内藤修理亮昌丰上前拦截，与柿崎战成一团，但是跟在柿崎后方的北条高广与本庄越前守稍后便加速从左右穿插过来，与柿崎景家合击，导致内藤昌丰队全面崩溃败走。

武田家左翼最前端的武田左马助信繁，在此同时也受到从上杉军右后方滚涌而出的山吉玄蕃允丰守、安田上总介长秀以及须田右卫门尉满亲的合击。这三人只属于上杉方重臣中的第二梯队，特别是须田满亲，原来只算得上是村上义清的陪臣，当他们发现与自己对敌的乃是武田家内仅次于信玄本人的第二号大将武田信繁之后，兴奋地对士卒们大呼道："前方乃是武田家的典厩公，杀死他就是扬名天下、传及子孙后代的大功！"这番话激得上杉军的士兵们热血上头，士气倍增，狂热地蜂拥上前，尽管武田信繁顽强反击，但上杉军一批倒下，另一批又冲了过来，逐渐将武田信繁队包围，形成三人合攻一人的局势。

眼看信繁这边的形势危急，本来在右翼防守的诸角丰后守昌清转军向左赶来支援。诸角昌清是武田信玄曾祖父武田信昌的第六子，时年已经81岁，是作为祖父辈的人物看着信玄、信繁兄弟长大的。看到信繁陷入险境，他的焦急也可想而知。然而武田信繁的部队已经逐渐接近崩溃，身边的随从也在逐渐减少，信繁知道自己的大限已到，借着亲卫们的誓死掩护赢得短暂时间，信繁解下身上所着的武田家世代相传的名甲"晃绀地之铠"

◇ 川中岛合战浮世绘里的武田信繁

156

系在马鞍的前面，既充当了简易马铠护住战马的颈部要害，又可以避免战死时被敌方士兵从自己身上剥走。随后信繁一手按怀中的《法华经》念诵了几遍佛咒，短暂几秒钟的祥和过后，他的神情突然转为威猛凌厉之色，双腿一夹跃马冲入上杉军中。然而信繁仅仅奔突了几个来回，就被上杉方的铁炮手瞅准空当，一枪击落马下，接着足轻们蜂拥而上，争抢着砍下了他的首级。信繁的余部由此也开始放弃抵抗，全面溃逃，但其间有一名亲信武士山寺妙之介，乘着敌军因争抢首级而短暂混乱的当口，上前抢回了信繁队被夺的军旗，然后才退往本阵后方，对四散的士兵进行重组。到最后，诸角昌清还是晚

◇ 川中岛合战浮世绘里的山本勘助

来了一步，当他得知武田信繁的死讯后，不禁老泪纵横。随后身着桶皮大铠、头戴火焰兜的昌清手持大身枪，大吼一声突入上杉军中，左挑右刺，其英勇之姿犹如雷霆之怒的鬼神，在接连斩下首级23枚后，诸角昌清陷入敌阵的团团包围之中，壮烈战死。诸角昌清战死后，他的亲信武士石黑五郎兵卫和来自三河的浪人成濑吉右卫门两人冒死冲入上杉军，夺回了被敌方斩下的昌清之首级。

右边的本庄越前守繁长，在击破内藤昌丰队后，又驰至武田军左端，与新胜的山吉玄蕃允队合军，一鼓作气击破了武田方的穴山信君队。柿崎景家、柴田因幡守、北条高广随后也弃武田的右翼于不顾而奔往左翼，武田方左边第二层的原昌胤、武田信廉的压力马上增大。信玄见状下令今福善九郎显倍与迹部大炊助胜资的后备部队投入左翼的协防。从战场的形势上看，上杉家的主要战力似乎已经全部投入到武田的左翼，在上杉军本阵前端的村上义清与渡边越中守，尚无法击溃死战的饭富昌景，这使得武田右翼第二阵的武田太郎义信认为上杉政虎的本阵已经空虚，前方的敌军全部移往左路，正是突袭政虎本阵的大好机会，于是未向信玄的本阵通报，便率领部下杀向前去。武田军的日之丸御旗，也随着义信向前移动，这却使得上杉政虎认为信玄的本队已经发起了最后的总攻，于是一声令下，本阵向前，后方的宇佐美定满队也跟着向前运动。

◇ 武田信玄用军扇挡上杉政虎太刀之像

太郎义信的擅自攻击，使得信玄的本阵陷入慌乱之中，此时前方诸阵溃散，武田信繁、诸角昌清战死的消息已接连传入本阵，使得信玄的脸色越来越白，而提出"啄木鸟战法"的山本勘助则更为不安，若非他的作战计划被上杉政虎看破，武田军未必会遭遇这种前所未有的正面崩溃，眼看着少主又冲入敌阵深处，一旦发生不测，由勘助的不慎所造成的罪责，将使他无法面对一手提拔起自己的信玄公和家中诸将。抱着以死谢罪之心的山本勘助，也不通知信玄，便爬上战马，带着自己的百人足轻队冲开近卫们的拦阻，向上杉政虎的本阵直突过去。在前方，受到上杉军本队攻击的武田义信，已和饭富昌景队陷入包围之中。山本勘助队的死战突入，为他们打开了一个缺口，借着这个机会，两队一起逃出了包围圈。但是山本勘助却毫不退后地继续与上杉军缠斗，希望能借此拖延政虎的前进步伐。凭着一身怪力和高超的剑法，山本勘助以一人之力砍伤敌骑7人，杀死敌骑13人，最后力尽身亡，享年68岁。和勘助一起杀入上杉军本阵的武田方有名武士还有初鹿野源五郎，他在勘助战死后不久也被敌骑20人包围，乱斗而死。

由于两军的主力已被牵到武田的左翼鏖战,右边的武田义信队也开始溃散,上杉政虎与武田信玄的本阵之间出现了一个巨大空白,政虎带着旗本武士从这个缺口长驱而入,直奔信玄的本阵,村上义清队在其侧面掩护、宇佐美定满队紧跟其后作为掩护。上杉政虎头戴白练缠成的钵卷(头巾)、身穿有明黄色缎子的绀系之铠,跨着名马"放生月毛"(白马,额上一撮杂色之毛形如弯月),手持一把三尺六寸长的太刀冲在最前面。此时武田信玄的周围只有旗本亲卫队,以及溃散后重新聚起来的部分饭富昌景队、穴山信君队士卒。信玄的亲卫上前拦阻的时候,上杉政虎单人独骑撞过人墙,以匪夷所思的速度冲到武田信玄座前,还未等周围的人拔刀上前抵挡,政虎便高叫着信玄的名字持大刀朝信玄砍了下去。在那电光火石的一瞬间,信玄举起手持的铁制军扇挡住了政虎的大刀,接着政虎又连砍两刀,都被信玄用军扇挡住。据说事后人们发现,虽然政虎只砍了三刀,但却在军扇上留下了七处刀痕,颇有些神奇的意味。

不过这三刀下去之后,上杉政虎就失去了再与信玄交手的机会。信玄的近习武士金丸平八郎(后来的土屋昌次)、真田源五郎昌幸及原大隅守三人乘着政虎与信玄交手的时候,已经抽刀持枪,在政虎回刀之际上前将他围了起来。但是三人合力围攻许久,仍然奈何不了政虎,其间原大隅守刺向政虎头上的一枪被他闪过,缩枪之后又迅速刺出,结果刺到了政虎所骑的放生月毛身上,月毛马受痛之后狂跳乱窜,把三人闪到一旁,接着就载着政虎冲出阵营,直往北面的犀川奔去。

这个时候,战局终于发生了转机。武田方前往妻女山的12将,早已感受到了八幡原的异变,疾速从山上驰下,尽管一度在雨宫渡遭遇上杉方甘粕近江守景持的拦截,但凭着优势兵力,轻松将甘粕的1000人击溃,于上午10时到达八幡原。此时正是上杉政虎冲入武田军本阵的时候,乘着上杉方的后方空虚,这支别动队首先杀入由直江实纲率领的辎重队,上杉方当场数百人战死,其余人员四散奔逃,辎重散落一地,直江实纲本人则向北面的犀川撤退。上杉军深入武田阵营的各支部队随后也遭到了来自后方的攻击,开始全面溃散。

以上是上杉政虎冲出信玄本阵之后不久的事。政虎到信玄本阵右后方的犀川之后,最先碰到的却是武田太郎义信重整起来的残部。义信看到政虎过来,憋了满肚子的愤恨之火终于有了发泄之处,当下便抽出二尺八寸长的大刀,跃马冲向政虎。两人骑着马在犀川的支流御币川之中踏水并行向前，边走边砍，几十个回合下来仍然不分胜负。但是由于政虎三尺六寸的太刀远长于武田义信的二尺八寸太刀，拼杀之间在义信的铠甲上落下了 11 处刀痕，其中有两处砍破铠甲致使义信受创，而义信也砍破政虎护腿的草褶，在他腿上留下两处极深的刀伤。不久之后义信的亲卫二三十人赶到，上杉方也有一支败兵到达附近接应，上杉政虎便找个机会脱离战圈，与败兵会合后退往犀川北岸。

武田义信与上杉政虎在御币川的拼杀之事，由于义信当时所持的是日之丸御旗，而被远观者认为是武田信玄本人在与政虎交手。而且这个远观者后来非常有名，此人就是后来的僧正、有江户幕府黑衣宰相之称的高僧南光坊天海，当时他作为武田家的祈祷师在战场远处的山林中观看了整个拼杀过程，并在后来向世人讲述中常常说成是武田信玄本人持刀与上杉政虎相斗。但此事却只见诸江户时代的种种杂谈，在战国时代的第一手史料中并没有记载。

武田方对上杉军的追击，一直持续到了当天下午 4 点。其间因为疲乏而被上杉政虎舍弃的宝马放生月毛被武田家的长坂钓闲斋拾到，长坂认为这也算是

◇ 川中岛之战中的武田信玄与上杉政虎（浮世绘）

大功一件，便将马牵到了信玄面前，得到的却是信玄的当场呵斥："马本来就是疲乏跑不动了就该丢弃的东西，你还牵回来做甚？真是蠢得可笑！"刚经历了生死交锋，唯有侥幸保住的性命才是最为宝贵的，其他平时视为珍宝的物品都可以视为尘土，这种心态是一场血战对武士的人生观最自然的改变。下午6点左右，上杉方的败军全部到达善光寺，与留守的3000人会合，不久便北返越后。武田与上杉殊死对决的第四次川中岛合战，到此结束。

根据战后的统计，武田军战死者为4630人，负伤者7500人，上杉军战死者3470人，负伤者9400人。但是上杉军方面几乎没有重要的将领战死，武田方则有武田信繁、山本勘助、诸角昌清、初鹿野源五郎、油川信连、三枝守直等知名将领战死，特别是武田信繁与山本勘助，乃是对信玄的军事与政治决策乃至武田家的家运都有重要影响的人物，他们的战死，可以说是武田家的重大损失。此战的胜败，一般很难做以定论，从过程和结果上来说，上杉军全面败退，应该是武田方获胜，也有人评论为："早上6时以后是上杉方的胜利，10时以后是武田方的胜利。"从战略层次上来说，经过这场死斗，武田家保住了以海津城为中心的军事基地，凭借海津城及周边的防御体系，足以将上杉的军事影响力限制在川中岛以北，信玄便可以空出手来向其他地区采取军事行动。但是对于复杂的事物，每个人恐怕都会用自己的标准去判断吧。

— 第五章 —

西上野之岚

上杉政虎南下的重拳，在第四次川中岛合战受到重挫，趁着他抽兵回越后休整的空隙，武田信玄军锋一转，向东杀入他垂涎已久的西上野。

西上野，一直是关东名将长野业正的势力范围。长野家是关东管领上杉氏重臣，在室町中期曾与关东长尾氏交替担任过关东管领的执事（家宰），论其门第也不下于越后的长尾景虎。到了长野业正做家主的时候，业正凭着与白井长尾氏的姻亲关系，操纵长尾家的继嗣问题，成为关东上杉家臣中的最具实力者。此外，业正也是上杉家的死忠派，他的长子长野吉业，就作为上杉方的武将，战死在天文十五年（1546）的河越夜战中。后来北条氏康向上杉宪政的居城平井发起总攻，长野家也曾发兵救援，并在神流川击败过北条军的别部，但最终还是未能挽回平井城陷落、上杉宪政亡命越后的结局。

但是接下来长野业正却并没有死心，打着再兴上杉家的旗号，他与西上野的众多小豪族结成联盟，号称"西上野十九枪"，又把自己的女儿们嫁给上野与关东其他地方的实力者，这12家女婿为木部、滨川、大胡、和田、仓贺野、依田、羽尾、鹰留长野、厩桥长野、两家小幡以及武藏的成田氏，这些家族长年聚于长野家的箕轮城中，因而又被称作"箕轮众"。由于业正的威名与气量广播远近，当年真田幸隆和其祖父海野栋纲也曾慕名来到箕轮城下避难。

长野家的箕轮城，位于榛名山的台地上，外郭濒临榛名白川，乃是举世闻名的要塞大城。在箕轮以东碓冰川旁边的断崖上，有一座副城鹰留城，与箕轮城共一个外郭，形成"一头受攻，另一头来援"的双头蛇结构。而在箕轮—鹰留之外，北面有八木原、长盐、漆原氏，东面有须贺谷氏，南方有滨川、下田、和田、仓贺野三家，碓冰谷、甘乐谷中驻守着依田、高田、内山氏，加上西方的大户、羽尾氏，形成一个巨大的蜘蛛网拱卫着箕轮城。最盛时的长野家，在箕轮城下有精兵1万，骑马武士621骑。

◇ 箕轮城结构图

对于武田而言，以甲斐为中心，东边的武藏之地已成为北条家的囊中之物，只有经信浓攻取上野，才能在关东获得一块属于自己的地盘作为自己的右臂。随着上杉政虎就任关东管领，长野业正也成为他名义上的家臣，接下来上杉军北出越后，东发上野，从两面进攻信浓已是必然之势，届时武田家就算战法通神也将穷于应付。所以长野家和箕轮城，乃是武田家的战车必须碾平的绊脚石。

早在天文十五年的河越夜战之后，武田信玄便曾写信给长野业正，因为上杉宪政出兵信浓前，业正曾极力劝阻，宪政不听，所以招致大败；后来的河越夜战，业正又曾进言宪政不要出兵。在信玄看来，业正以上的谨慎之举都是在向自己示好，故而在信中赞许业正之余，还劝其归顺武田，然而换来的，却是这位风烛残年老将的誓死反抗。

早在第三次川中岛合战期间，武田信玄便开始了对西上野的攻略。弘治三年（1557）四月九日，武田信玄以饭富虎昌、饭富昌景、内藤昌丰、马场信房、诸角虎定、甘利晴吉、小宫山昌友七将为先锋，武田太郎义信总押后阵，出兵13000人攻入西上野，于碓冰的瓶尻击破长野军后，直驱箕轮城下。十二日，长尾景虎出阵川中岛，武田义信军旋即退回信浓。八月与十月，武田再次两度攻入上州，业正坚守不出，武田军焚烧城下町和农田后退去。十一月，信玄发出了对长野的最后劝告的书信，为业正一笑炬之。永禄元年（1558）十月，武田信玄再度攻入西上野，围于松井田城下，这一次长野业正出劲卒越过碓冰岭，先在夜袭战中打败武田军，第二天又顺风放火，将武田军的粮草烧尽，信玄还没站住脚就不得不退回信浓。永禄二年（1559）上杉政虎上京之时，武田信玄于九月亲率12000人经安中口、松井田攻入上野，但在接近箕轮的副城鹰留城时，遭到长野业正的弓矢、铁炮队阻击，接下来长野方凭险死守鹰留城达一个月之久，信玄在付出了四五百人的伤亡后不得不退回甲斐。

数年来在箕轮城下毫无进展，武田信玄曾感叹道："有业正在，就无法进上州啊！"但是另一方面，信玄又开始对业正周围的西上野国人众采取分化瓦解政策，首当其冲的便是西上野的强族小幡氏。在室町幕府中期，小幡氏曾是和长野家并列的名族，后来却不得不屈居长野业正之下，对其一直有所不满。在小幡家内又分成三河守和右卫门尉两系，这两系的家主都是长野业正的女婿；三河守系的小幡图书助景纯一直跟随上杉宪政逃往各地，乃是与长野业正意气相投的忠烈之士；右卫门尉系的小幡尾张守宪重居于甘乐郡国峰城，尽管拥有长野国内仅次于长野业正的军力，但时而响应北条，时而又传闻与武田有联系，这个首鼠两端的女婿，一直让长野业正头大不已。

永禄三年（1560），上杉政虎出阵关东已是势所难免，乘着这股东风，长野业正开始扫除身边的杂草。当年五月，长野业正攻破小幡尾张守宪重的国峰城，并将小幡图书助景纯安置为国峰城城主。

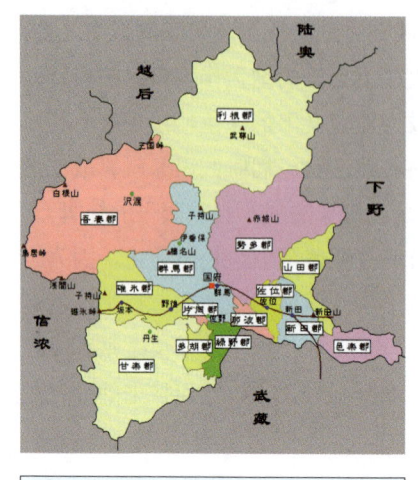

◇ 上野国

第二年六月上杉政虎出阵关东，小幡景纯得到政虎的支持，乘着宪重父子在草津温泉疗养之机，一举拿下宪重父子的本城小幡城。走投无路的小幡宪重父子只好前往甲斐正式向武田信玄称臣。尽管宪重父子失去了本城，但是其同门家族势力在西上野盘根错节，另外小幡党还有一支为数500骑的也是全副红色装备的骑马军团"小幡赤备"，一股脑都成了武田家的战力，所以信玄在大喜之余，当下便封给其信浓的小日向50贯领地以及大日向的5000贯领地，让小幡宪重一族以砥泽城为据点，经营信浓南部的牧场之地，同时负责西上野的事务。作为回报，宪重之子小幡信贞不久就为武田家打下西上野的三座城池，小幡宪重后来又作为妻女山别动队的一员参加了第四次川中岛合战。

永禄四年（1561），上杉政虎就任为关东管领，在某种程度上也算是关东上杉家的再兴，从1552年到此时已有九年，在这九年里，长野业正以一己之力南抗北条，西战武田，燃尽了晚年的所有能量，夙愿得偿之后，他的生命也走到了尽头。永禄四年六月，长野业正在箕轮城去世，享年71岁，临死前留下 "今日我躯归黄土，它朝君体亦相同"的辞世之句，或许所指的对象，便是据有甲信之地，对上野一直虎视眈眈的武田信玄吧。由于长野业正的长子长野吉业早已战死在河越城下，长野家的家业便只能由业正的幼子，年仅15岁的长野业盛继承，业正留给业盛的遗愿是："身后但求埋骨于长生寺，无需葬仪，多以敌军首级祭我即可。汝万不可背弃主家，于敌前屈膝，力尽之时，枕死城头方可，此乃真孝道也，切记。"

对信玄来说，长野业正的去世，使他看到了征服西上野的曙光。永禄四年（1561）十一月，也就是第四次川中岛合战之后仅两个月，在北条氏康的邀请下，武田信玄以小幡宪重父子为向导，越过余地岭攻入西上野。首当其冲的小幡、国峰城城主小幡图书助景纯城破自杀，紧接着周边诸城陆续为武田家攻略，随着西上野的甘乐、多野两郡落入武田家之手，长野家原有的西上野四郡之地便去了一半。随后武田军与北条氏康会于武藏松山城下，松山城守将，乃是上杉氏同族的上杉宪胜，也算是上杉政虎在武藏的代表，政虎临去之时，还曾命岩付城城主协防松山。在与上杉宪胜打过一场简单的前哨战之后，风闻上杉政虎即将出阵关东，武田军便回师向北，在长野家的仓贺野城下抢掠一番后又退回信浓。

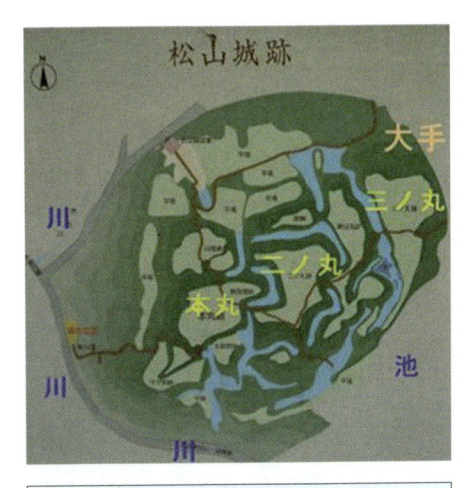

◇ 武藏松山城

这一年十二月，将军足利义辉正式确认上杉政虎为关东管领，并把自己名字中的"辉"字赐给他，上杉政虎由此改名为"上杉辉虎"。第二年春，上杉辉虎的确如传闻所言出阵关东，但却陷入关东豪族们此降彼起的叛乱泥沼中不能自拔，武藏、上野、下野的有力豪族成田长泰、佐野昌纲、小山高朝、小田氏治一一背叛过上杉，辉虎率军一到城下便投降，其走后马上复叛。六月中，辉虎终于身心俱疲，带着上杉宪政返回越后。

上杉军一走，武田与北条回头便双龙出洞一起杀入关东。当年九月，信玄亲自率军进入西上野，长野业正的继承者长野业盛按照业正时代的战法紧闭箕轮城不出，而武田信玄却并未进攻长野氏，只是在长野氏领内的仓贺野大肆收割稻谷，然后南下武藏松山城。在去年的战斗中，武田与北条两家已经认识到，松山城既是上杉家在武藏的象征，也是鲠住武田与北条在关东上下呼应的鱼骨。十一月二十四日，两家再度会师于松山城下，当时武田信玄带着嫡子武田义信，

165

北条氏康带着儿子北条氏政、氏照齐聚一堂，总兵力达到46000人之巨，助防松山城的太田资正急忙飞书向越后求援。而武田与北条两家出于对来年春天上杉辉虎出阵的顾忌，更是加强了攻城的力度。

由于松山城城内配有数量众多的铁炮，给攻城方造成了极大的困难。武田家担任攻城先锋的乃是甘利虎泰之子甘利左卫门尉晴吉，其部下有一名为米仓丹后守的武将，在早年的信浓刈屋原城攻城战时针对守城方的铁炮发明了一种"竹束"战法，即将竹子束在一起捆成长六尺、宽一尺的竹笆，举在前方遮挡铁炮的子弹。在松山城攻城战中，武田方广泛应用了竹束。然而松山城内的守军看到对方借着竹束避开弹雨向前推进，便停止射击，将铁炮填好火药弹丸放在一旁，等到武田家的士兵登上城头，马上又举枪射击，这样先爬上城的人就避无可避，转眼便被打成了蜂窝，武田方的武将日向藤九郎，作为著名的铁炮射手，本来凭着自己对这种武器的精通避开了种种狙击，好不容易登上了城头，一个照面便死在城兵突然射出的弹丸之下。而竹束的发明者米仓丹后守，其长子米仓彦次郎作为竹束的队长也冲在最前面，最终浑身中弹被抬回营中，在信玄的建议下喝了一碗马粪，事后吐出一桶瘀血，才堪堪保住性命。到此武田军不得不放弃正面攻城。

第二年（1563）二月，武田与北条两军在松山城下已近两个月之久，城池却还没有陷落的迹象，迫于积雪融化，上杉军出阵的脚步越来越近的危机感，武田信玄下令找来一向只为武田家开采金山的"金掘众"，由他们挖了几条地道，将武田军运入城内，出其不意地攻落了松山城的外围，此时城中已经弹尽粮绝，苦守着本丸的城将上杉宪胜不得已只好向联军降伏。接下来北条军向东扫荡下总，武田信玄率军向北攻取长野家的重要据点松井田城、安中城，然后返回信浓。松山开城之后两天，越后的上杉军8000人才到达上野厩桥，上杉辉虎得知松山投降的消息后，一怒之下将上杉宪胜的两个儿子处斩，又发书斥责助守不力的太田资正，但是当他举兵南下时，面对北条在武藏、武田在西上野互为犄角的严密防守，也只有喟然长叹，接着便转军向东攻打两个投降北条的小豪族小山氏与佐野氏，仅作短暂停留便于当年四月返回了越后。

同年十二月，武田信玄策反长野方的和田城城主和田业繁（也是长野业正的女婿），与北条氏康一起出兵包围上野仓贺野城，这一次上杉辉虎打破冬季不出兵的惯例，率领 13000 人翻过群山到达厩桥，接着又佯攻和田城，信玄与北条氏康为避免与上杉正面交战，各自撤兵回国，但和田城已被稳稳地控制在武田家手中。

凭借着冬季的大雪封山战法，在此前后的几年中，武田与北条联盟避开上杉辉虎的进攻时间，不断蚕食着关东之地。北条家逐渐找回了关东霸主的威势，而在武田信玄的侵攻下，西上野之雄长野氏走向了末日。

— 第六章 —

箕轮城陷落与剑圣传说

在长野家控制的吾妻郡，有一座位于海拔 800 米高山之巅的岩柜城，凭着山险牢牢控制着吾妻街道。岩柜城的城主是筑城者斋藤氏，当时的城主斋藤宪广因为其据点的险要性而深受山内上杉氏的重用，被授命经营整个吾妻郡。但在此地长久以来还生活着羽尾、镰原等小豪族。由于吾妻郡与信浓的小县郡相接，这两地的豪族便难免有一些亲缘关系，羽尾氏与镰原氏，便是小县郡海野一族的后代，也就是武田家中信浓先方众真田幸隆的同族。因而真田幸隆当仁不让地成为武田家进攻吾妻郡的负责人。

吾妻郡的镰原氏，此后不久便在幸隆的策应下，归入了武田家，而羽尾城的羽尾幸全，却坚定地与岩柜城的斋藤宪广联起手来抵抗武田的侵攻。羽尾幸全在真田幸隆祖孙流亡时曾有过收留之恩，但是真田幸隆在战场上却毫不心软。真田幸隆在永禄四年（1561）两度强攻岩柜城未果之后，开始避实击虚，于两年后再次发动攻势，先逼近羽尾家的老巢羽尾城，诱出羽尾幸全到城外长野原野战，结果羽尾军在真田幸隆的奇袭下全军覆没，幸全也在乱军中战死，羽尾城由此落入武田军手中。

羽尾城一陷落，岩柜城便被孤立了。以攻城战出名的"攻弹正"，真田幸隆的作战向来以谋略而非硬攻，这一次也不例外，而且在岩柜城中，尚有不

◇ 上野攻略

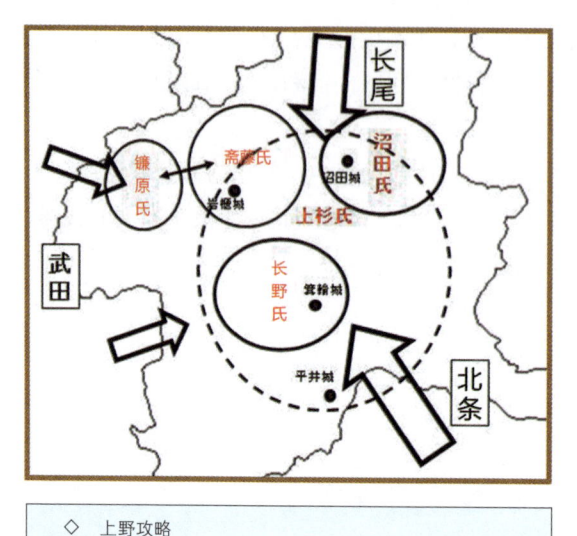

少海野的同族，幸隆轻而易举地便收买了同族的海野幸光、辉幸兄弟以及城主斋藤宪广的亲族斋藤则实。永禄六年（1563）十月十日，真田幸隆率领500人对岩柜城发动奇袭，城中的内应者乘机放火响应，斋藤军不战自乱，城主斋藤宪广与长子斋藤宪宗弃城逃往越后，宪广的幼子城虎丸则逃入嵩山城伺机反攻。两年之后，斋藤宪宗从越后借来2000人的复仇大军与城虎丸会合，而后向岩柜城进军。此时真田幸隆兵微将寡，主动以归还岩柜城为条件与斋藤兄弟和谈以行缓兵之计。和谈尚在进行之时，老谋深算的幸隆就派遣家臣富泽但马入道潜入嵩山城，收买了斋藤城虎丸的重臣池田佐渡守重安。重安很快在嵩山竖起反旗，真田也撕毁和议发动反攻，斋藤军又惊又怒，方寸大乱。十一月十六日两军于五反台决战，斋藤军阵亡200人之后败退到嵩山城下的绝地，第二天斋藤军又遭到真田军的猛攻全面崩溃，宪宗自刃，城虎丸登"大天狗岩"投崖身死，斋藤氏灭亡，武田完全控制了吾妻郡。

以上两个城池的陷落，只是武田对西上野逐步蚕食行动中的冰山一角。为了避免再与上杉辉虎的主力正面交战，信玄采取的是每次只攻一两城，上杉来便解围撤走，上杉去再出兵围城的游击战略，同时借助西面飞驒的盟友江马氏、东面关东的北条氏之力，左右分散上杉的注意力，结果上杉辉虎几乎年年出阵关东、上野，但是关东的臣从豪族中叛变者却越来越多，上野的长野业盛的领地也越来越小。尽管上杉辉虎在临场作战中的战术战法造诣可谓一时无人能匹，不过在战略运作上却屡为信玄所戏弄，为此辉虎对信玄也是憎恶至极，到了后来他更是在居城春日山城的弥彦神社奉上祈愿文，尽诉"武田信玄恶行之事"，发誓一定打败信玄。

永禄七年（1564）初，飞驒国的江马时盛与三木良赖相争，引起外力介入，由于武田信玄支持江马氏，上杉辉虎支持三木氏，为了防止信玄侵入飞驒国，当年八月上杉辉虎再度出兵川中岛，而信玄也进入善光寺平原以南的盐崎城相持，但是鉴于第四次川中岛合战的惨烈，这一回双方都尽量避免正面决战。到了十月，在未取得任何结果的情况下两家便各自撤军了。这便是第五次川中岛合战，也是武田信玄和上杉辉虎在川中岛的最后一战。此后，上杉辉虎主要致力于出兵关东，而信玄的西上野攻略也逐渐要画上句号了。

永禄八年（1565）六月，长野家的仓贺野城终于被武田信玄攻落，箕轮城基本上被孤立，业正生前构筑的防御网曾经让长野军像待在"八卦阵"的蜘蛛一样，不动声色地就让武田军在城下的亡魂越来越多。但是此时，这个网已经被武田家反其道用之，长野家最后像个待宰的可怜的昆虫，在箕轮这个大囚笼里等待着信玄这个大螳螂举起硕大的屠刀。另一方面，上杉辉虎也为长野家做了象征性的最后的努力：八月，辉虎率军从春日山城进入厩桥，企图渡利根川进入上州，但是盛夏川水猛涨，越后军寸步难行，最终只能无功而返。实际西上野已成为上杉家的鸡肋：武田家在西上野三郡的根基已固，上杉若要全力进攻西上野，在前有武田的顽抗，在侧难免会被北条氏康突袭；而且长野家在上杉旗下的独立性过于鲜明，只要长野继续强大，众多上野豪族包括辉虎同族的白井、总社长尾便还会直接听命于长野氏而非自己这远在越后的关东管领。大概是由于后一个原因，所以一直以来上杉辉虎对长野家的救援总是表现得有心无力或者晚了一步。

永禄八年（1565）九月，武田军以2万人的兵力对箕轮城发起总攻，翻越了雉尾峠之后，武田军将领那波无理之助宗安急袭占领了高浜砦，不久就被从箕轮城来的援军安藤九郎左卫门胜通夺回，但是武田的别军攻陷小宫山的里见城，将箕轮城和鹰留城的联系割断，开始集中力量斩断箕轮之龙的龙尾。当时担任进攻的武田军包括山县昌景、马场信春、穴山梅雪、小幡重定、内藤昌丰共2000骑的精锐，而守城方则是长野业通并其弟业胜、业固一共不足500人。面临灭亡之际，守城方抱着玉碎的决心将城门大开，疯狂向武田军进攻，首当其冲的是武田亦号称精锐的小幡党，小幡宪重、信贞父子却被寡势的长野逼退数百米，一直败至乌川南岸，许多小幡军武士在后退时纷纷落入乌川激流中溺毙。不过在这场激斗中长野业胜战死，次日业通、业固再次率领残军摆出必死的架势突入饭富昌景军，饭富军佯装败退，长野军死死咬住不放，不过随后他们很快被隐蔽在河边的马场队和内藤队在后方包围，一阵短暂的杀戮后，长野军非死即降，业通和业固向吾妻方向窜逃。此时，鹰留城中有一个名为蟹谷直光的武士突然举火焚城，熊熊火光冲天而起，武田军拔开栅栏一拥入城，鹰留城头换上了割菱大旗。

长野家这边仅剩下箕轮、安中、松井田三座城池。九月二十六日，武田军兵分三路：侍大将甘利左卫门尉晴吉、小幡尾张守宪重、足轻大将原美浓守虎胤、曾根七郎兵卫昌世兵发安中城；侍大将小宫山丹后守昌友、浅利式部少辅信种、足轻大将城入道伊庵、原与左卫门、市川入道梅印合击松井田城；山县三郎兵卫昌景、马场民部少辅信春、内藤修理亮昌丰、小山田弥三郎信茂四将主攻箕轮城。

由于安中城的安中左京近早已成为内应，武田军攻城还没多久，左京近便挟着其父安中越前守献城投降，不久松井田城也被武田军攻陷。第二天武田三路大军一齐向箕轮城进发。当天箕轮城方面派出小幡三河守率50骑往前方巡视，小幡队恃勇前进，其中五骑甚至渡过小幡川，冲到了离武田军仅三町（300米）之处。武田信玄与诹访御料人所生的诹访四郎胜赖时年18岁，当时也在武田军中，这一战正是他的初阵。看到小幡军旁若无人的举动之后，胜赖便和侍卫秋山纪伊守两骑冲出，敌方五骑见势便打转马头渡河回撤，但诹访胜赖已风驰电掣地杀到，赶上并杀死其中一人，接着又追赶其余四骑，在河岸另一边的小幡队45骑看见胜赖仅2人，便全部冲出围了上去。武田家这边的原美浓虎胤，看到胜赖形势危急，便敲起战鼓，率队一拥上前，得到友军支援之后，诹访胜赖又连斩敌骑数人，安然归阵。

九月二十八日，武田到达箕轮城郊的若

◇ 上泉秀纲

田原。趁着武田方立足未稳，年方19岁的长野业盛便率队冲出，持枪连刺武田数骑后大笑着回到城内。二十九日拂晓，2万武田军到达箕轮城下，密密麻麻的旌旗蔽日、玄胄流辉。随后，武田军从正门侧门分两路对箕轮城发起了猛攻，其间长野业盛两度率军冲出城门，激烈冲突之后又返回城内。武田家内从正门进攻的城忠兵卫在乱军中战死，其兄城伊庵顿时怒吼着挺枪杀入敌阵，将弟弟的遗物长柄枪拾起来交给随从，接着又奋勇驱赶后退的长野军。当他杀到城下之际，城头的1500名城名手持火铳、弓矢密集射击像蚂蚁一样拥向城墙的武田军。据《妙法寺记》载，光被火枪击杀的武田军人数就高达600人，但是武田军凭借人数优势前赴后继地冲到城边，将木柴、竹排填入壕中，深壕顿成平地。看到武田军冲到城下，长野业盛第三次冲出城门。业盛亲自冲入马场信房阵中，杀敌18骑而还，而他属下的有"长野十六枪"之名的16名武士也在武田军中来回冲杀，锐不可当，其中的藤井丰后守友忠一度逼近诹访胜赖的身边，最后胜赖在家臣原加贺守胤元的协助下才死命守住，合力将藤井友忠斩杀。

长野业盛退回城内没多久，武田方的先锋山县昌景队便向城头发起了冲击，冲在最前方的乃是曾经的越后理财家、后来投奔到武田家的大熊朝秀，此战他作为山县昌景队直属的足轻大将参战。凭着矫健的身手，大熊朝秀一跃登上城头，独自一人左劈右砍连斩十余名守军，杀出一条血路后直冲到城门口，从内侧打开了城门。达成一番枪大功的大熊朝秀接着又带领武田军杀向长野业盛所在的本丸，但是在里门却遭到了长野方的强力阻挡，其中为首一人身形耸动，辗转腾挪之下长刀翩然舞动，靠近的武田军全部身首两断，这便是长野方在里门的守将、"长野十六枪"之首的上泉武藏守秀纲。

◇ 长野业盛墓地

上泉家是上野大胡城的领主，同时世代修习"京八流"、"关东七流"的兵法剑法，上泉秀纲正是上泉家的剑法之大成者。早年他除了修习家传剑法外，还前往常陆国鹿岛神宫拜神官松本备前守为师，修习"香取神道流剑法"，又师从爱洲移香斋尽得"阴流"剑法之真传。武艺大成之后，上泉秀纲带着弟子巡流关东，四处找人比试，竟然一场都没有失手过。河越夜战之前，上泉一行到达北条的小田原城下，一番演武之后，令城主北条氏康赞叹不已，当下氏康便与北条纲成一起拜秀纲为师，并为秀纲做媒，娶了北条纲成之女为妻。当年山本勘助还是浪人的时候，也曾向秀纲发起过挑战，但秀纲仅派弟子疋田文五郎上场，便轻而易举地挫败了勘助。而后秀纲还去过京都，甚至连将军足利义辉和伊势的国主北田具教也师从他学习剑法。

　　不过用剑者就算是有绝世剑法在身，以一己之力也难以违抗天道的无常。足利义辉素有"剑豪将军"之称，既向上泉秀纲习得秘技"一之太刀"，又曾向鹿岛神宫的冢原卜传学得香取神道流剑法奥义，成为历代将军中绝无仅有的剑法好手。但是永禄八年（1565）也就是箕轮城攻城战前一年的五月，足利义辉遭到三好三人众与松永久秀的奇袭，被包围在二条城的御所内，面对蜂拥而入的敌方士兵，义辉将所收藏的名刀全部拔出来插在地上，等敌兵冲到近前，便抽出一把刀迎战，结果无数把宝刀都在搏斗中杀人杀得卷刃或残缺损坏，而三好家的士兵连义辉的衣带都没沾到。最后松永久秀下令用铁炮射击将义辉打伤，又命人推倒门板压在他身上，用长枪隔着门板将他乱枪刺死。而另一位剑豪大名北田具教，也没能摆脱横死的命运，迫于尾张织田信长不断进攻的压力，具教收了信长之子信雄为养子，让出家督之位后隐居，但北田信雄随后便派出大批武士前去隐居地捕杀具教。北田具教也是拼死搏斗一番，连杀数十人才力竭战死，死前被他用绝世刀法打散的箭在身边堆成了一个近一尺高的圆圈。

　　上泉秀纲所侍奉的长野家，也没能摆脱家破人亡的结局。由于武田家多人战秀纲不下，大熊朝秀亲自上前，舞刀与秀纲战成一团。尽管随后朝秀身上连续被砍伤数处，但还是勉强架住了秀纲的刀法，而身后的武田军便乘此机会绕过两人，一起拥入长野业盛所在的本丸。长野业盛看到大势已去，便将剩余的亲随郎党全部招至大厅，当着众人的面斩杀了自己的妻子，又对着父亲长野业正的牌位念佛三遍，留下一首"春风阵阵吹，梅花樱花絮絮落，四下纷飞矣，

徒有城名垂青史，呜呼箕轮乡"的辞世诗，毅然以十字切法剖腹自杀。剩下的随从也举火将本丸点燃，跟着业盛自杀而死。至此，在北条与武田东西夹击的洪流中屹立了14年的不落名城箕轮城，终于落到了武田信玄手中。

  尚在死斗的上泉秀纲看到本丸火起，知道主公已不免于难，悲痛之余也决意放手一搏，当下他令疋田文五郎、神后伊豆持旗，自己"身着备前长兜、手持三尺八之太刀"，率领美方、道守、町田、寺尾的诸将由内往外死突，拼死杀出了城门。战后秀纲一行逃到桐生城，暂寄身于城主同时也是剑友的桐生大炊介直纲处。后来武田信玄特意遣穴山梅雪为使，到桐生城邀请秀纲加入武田麾下，最终上泉秀纲被信玄的诚意感动，于是随穴山梅雪来到了甲斐，入仕武田家。而武田信玄对这位协助箕轮城城主长野业正多年，使武田不得越雷池一步的武士相当重视，给予破格的优待。或许在上泉秀纲身上，信玄看到了当年那个精通兵法与剑法的山本勘助的影子。然而不久上泉秀纲便以希望前往全国各地弘扬自己新阴流的兵法剑法为由，向信玄辞行。其实最根本的原因不外乎是，将军足利义辉的横死与主家长野氏的灭亡，已经给上泉秀纲的武家之路蒙上了阴影，让他走上了告别武士生活，以剑客之身浪迹天涯的道路。武田信玄欣赏秀纲，见其心意已决，虽惋惜亦不便强留，但是在临别前提出了一个条件："没有我的许可，不得在别家仕官。"而上泉秀纲终身履行了他对信玄的承诺，至信玄逝世，未曾入仕别家。在放行的同时，武田信玄还将自己名之一字"信"赐予秀纲，名留青史的剑圣"上泉伊势守信纲"之名就此产生。

卷之五 托体同山

— 第一章 —
太郎义信的阴谋

武田信玄和北条氏康在关东高歌猛进的时候，失去了今川义元的骏河今川家却萎靡不振，内部现出种种裂痕。

继承今川家的，是今川义元与武田信玄之姐所生的嫡子今川上总介氏真，由于父母皆已去世，祖母今川寿桂尼也在义元死后不久相随而去，今川氏真便是在没有任何长辈辅助的情况下接手今川家。上一代今川义元励精图治，使得今川之都骏府城繁华无比，然而相应的是今川家也跟着义元沾沐了太多京都公卿的风雅之气，逐渐失去了武士质朴刚健的家风。今川氏真在这种氛围下长大，从小就脱离了武士大将的职业路线，向着蹴鞠名手、和歌达人的兼职方向奋勇努力，投其所好的佞臣三浦右卫门逐渐掌握了今川家的权柄，另外两个泼皮无赖名越与七、滨田小太夫由于球技高超也得以供职成为氏真的亲信，在这三个人的合力怂恿下，今川氏真越发沉迷于游乐而荒怠政事、疏远老臣，今川家的凝聚力急转直下。

在骏河的西方，桶狭间合战的胜利者织田信长，与战后脱离今川家独立的

◇ 德川家康

松平元康，于永禄五年（1562）结成了盟友，两家约定：织田家向西进攻，松平家向东进攻，互为依靠，共分天下。信长的女儿德姬嫁给元康的嫡子松平竹千代，标志着合约的正式确立。为了避免武田信玄从南信浓方向出兵的干扰，织田信长屡次向武田家献上厚礼，表示谦恭友善之意；而松平元康却正式与今川家断交，丢弃了由今川义元赐给的"元"字，改名为松平家康，随后扯掉枪尖上的缠头，向着今川家控制的三河、远江猛攻。面对这个如幼虎般扑来的新兴小大名，今川家却如一头中风导致神经中枢瘫痪的大象，坐等着一块又一块的领地被松平家吞食。

眼看大象即将轰然倒下，原本托庇于大象的老虎也开始想从大象身上咬一口肉了。这只老虎便是在今川家隐居避难的武田信虎，从天文十年（1541）被放逐算起，信虎已在骏河住了20多年，尽管被信玄放逐，但父子的名义还在，信虎与信玄平时也还有一些往来，甲斐方面时常会送来各种生活物品和供信虎日常用度的资金。信虎在骏河生下过一个幼子，取名武田上野介，后来上野介的孩子诞生时，曾派人前去甲斐向信玄报信，信玄得到消息后便托使者向信虎转达，希望给这个未谋面的侄子取名为"胜千代丸"，将自己的幼名相赠，显然也隐含着让这个孩子代替自己尽孝道侍奉信虎的愿望。虽然信虎与信玄在表面上仍然无法和好，但是信玄占领信浓、出兵上野，一系列辉煌战果让武田的版图不断延伸，远在骏河的信虎看在眼里也喜在心里。所以感受到今川家的内忧外患之后，武田信虎便给甲斐写信，希望信玄兵发骏河，消灭已经孱弱不堪的今川氏真。

永禄八年（1565）左右，织田信长已经消灭美浓斋藤氏，攻取了美浓一国。此时武田信玄虽然握有甲斐、信浓，西上野攻略也已进入收尾阶段，但是再往东有上杉与北条、往北有上杉、往西是新兴的织田，每再向前一步都将面临艰苦卓绝的大战。当年年初，武田家在南信浓的大将秋山信友便曾从高野口试探性地攻击织田家的美浓之地，最后遭到织田方武将森可成的阻击无功而返。所以武田信虎的来信，让信玄的野心之火找到了新的燎原方向。

对于出兵今川家的计划，信玄并没有立刻通令全军，只是在亲族和谱代重臣范围内进行了一番讨论，却引发了武田家内自放逐信虎以来前所未有的动荡。

事件的发难者是信玄的嫡子武田太郎义信。从第四次川中岛合战时起，父子两人之间便有了裂痕，而且这条裂痕不断扩大：川中岛合战中，随着妻女山别动队的赶到，武田方已获得决定性的胜利，此后武田军几乎全军北上追击上杉方的败兵，在信玄身边的部队仅剩1000人左右的旗本。但是在后方，还有一支上杉家的部队——在雨宫渡担任拦截任务的甘粕近江守景持部1000人，被打散后又重组到一起，一路收集着上杉其他各部的残兵，由甘粕带领着仓皇北上，如果这支部队与信玄的本阵遭遇，那么战果极有可能会被改写。危难之际信玄派出使者，要求筑摩川附近的武田义信部返回支援，但是义信却急于追杀败军，对于信玄的求援以拖拉敷衍了事。使者来回驰返，耗去了大量的时间，直到甘粕军杀到300米之外，信玄才咬了咬牙，带着全军北逃，渡过筑摩川后才避过了甘粕的亡命之师，这也成为第四次川中岛合战中最为滑稽的一景。事后信玄便多次借此批评义信的短视无谋、毫无孝道。

在武田家内，还有一个令武田义信感到不安的人，那就是信玄与诹访御料人所生的儿子诹访四郎胜赖。信玄对其他几个儿子，并没有太多的偏爱，唯独对这个勇猛善战、酷肖自己的第四子格外疼爱，不仅让他继承了诹访郡的诹访家，而且还任命他为伊奈郡代坐镇高远城，胜赖便相当于整个南信浓之主，同时信玄又安排老臣安部五郎左卫门为胜赖的传役，并让秋山信友等将领直接听从胜赖的调遣。还未成年便有众臣环列，坐拥名城，号令一方，这让在信玄身边一直小心翼翼俯首帖耳的义信既羡慕又嫉妒不已。义信更怕的是信玄最后废掉自己这个不听调遣的嫡长子，而改立最疼爱的第四子。当然由于他的正室是骏河今川家的公主，为了甲相骏同盟的稳固，信玄暂时不会行废立之事。现在信玄打算与今川家交战，那么义信的嫡子兼继承人之位便失去了最后的保障。

永禄八年（1565）七月十五日夜，武田义信召集亲信长坂源五郎昌国及乳母之夫曽根周防守到自己的辅佐人饭富兵部少辅虎昌的屋敷中密议，谋划着仿效当年信玄放逐信虎之事，乘着信玄出阵之机将他放逐。诸人商议了大半夜，直到凌晨3点才各自散去。而当晚馆内值夜的坂本武兵卫与荻原丰前守留意到了饭富府内灯火通明、人影晃动，深夜里又看到众人鬼鬼祟祟地悄然而出，便于第二天将此事报告了信玄。

乍然得知义信一众人等有反叛之心，信玄根本不敢相信，因为他从不曾想过成为一个和父亲信虎一样的暴君，恰恰相反，他在为政育民、善抚群臣方面表现出与信虎截然不同的宽厚仁慈，使得信虎时代此起彼落的反叛事件在他身上几乎从未发生过，让他有自信在任何一方面都超越了信虎。所以信玄根本没有料到，在信虎身上出现过的一幕，又将在他自己身上上演。不过信玄身边的情况和信虎时的情况则是天壤之别：信虎时代，群臣离心，联合起来密谋推翻信虎；而信玄时代，武田信玄一手把武田家推向辉煌，主臣间形成了强大的凝聚力，所以当义信密谋之时，更多的人站到了信玄身边。

坂本与荻原向信玄通报饭富府内异动之时，饭富三郎兵卫在信玄身边持刀站立，见状上前向信玄说道："连日来长坂源五郎常有书信送到兄长饭富兵部府中，想来或是有些图谋不轨之事，且待我盗取他们的书信呈来一观！"事后在饭富昌景盗得的书信之中，便发现了武田义信手迹、有饭富虎昌署名的誓书，在该信中众人对御旗和盾无铠宣誓："合力协助义信达成放逐信玄的宏愿，如有违誓，甘受天谴。"事已至此，信玄不

◇ 饭富虎昌

得不有所行动了。

当晚，信玄出动所有亲卫，将太郎义信、饭富虎昌以及参与密谋的其他诸人全部制服，并在武田神社陈放御旗的房间内一一对质。由于有饭富昌景的书信为证，义信一群人也无从抵赖，而身为义信的传役，饭富虎昌不忍看着一手教育成人的少主遭受灭顶之灾，加上书信又是从自己府中盗出，于是便挺身而出，向信玄陈诉，所有阴谋都是由自己发起，罪名也都该由自己承担。此外，虎昌大概还在同时与饭富昌景断绝了关系。就信玄而言，义信谋反之事虽然令他痛心疾首，但是他也不想把自己的儿子亲手送上绝路，现在虎昌扛下全部罪名，正好让他有理由将义信解脱。最后信玄的裁判结果是：

◇ 织田信长

武田义信幽禁于东光寺；饭富虎昌切腹自杀；长坂源武郎昌国，由土屋总次郎诛杀；曾根周防守、梁田弥太夫，由荻原丰前守诛杀；一并被诛杀的还有其余参与密谋者28人。

随后，信玄还对告密者进行了赏赐：

荻原丰前守获得宝刀"一条三原"；由于饭富之姓已蒙上了耻辱，信玄便将因为当年山县河内守虎清被信虎诛杀而断绝的"山县"家名赐给了饭富昌景，后者从此改名为"山县三郎兵卫昌景"。

另外饭富虎昌的赤备武士与武田义信的郎党除了流放之外，其余人马也被分拆给了各侍大将：饭富赤备300骑，其中山县昌景获得50骑，另外250骑分给了小曾丹后守与板垣三郎。

武田义信的郎党150骑，其中迹部大炊助胜资获得100骑，武田信廉50骑。

对于甲斐的动荡，尾张的织田信长一直保持着关注。永禄八年（1565）九月九日，信长派同族的织田扫部助一安前往甲斐，与信玄商谈将织田家的女儿嫁给信玄的第四子诹访胜赖。信长的本据地在美浓，与胜赖所镇守的南信浓相接，此举的直接动因大概是为了求得边境的安定，另外或许也有讨好信玄爱子的意思。但是信长嫁出去的并不是自己的女儿，而是将妹夫苗木城城主远山勘太郎之女收为养女，嫁给了胜赖，这名来自织田家的女子因此又被称作远山夫人。

同年十一月十三日，远山夫人嫁入武田家。永禄十年（1567），诹访胜赖的嫡子诞生，后来取名为"信胜"，不过在信胜诞生的同时，远山夫人却也因难产而去世了。信玄虽有几个儿子，但四郎胜赖所生的这个是他的第一个孙子，欣喜之下，信玄亲自写下孩子的幼名"太郎"及元服后的名字"信胜"，又把家宝名刀"义弘"与"安吉腰刀"赐给胜赖，并命令山县昌景、马场信房、真田信纲、吉田左近四人今后直接听从胜赖指示，到此胜赖将被立为继承人的信号已是再明显不过。织田信长闻知武田家的嫡孙诞生之后，也立刻派出织田一安前来甲斐贺喜。由于胜赖之妻已经去世，为了继续维系两家的姻戚关系，信长同时也请求让信玄幼女与织田家的嫡子奇妙丸缔结了婚约。这个奇妙丸，便是后来的织田信忠。

新一代武田太郎的诞生，使得武田义信的继嗣地位更进一步弱化。同年七八月间，随着西上野攻略的完成，在信玄的暗示下，甲斐、信浓、西上野的家臣们一起向信玄呈上了发誓效忠的起请文，表明领内的人心仍然凝聚在信玄之处。做足了准备工作之后，信玄勒令武田义信与今川义元之女离婚，这既表示义信失去了继承人的地位，又标志着武田家与今川家的正式决裂。十月十九日，武田义信在东光寺的幽禁室内自杀，享年30岁。今川义元之女随后也被送回了骏河，由于姻缘关系而建立的甲相骏同盟也就此宣告完结。

纵观武田义信事件的始末，起因仅仅只是义信的一点点不安，当他的密谋破裂之时，由于信玄的刻意控制，事件的影响也仅限于武田家内，这是因为信玄还需要北条家的协助进行西上野攻略。一旦西上野攻略完成，与北条之间有了一面护盾，信玄便可以放心地撕毁三国同盟的婚约了。武田义信的叛乱之心，最初或许让信玄感到痛心，但随着时光的流转，胜赖的成长、信胜的诞生，使得信玄对义信的期望便更加减弱，直至连他的继嗣之位也无需保留，到最后义信的存在就失去了任何意义。在政治形势与亲缘感情发生了沧海桑田般的变迁之后，武田信玄的军扇正式指向了南方的骏河。

— 第二章 —

京都远望

尽管武田信玄觊觎着骏河的膏腴之地，但是关东的北条氏康与越后的上杉辉虎，是他最为忌惮的未知因素。当年上杉辉虎出阵关东之时，信玄屡次侵袭辉虎的后方，将来武田出兵骏河，上杉家以牙还牙攻击北信浓也是意料之中的事。所以在出兵骏河之前，武田信玄又对越后进行了一番谋略。

越后的西邻是越中国，越中以南是小小的山国飞驒，飞驒往南又与信浓相接，若将越中比作越后的侧翼，飞驒便是武田家连接越中的路口，因而越中与飞驒，也是武田信玄与上杉辉虎这两个巨人历来交锋时的战略要点。在飞驒，南方的割据者为三木氏，北方则有另一家割据势力江马氏，两家对战多年一直势均力敌。永禄七年（1564），武田信玄在出兵关东的间歇，派出山县昌景率部杀入飞驒国，地头蛇江马时盛本想借着地主之利赶走侵略者，但却被山县昌景的赤备铁骑以少胜多击破，事后山县昌景又乘胜对江马氏进行威逼利诱双管齐下，不久江马氏便降伏了武田家，时盛还向甲斐送出了自己的第三子、已出家为僧的丹立法师作为人质，信玄为这个小和尚取名为江间右马助，并将其收作旗本足轻大将。由于江马氏得到了武田家作为后台，南方的三木直赖便转而向越后的上杉辉虎寻求支持。以飞驒国

◇ 本庄繁长

的争斗为导火索，同年武田家与上杉在川中岛的盐崎对峙多日，后来无果而终，这就是第五次川中岛合战。

永禄八年（1565），武田信玄以山县昌景为大将，飞騨的江马时盛军为先锋，率领木曾义昌、马场信房、真田信纲三部从飞騨杀入越中的椎名氏领地，在攻落椎名家数个城池之后，又击破了椎名肥前守康胤3500人的大军。经江马时盛游说，椎名康胤降于武田家之下，并向信玄献上第二子龟松丸为人质。武田退军之后，上杉辉虎又带着大军到椎名家兴师问罪，椎名康胤不得不再次低头，这也是乱世小诸侯的悲哀。不过椎名已向武田信玄献上了人质，便埋下了后来又倒向武田家的种子。永禄十一年（1568）初，武田军再次从飞騨攻入越中，这一次椎名家降伏后，武田军并没有全部撤走，信玄将马场信房任命为在信浓西北境的牧岛城城主，作为武田在越中与飞騨的代理人，江马时盛与椎名康胤作为信房的下属担当协力。三月，上杉辉虎又向越中兴起了问罪之师。

但是越中攻略仅是武田信玄本次计划中的一环，乘着辉虎出兵越中，他又策动越后的国人领主本庄繁长向上杉辉虎举起叛旗。

在越后最东部的扬北地区，分布着众多的国人领主，其中最有实力者，无外乎中条越前守藤资以及以本庄氏为宗主的本庄、色部、鲇川一族。本庄氏的家主，当时乃是青年武将本庄繁长，其勇名仅次于越后七郡第一的柿崎景家，时常在上杉辉虎的旗下担任先锋征战各地。第四次川中岛之战上杉军撤退时，上杉辉虎本人曾遭到武田义信队的截击，幸亏本庄繁长随后率军杀到，才解去一时之危，事后繁长却没有得到任何赏赐，由此便种下了怨念。由于色部、鲇川等同族皆是越后的实力派领主，加上出自镰仓以来名门的高贵血统，使得本庄繁长一向自视甚高，武田信玄派出的使者此时为他描绘了一幅美景：西方飞騨与越中联军向东进攻，武田军兵出川中岛，本庄三家于扬北起事，三路合击越后之龙的首、尾、腹，定可将这条大龙一举诛杀，事后繁长理所当然地能够分得越后半国。

这个计划唤起了繁长那不甘屈居人下的热血与豪情，永禄十一年（1568）五月，上杉辉虎在越中的战事陷入胶着，本庄繁长便以居城本庄城为据点，对辉虎举起了叛旗。然而当繁长号召同族的中条藤资、色部胜长与鲇川盛长起兵响应时，却遭到了众人的无视。繁长的孤高自傲，使得身为宗家的他不为庶家所容，色部胜长反而最先派出使者，将繁长叛乱的消息通知了远在越中的上杉辉虎，而鲇川与中条两家也紧随其后。上杉辉虎收到消息后立刻放弃对越中的攻势，率军疾行返回越后，忌于本庄家的强大战力，在春日山城经过一番紧密筹备，辉虎于当年十月才慎重地出兵讨伐繁长。到了十一月，辉虎的大军好不容易将本庄繁长围在了本庄城内，但在随后的战斗中却遭到了本庄繁长的拼死抵抗，攻城战一直持续到了第二年。永禄十二年（1569）正月，本庄繁长乘着新年庆典之时，率领敢死队向辉虎的本阵发起了乾坤一掷的夜袭，但在辉虎帐前众将的奋战阻挡之下，繁长仅仅给上杉军造成了一定杀伤便返回了城内，但此事也足以表明繁长誓要守城到底的决心。另一方面，辉虎旗下的诸将对于连续一年多的作战大多已经感到疲倦，最后由邻国的芦名盛氏与伊达辉宗作为中介调解，上杉辉虎接纳本庄繁长投降。

◇ 足利义昭

永禄十一年（1568）九月，一统美浓与尾张的织田信长，率领大军向西，经过近江攻入了京都，而后拥立足利义昭为新一代幕府将军。义昭本是剑豪将军足利义辉之弟，早年在奈良出家，法名一乘坊觉庆。1565年足利义辉遭到三好三人众与松永久秀谋害之后，觉庆作为第一顺位继承人还俗成为武士，并逃出北国寻求越前大名朝仓义景的庇护。越前的一乘谷、骏河的骏府，以及周防国的山口馆，乃是荟萃了京都文化的三大名城之一，不过和雄心勃勃的今川义元相比，越前一乘谷的主人朝仓义景只是一个安于现状的平庸之辈，并没有向畿内霸主三好氏宣战的胆识和气魄。足利义昭在失望之余，不得不重新在全日本范围内寻找新的支持者。此时织田信长已经统治了美浓与尾张，并借中国西周兴于西岐的"凤鸣岐山"的典故，将美浓的首府稻叶山城改名为"岐阜"，又开始使用"天下布武"的印章，喻示自己将以武力称霸天下的雄心。这个后起之秀的野心勃勃，加上美浓与京都所在的山城国仅隔着近江一国，使得信长自然成为足利义昭想要借力的不二之选。结果也正如义昭所望，仅用了一个月左右的时间，信长便攻入了京都，足利义昭也由一介流浪汉，登上了由祖先世代传承下来的将军之位。

京都的变动，由武田信虎写信告诉了甲斐的武田信玄。信虎自从在骏河联络要求信玄出兵之后，又暗中策动今川家的重臣投向武田。此事最终还是被今川氏真得知，对于如此吃里爬外的外祖父，纵使今川氏真再颓废丧志，也起了惩戒之心，当下他便勒令信虎搬出骏府城，前往远江挂川的圆福寺居住。武田信虎也知道骏河不好待了，而且万一武田军真要打过来，今川氏真恐怕还会拿他做人质要挟信玄，为今之计，只有先逃往远方。由于他在骏河生下过一个幼女，根据今川义元在生前主持定下的婚约，后来嫁给了京都的公卿菊亭大纳言晴季，此人也算是一棵大树，所以武田信虎也不通知今川氏真，便悄悄收拾行装，西上京都，借住于菊亭府中。等到今川氏真发现之时，早已是人去楼空了。

由于武田家是源氏之后、开幕之元勋，所以当时的将军足利义辉在得知信虎来到京都之后也不敢怠慢，特地将他请到府中相谈，并任命他为御伽众（又名御咄众，专由没落的名门之后担任，负责向将军讲述各地的风土人情）。不过信虎并不安于待在将军身边，京都的现状十分明显，足利将军孱弱不堪，号令无法出于山城一国，既然如此，比足利将军家强盛十倍的武田家，为什么不能把旗帜插上京都呢？带着对未来的憧憬，武田信虎游走于畿内各国，一面考察各地的山川地形，一面与当地的豪族接触，以便为将来武田家的上京做铺垫。在这一段时间，还留下了武田信虎担任军师，帮助鸟羽的水贼大名九鬼嘉隆与小滨景隆作战的传说。但是武田军却迟迟没有展开上京的行动，转眼间先是足利义辉被杀，接着织田信长拥立足利义昭上京，织田家一两年内便完成了由小诸侯到号令天下的霸主的飞跃。目睹了这个过程的武田信虎心急如焚，多次写信催促信玄发兵上京，毕竟一统乱世、号令天下的机遇若让织田信长这么凭空捞到，对华实兼备的名门武田氏而言将是今后世世代代的耻辱。

正巧足利义昭在就任将军之后，便向包括上杉辉虎、武田信玄在内的众多大名发出书状，希望各家团结在新任将军身边，一起结束战乱。借着共同为将军效力、讨伐关东的乱党北条氏的名义，武田信玄与上杉辉虎达成了暂时的停战协议。

由于武田信玄单方面破弃了盟约，遭到背叛的北条氏康与今川氏真便更加紧密地团结在一起。两家经过商议之后决定：联合起来对武田家进行"食盐制裁"。由于甲斐与信浓都是内陆之地，本身所产的食盐非常稀少，加上与北方的越后处于敌对状态，所以向来都是仰仗南方临海的北条与今川家供给食盐，所以两家一停止与甲斐的食盐贸易，短期内便在武田领内造成了恐慌。越后方面得知此事之后，有人向上杉辉虎进言应该乘此机会出兵消灭武田，但是辉虎却说道："武运之好坏皆由天定，作为武士，在战场上一决胜败就行了，若以断盐之法取得胜利，胜之不武！"他还亲手写下书状，命人送给武田信玄："需要多少盐，只管来取吧。"到了这个份上，就算是信玄，也不得不对上杉辉虎的武道与义气自叹不如。事后武田家开辟出信浓川中岛—越后、西上野猿乡—越后、平城—越后三条运盐通道，越后的海盐经这三条路线源源不断地运往甲斐与信浓的各地。同时，武田信玄也确信上杉辉虎不会在自己南征的时候出兵偷袭武田家的后方。而这场由食盐造成的危机，也大大增加了信玄对海岸线的渴望。

— 第三章 —

第一次骏河侵攻

永禄十一年（1568）十二月三日，武田信玄集结甲斐、信浓、西上野三国之兵25000人攻入骏河，先锋由山县昌景率领，布阵于内房山，其中有1000名逢山开路、过水搭桥的新兵先行前往萨埵山的八幡平原吸引今川方的主力部队。武田信玄亲率主力渡过兴津川，布阵于横山之坂（山腰）。今川氏真得报后也尽数遣出主力迎战：先阵1500人由庵原安房守忠胤与新里式部少辅率领前往萨埵山金泽口，冈部忠兵卫与小仓内藏介两将率领"今川十八人众"的18家豪族之兵布阵于萨埵山八幡平原，今川氏真亲率骏河、远江、三河之兵在清见寺布下本阵。一时间两军旌旗蔽日、人马簇集，使番游骑来往传令，其宏大之势堪称是第四次川中岛之战以后日本东部最大的决战。

然而武田军通过疾速进军已经抢占了内房山与横山俯视八幡平原的地利，今川方未能在战略上扭转这一开局的形势，便注定了战斗过程的一边倒结果。十二月十二日，八幡平原上的1000名武田新兵率先向今川军发起进攻，两方缠斗之时，内房山上的山县昌景赤备队居高临下地发起突击，几乎将"今川十八人众"的阵势拆成两半。位于横山之坂的武田信玄主力趁机也由山上冲下，从侧面如蛟龙出海般搅入战局。只有招架之力的庵原安房守、新里式部等部队节节后退，被赶往今川氏真所在的清见寺方向。今川氏真本阵内的旗本武将濑名中务少辅、朝比奈信置与葛山备中守氏元战前曾与武田家密通，此时眼看今川方已显露败势，便乘乱逃往骏府城，在城内四处放火，给今川军的后方造成巨大的骚乱。"敌军已杀入骏府"的消息一传到清见寺，便引起了今川军的总崩溃。众军四散奔逃之后，今川氏真身边仅剩下80骑，看到骏府火起，他也不敢回城，便在从骑的簇拥下逃往远江国的挂川城，依靠谱代老臣朝比奈泰朝。

武田军获胜之后，先锋山县昌景、马场信房、小山田信茂、真田信纲、真田信辉、内藤昌丰、小幡信贞七将继续向西驱赶今川氏真，信玄本阵则一面打扫战场，一面向骏府城进军。武田军中的一些杂兵久闻骏府城富丽繁华之名，便借机趁乱先行潜入城中，肆意杀人抢掠之后，又在各处放火。到了十月十三日，武田信玄赶到骏府城下时，偌大一座城已笼罩在浓烟烈火之中。信玄首先下令灭火，接着又命士卒抢运今川家历代搜集的还没被烧尽的财宝。此时马场信房也到达城下，见状他便向信玄进言道："在战乱未定之时争抢财宝，后人必将因此嘲笑您贪得无厌。"信玄闻言先是愣了一下，接着说道："确是至理，这是只有七岁小孩才会做出来的丑事。"随后他便下令将财宝全部扔回火中。

随着名城骏府的陷落，今川家有侍大将21人陆续向武田信玄献上降书。武田信玄向骏河发起进攻前，曾与三河的德川家康（原松平元康）定下密约：两家同时进攻今川，事成之后，双方以大井川为界分割原属于今川家的两国，武田家领有骏河，德川家统治远江。在信玄出兵的同时，德川家康也率兵7000人由西向东进攻，两方夹击过后，骏河一国几乎已全部被纳入了武田家的怀中，属于今川氏真控制的，仅剩下骏河的花泽、远江的挂川、藤枝三座城池，尚有3000人跟随朝比奈泰朝守在挂川城的今川氏真身边。不到一个月的时间里，统治骏河远江200年的幕府名门今川氏便仅剩余息了。

对于新获得的领地，武田信玄马上做了一番布置：

- 向所有投降过来的原今川方武将收取了人质。
- 在兴津的横山筑城寨，由于甲斐下山的领主穴山氏与兴津相邻，便由穴山伊豆守入道梅雪入驻成为横山城城主。
- 原今川家臣庵原弥兵卫早年曾向寓居骏府的山本勘助学习过兵法，此时向武田信玄转述了山本勘助生前的留言："骏河的久能山之地，乃天下之至险，只需派兵十人相守，就算倾全天下之力也难以奈何。"信玄听闻这番话，想起山本勘助的种种往事，恍如隔世，不禁感慨万千，随后下令在久能筑起一座城池，屯下弓矢铁炮若干，以及足供三年用的兵粮，并任命今福丹后守为守将。
- 由于得到了梦寐以求的海岸线和出海口，武田信玄还在整合原今川水军的基础上组建了武田水军，由今川十八人众之一的冈部忠兵卫贞纲担任总司令官，共有船17艘。后来又吸纳了被九鬼嘉隆赶出的伊势国小滨景隆与向井正重水军，这两支共有船21艘，其中还有一艘当时的大型船"安宅船"。这些水军平日从事渔业和海运，战时充当海贼和军船，乃是武田家后来与北条争夺制海权的重要战力。

早在当年的十二月初，感受到武田威胁的今川氏真，曾向越后派出使者，请求上杉辉虎出兵干扰信玄的后方，尽管上杉与今川同为幕府直系重臣，但是辉虎碍于不久前与信玄定下的和议，并没有主动出兵，在今川家几近于灭亡之时，辉虎大感过意不去；由于武田方的行动过于迅速，关东的北条氏康还未做出援助举动，女婿今川氏真便遭遇了灭顶之灾，北条氏康既大为愤怒，

◇ 武田水军的安宅船

187

又倍感唇亡齿寒。以此为出发点，为了限制武田一家独大，北条氏康向越后派出使者，请求与上杉家结盟，竟然得到了上杉辉虎的认可。这两家本是不共戴天的死敌，结成了一个令时人难以置信的"越（越后）相（相模）联盟"。为表示诚意，上杉辉虎将柿崎景家的嫡子柿崎晴家送往相模担当人质，而北条氏康则将自己的第七子北条氏秀送往越后充当人质，被无妻无后的上杉辉虎收为了养子。

这个北条氏秀，在甲相骏同盟期间也曾被送到甲斐充当信玄的养子，获得过"武田三郎"之名，三国同盟破裂之后被送回了相模。由于上杉辉虎一生不曾婚娶，也无亲生子嗣，因而养子便会是他的继承人，早先他便收养了姐姐仙桃院与古志长尾政景之子为养子，后来取名为上杉景胜；对于北条氏秀，谦信或许是看到了他游走于武田、北条、上杉三家的悲惨生活，又或是看到了他所具备的名将资质，对其更是疼爱至极，不仅将自己最先用过的名字"景虎"下赐，为其改名为"上杉景虎"，还将长尾政景之女嫁给景虎，并将他安排在自己所居的春日山城本丸的近侧。为了消灭北条氏康而赐给上杉辉虎的家名，却又被辉虎授给了北条氏康的儿子，对于这个结果，或许前管领上杉宪政最为愤怒和哭笑不得。

永禄十二年（1569）正月初五，北条氏康派出使者，向骏府的武田信玄献上佳肴恭贺新年，同时也试探性地提及："吾婿今川氏真虽然行事奢侈，背离人望，您对之追伐已做了惩戒，想必他今后也会有所改变，是否可将骏府城还给他居住？"同月十二日，武田信玄也派出身边的御伽众寺岛甫庵前往小田原城回礼，但对于北条氏康提出的要求却不予正面回答。北条氏康在大怒之下，将甫庵囚禁于伊豆。

正月十八日，北条氏康与嫡子氏政率 45000 大军攻入骏河，大军的阵列由伊豆的三岛一直绵延到了骏河的萨埵山八幡原、井蒲原，氏康本人在三岛的新径寺布下本阵。

武田信玄闻讯后，以山县昌景、相木昌朝为主将，分兵 1500 人继续围攻今川方的花泽城。自己则亲率 18000 人前往兴津川平原，在兴津山布下本阵。

然而以防守与奇袭闻名的北条氏康，却并不打算与武田信玄展开全面决战。在他后方，有富庶的关东作为支撑，而武田信玄的补给，则要仰仗甲斐的输送，氏康只需要屯兵萨陲山干扰武田家的补给，时间一长信玄也就不得不退兵了。

在对峙期间，为了不让两军士气消退，双方形成了一个默契：每次各派出一支部队在八幡平原上交战，打到一定程度便各自收兵，由此也凝聚起士卒们的斗志。武田方的10员侍大将每天轮番出战，其中马场信房、高坂昌信、小山田信茂、内藤昌丰、原昌胤、小幡昌盛、真田信纲都是身经百战之将，每场战斗下来往往都能将敌将打退，但是轮到迹部大炊介胜资出阵的时候，对上的却是北条家的勇将松田尾张守宪秀。迹部队本来也是武田家的一支重要战力，有骑马武士300人，杂兵1500人，但是遭到松田宪秀的几次猛突之后，迹部胜资便丢下所有人马，独自逃回阵中，剩下的残兵由副将本乡八郎率领，在松田宪秀的追击下一路溃退。

看到这种场景，坐在阵中的武田信玄不禁大为恼怒，武田军南征北战多年，何时曾出现过这种未战先溃的丢脸场面，一气之下他便下令马场美浓守信房率队出阵。马场一接到命令就傻了眼，他的旗下本来有骑马武士500人，战前留下400人驻守在信州牧岛城，身边只带了骑士100人，杂兵500人，而松田宪秀的兵力，足有2500人，是北条家中排名第二的动员数。形势虽然不乐观，但马场信房好赖也师从山本勘助学习过兵法战法，眉头一皱便有了对策。当下他把600人分成三股，自己率领包括骑马武士在内的200人立在最前方，剩余400人分成两队，借迹部队的败兵掩护藏在两侧，等到松田宪秀亲率700骑的先锋部队冲上来时，马场信房也率领200人迎上前去。松田宪秀看到这支新锐部队上前，也放缓马步准备小心应战。但是在与松田军仅有50米便要短兵相接的时候，信房突然一挥军扇，掉转马头，从松田军的正面绕向右侧，似乎是要突袭对方的侧面。松田宪秀见状也左转马头，喝令士兵横转追击马场队，此时马场信房埋伏于乱军中的400人一拥上前，从侧面向松田军射出铁炮和箭雨，后者措手不及之下转眼间便有十七八骑被打落马下，由于分不清马场方的主力到底是哪一边，也产生了一瞬间的慌乱与犹豫。抓住这个时间差，马场信房又掉转马头突入松田的战列之中，为首的猛士根来法师与鸢大贰坊一边高叫着一边挥舞着铁棒在松田军内横冲直撞，触到的敌军皆被扫落马下。眼看全军已经陷入一团混乱，松田宪秀不得不下令后撤，在马场信房的追击下，松田军四散着逃回了阵中。

◇ 骏河远江三河形势图

战后一统计，马场队这一战共取下北条方的首级 73 个。为此，信玄不仅亲自给马场信房斟上一大杯酒，还颁给了他军功感谢状。而丢尽武田脸面的迹部胜资则在战后受到信玄以及家内诸将的鄙视。

以上只是武田与北条萨埵山之战中的一个小插曲。两军从正月十八日，到四月二十日，在山中相持达 93 日之久。在此期间，武田信玄也曾给关东武士写信，促成下总关宿城城主梁田晴助进攻武藏，常陆佐竹、安房里见与下野的宇都宫氏也开始进攻北条氏的领地。而北条氏康则与骏河西方的德川家康取得了联络。在德川家康的主力围攻挂川城期间，武田家南信浓伊那郡的大将秋山信友曾出兵骚扰过德川家的边境，事后家康向信玄投诉，秋山军又退回了伊那，但此事也使得武田与德川之间本来只是为瓜分今川领土而建立的脆弱同盟产生了裂痕。而家康还有如日中天的织田信长作为盟友后盾，也无惧与武田为敌，在与北条氏康达成了同盟协议之后，德川家康便开始与今川氏真讲和。

由于形势急转直下，武田信玄于四月二十三日夜召开了紧急军议，当时高坂昌信、马场信房、内藤昌丰、山县昌景已经在武田家确立为首席军政重臣，凡有要事，信玄都会与这四人相谘，当时高坂昌信尚在海津防范上杉，山县昌景也在骏河西线作战，只有马场信房与内藤昌丰相随在信玄的身边，与两人合议之后，信玄打定了撤军的主意。不久他先是召回了山县昌景，接着又向北条氏康次子北条氏照阵营发动了一次夜袭，北条方打起精神小心戒备之际，武田军于二十七日夜悄悄拔营起寨，撤回了甲斐。在此前后，武田信玄撤除了在骏河各地的驻军，仅留下三个要害城池：穴山梅雪驻守横山城，武田信光驻守江尻城，今福丹后守父子驻守久能城。

武田家撤军之后，北条氏康也没有追击，只是分派谱代重臣占据骏河的神田、屋布、兴国寺、长久保等城池，又向正在包围挂川城的德川家康送去书状，要求他与城内的今川氏真讲和，而后便率军返回关东。得到武田撤军的消息后，今川氏真也派出使者，请求家康念在与今川义元往日的情谊上，网开一面。作为补偿，今川家愿意让出挂川城和远江一国。既得便宜又做好人，这样的条件德川家康怎会不接受，挂川城之围也就此解除。由于骏府城已被烧毁，骏河国内支离破碎，今川氏真回到本领后便暂时居住于伊豆的户仓城，作为对北条氏康出兵的感谢，事后他把今川家世代相传的骏河守护职让给了北条家。丢掉了大半个领国和骏河守护的名位，今川家已算是名存实亡了。

— 第四章 —

驰骋关东

武田信玄早年也曾随今川一起与北条氏康有过短暂的交战，后来又作为盟友，见证了北条氏康的河越夜战与上杉辉虎的关东攻略，故而深知北条这位关东巨人的坚忍善战和无懈可击，在侵略骏河期间信玄也时时向北条氏康致意示好，到了最后仍然难以避免与这个强大对手正面冲突。先前的被动策略导致在萨埵山被攻了个措手不及，这使得信玄认识到：要想拿下骏河，打开上京的道路，那么首先便要在关东与北条氏康分出个高低。所以，他慨然放弃了在骏河打下的大片土地，抽出主力回甲斐进行休整。

永禄十二年（1569）六月二日，武田信玄率领 18000 大军从甲斐出发，经过富士山山间的通道向骏河与伊豆相模的边境进军，目标就是驻防在骏河东部的北条军。由于距四月底结束的战事才过了一个多月，谁也没想到信玄会马上又发起攻势，北条氏康一时也无法将解散到关东各地的部队再聚集起来。在北条方没有大规模抵抗的情况下，武田军进入伊豆国内，沿着三岛向韭山城一路

◇ 武田信玄关东出阵地名一览

放火,又在韭山城下击败北条氏康的第四子北条氏规,随后分兵围攻北条方的15座城池。随着这些城池的攻陷,今后北条氏康在小田原守城的兵力将不断减少。后来北条家终于凑起了战力,武田信玄闻讯后便将18000人分作三路:3000人围攻神田、布屋两城,3000人围攻圆能、兴国寺、善得寺三城,信玄亲率12000人由韭山前往三岛附近的川呜岛平原,准备在这块靠近海边的平原上与北条氏康一决生死。

六月十八日,北条的大军还没到来,武田信玄本阵所在的三岛附近先是刮起了大风,接着断断续续地下了几场暴雨。作为负责战前天文地理勘查的阵场奉行,原隼人佐昌胤捕捉到了以上天气异动的讯号,向信玄秉报道:"远处的海面上乌云密布,海啸阵阵,另外山风也呼啸不止,看来此地马上将会遭遇大风洪水,请赶快迁移本阵!"虽然台风在日本也属多发现象,但是武田家数百年一直居住在甲斐的山中,很少有机会体验台风所带来的海啸之恐怖。武田信玄犹豫一番之后下令:今夜暂且小歇一宿,明天再把阵营移往犹川附近避雨。但是当晚亥时,倾盆大雨已从海上移到了武田的阵地,转眼间便没过了大半个车轮,紧接着几阵海浪打来,把还在酣眠的武士们冲醒,众人四散逃窜之余,也顾不得武器、马具,辎重全部被大水卷走,就连武田家的"八幡大菩萨"战旗也无人照看,随着大水漂流,第二天被北条之人捡到呈给了北条氏康,氏康又将此旗赐给了家臣九岛伊贺守,后来成了九岛家的家宝。

趁着大水,北条氏康派出福岛治部大辅、山角纪伊守、太田大膳亮等将率军前往兴国寺城,与城内守军里应外合,对已经溃散的武田军发起了夜袭,更是搅得武田方苦不堪言,最后信玄下令诸队各自退回甲斐。

同年八月二十四日，武田信玄再次从甲斐出阵，率军2万经北信浓西上野，再转向东南攻入武藏国，在此同时，信玄又命郡内的小山田信茂率着本部向东进攻北条氏照镇守的泷山城，一北一西，从两面攻入北条家的领地。由于武藏幅员广阔，地势平坦，

◇ 小田原城的天守阁

北条方反而无山险可守，只好在各个城池守城。其中北条氏康次子北条氏照扼守在控制着甲斐街道的泷山城，三子北条氏邦镇守着上野街道的钵形城。其余的将领也固守在葛西、江户、远山、稻毛、品川诸城之中。武田信玄的大军从上野南下进入武藏后，对钵形城与品川等几座小城也发起过攻击，但是北条氏邦死守不战，信玄也无隙可乘，只好绕过钵形城南下，沿途也不再攻城，只是冲到各个城下放火抢掠一番便继续向前，逐渐逼近北条家的小田原。到此北条氏康的战法也很清晰了，先放武田军进入关东，再用小田原城的强大防御工事将对方折腾得疲惫不堪，等到武田家要撤退时，沿途的钵形城、泷山城等要害再出兵攻击。

武田方的西路军，是小山田信茂所率领的郡内军团，有骑兵200人，杂兵900人，于九月二十三日东进到达泷山城附近的户取山，此时泷山城的北条氏照有骑兵300人，杂兵2000人，看到小山田信茂的兵力不多，北条氏照便率军出城拦截，反倒被小山田的投石部队与分段突击打个措手不及，丢下200多具尸体又退回了城中。小山田信茂得胜后也不攻城，径直绕过泷山城进入武藏，与已到达蝇岛布阵的信玄主力会合。

与小山田军会合之后，武田信玄全军西进，摆出全力进攻泷山城的架势，试图引出小田原城的北条主力来救。攻打泷山城的大将为四郎胜赖，山县昌景、武田信廉为副将，内藤昌丰、真田信纲为先锋，将小小的泷山城围了十重二十

重，然而蜂拥上前的武田军遭到了北条氏照的誓死抵抗，尽管武田军攻破了泷山城的外墙，但却被北条氏照率着亲信武士挡在了二城的门外，加上城头铁炮与矢雨攒射，在外城与二城之间的平地上不久就堆满了武田军的尸体。攻城的大将诹访胜赖时年24岁，当时头戴鹿角盔、身着红丝系的铠甲，外套着五色鸟毛为点缀的阵羽织，立于武田割菱旗下。他看到众军迟滞不前，便一夹胯下的月毛马，舞着长枪亲自上前攻城，守城方的武将师冈山城守一见敌方大将出马，也舞着枪头长达三尺的大身枪上前截击，两人沿着城墙走马相斗，打累了便回阵歇息，歇好后又上前交手，当日一共交手三次都杀得难解难分。蝇岛的武田信玄得知此事后，不想胜赖有所闪失而折了武田军的士气，便下令撤除泷山城的包围，合兵一齐向小田原城进发。北条家在骏河边境上的驻军，原本有18000人，由于武田信玄六月对伊豆的进攻，北条氏康又派出12000人前去加强该地的守备，此时在小田原城中仅剩下8000人，信玄已经占有了兵力上的优势。

武田军的先锋为信浓先方众：内藤修理亮昌丰、小山田左兵卫尉信茂、芦田下野守信守、安中左京进、保科弹正忠正俊、相木市兵卫昌朝、栗原左兵卫、板垣三郎信赖，以及诹访四郎胜赖。

第二阵为：浅利式部丞信种、原隼人佐昌胤、迹部大炊介胜资。

第三阵为旗本的前队：左阵为市川宫内介、驹井右京进昌直、武田左马助信丰（信繁之子）、马场美浓守信房；右阵为武田兵库助信实，以及诸国浪人200骑。

第四阵为旗本本队，由足轻大将长坂钓闲斋、大熊备前守（朝秀）、小山田大学介等组成。

旗本后备为武田信廉、一条信龙，以及甘利晴吉的辎重队。

山县昌景、小幡信贞、真田信纲、真田幸辉四队作为游军，于大军前进时前后警护。

九月三十日，2万武田大军进至小田原城下，小田原周边的金田、妻田、冈田、原木、莳田、青木等副城首先遭到武田军的攻击，北条氏康的妹夫莳田领主吉良左兵卫督赖康当场战死，其余的北条方领主纷纷放弃土地与城池，躲入小田原城中。以安房馆山城城主里见义弘为首的大小关东诸侯也纷纷前往城下参见武田信玄，当时的情景一如上杉辉虎出阵关东时的景象。

十月一日，内藤昌丰的先锋部队率先从早川口向城门发起冲锋，武田的其他部队相随在后，拉开了攻城战的序幕。最开始北条方也没有一味防守，而是派出了寺尾丰后守、町田兵库助、神名图书助、木部骏河守、阿久津大学助、久保岛、矢岛、木原、长沼九支部队迎战。当时马场信房本人在侧门方向，他的部将早川幸丰跟随内藤昌丰一起参加了对正门的进攻，两人采用来回轮流突击的方式，将北条的九支部队打得溃不成军。随后北条军全部退回城内，仅靠远远地射出铁炮矢石，阻挡武田军的逼近，追在最前面的内藤昌丰也被铁炮打伤两处。接下来武田军攻城数次，都被城内的严密防守挡回，为了示威，信玄下令将零星散落在小田原城外的农舍、田地、武士府邸全部烧毁。站在小田原城头的北条军，当时在夕阳下看到仅能看到敌军人头攒动，一片片红盔红甲红旗的赤浪，以及满山遍野的浓烟滚滚。

接下来武田军又攻城四天，却连小田原城的外墙也没法突破，武田信玄意识到，继续这样拖下去，不外乎是当年上杉辉虎围攻小田原数月无果的翻版，而且骏河、伊豆方向的3万北条军一旦回援，战局将对己方不利；从目前的战局来说，已经在一定程度上达到了震慑北条氏康的效果。到了十月四日早上，信玄便下令拔营起寨，全军退走，不过他也不是直接狼狈退回甲斐，而是徐徐向东，顺路先去参拜了清和源氏的家庙镰仓鹤冈八幡宫。

见到武田军撤退，北条氏康派出以松田尾张守为守的部队往镰仓方向进行追击，遭遇的却是以谏访胜赖为主将的武田家殿后部队。每有追军追上来，胜赖便带队回马迎上前去，与敌军战成一团，从小田原城到酒勾川之间的广阔原野上，一天之内两军如此交锋四次，其间谏访胜赖本人与松田宪秀属下的大将酒井十左卫门亲自交手拼刀三回。随着离小田原城越来越远，再追击的风险也越来越大，北条军追到酒勾川边上，便转头撤回了城内。

参拜过鹤冈八幡宫后，武田军又一路向西，踏上了漫漫归途。

— 第五章 —

三增岭合战

在由相模通往甲斐的要道三增岭上，小田原以外的北条部队全部集结到了一起，这支大军以北条氏康的三个儿子北条陆奥守氏照、北条安房守氏邦、北条左卫门佐氏忠为首，武藏、相模、下总的国人领主成田下总守长泰、上田朝直入道暗砾斋、富永四郎左卫门、高城藏人胤吉、北条上总介纲成、北条左卫门大夫氏胜、原式部大辅胤荣，以及江户的远山氏、荒川氏也都参列其中，总兵力2万余人，抢先扼守住三增岭下的荻野平原上，等待返程的武田军过来一战。另外，北条氏康又派嫡子氏政带领1万人的援军赶赴战场。上一次上杉辉虎从小田原撤退，便是被北条军以这样的方式袭击过辎重队，这一回北条家又想故技重施。

进军的途中，武田信玄不断找来附近的山民查询情报，北条方在三增岭的动向被一个名为杉屋金大夫的农民通报给了信玄。靠近三增岭的时候，信玄便将甘利晴吉的辎重部队夹在诸军之中。由于看不到武田方的辎重人员，三增岭上的北条氏照特意派出设乐越前守作为斥候上前查探，武田方发现后，出动骑兵将设乐赶回了山中，但是辎重队的行迹已被北条方探明。为了确保万无一失，信玄将辎重队的主将换成了内藤修理亮昌丰，当

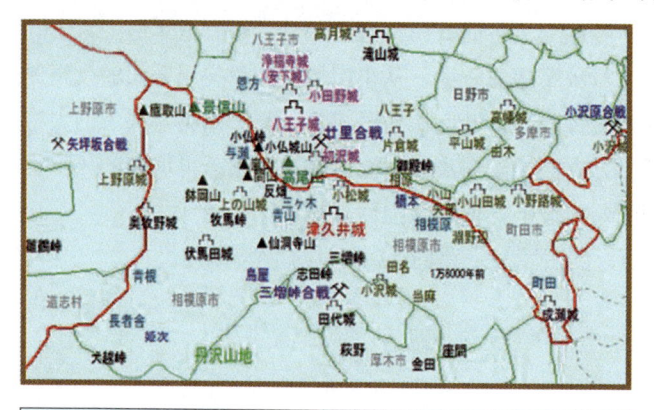

◇ 三增岭的位置

时昌丰一听要去带辎重队，满肚子的不高兴，信玄便说道："当年上杉辉虎进攻小田原时，便是因为辎重队崩溃而全军退走，与北条作战，辎重的责任甚至超过了战队，原本我是要自己带队的。"昌丰这才满心欢喜地接下了任务。

十月六日，武田军开始翻越三增岭，三增岭有两条山路通往甲斐，一条路在山的西面，名为志田岭，虽然狭窄崎岖，但却离甲斐街道较近；另一条在岭东，虽然较远，但是可以容纳辎重队通过。针对以上情况，信玄以小幡信贞为前队，将主力侍大将真田信纲、小山田昌行、小山田信茂、真田信辉、芦田信守、小笠原扫部、迹部胜资以及栗原、板垣的部队排成长蛇阵，迅速从志田岭翻山，同时山县昌景率领九队骑兵作为游军紧随其后作为掩护。在山的另一边，尚有一座北条家的城池津久井城。武田家前队的小幡信贞率领1200人最先到达津久井城下，便四处放火虚张声势。津久井的领主内藤一族此时正跟随北条主力布阵在山南的荻野，因而对于翻过山头的武田军也无力做出阻挡。在小幡队的掩护下，武田的侍大将战队也陆续越过了志田岭。内藤昌丰的辎重队则在浅利式部丞信种的掩护下走东面的三增岭大路。信玄自己坐镇于两道之间的高山上，并派诹访胜赖与马场信房在山下左右接应。

当武田家的主力从志田岭翻过大山之后，内藤昌丰的辎重队还在岭东艰难前行，跟着的浅利信种队进入了山下一片池塘地区，其南面有栗泽、云泽、桶尻、云沼，西面有云渠、深渠两个池子，在这样的地形下无法摆出阵势。看到这个情景，信玄马上下令诹访胜赖与马场信房前往池边掩护，又派出本阵中的三枝守友、武藤喜兵卫昌幸、曾根内匠介昌世上去接应。在岭下平原上的北条军也看到了这个机会，

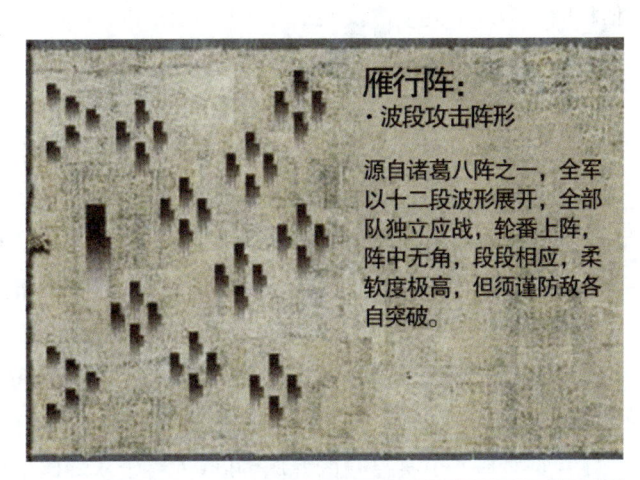

雁行阵：
· 波段攻击阵形

源自诸葛八阵之一，全军以十二段波形展开，全部队独立应战，轮番上阵，阵中无角，段段相应，柔软度极高，但须谨防敌各自突破。

◇ 雁行阵

◇ 浅利信种的墓所

以北条氏照与北条纲成为先尽数杀出直扑向岭东。

在马场信房与诹访胜赖两军还未来得及会合的时候，高举着地黄八幡旗的北条纲成黄备骑兵已雷霆万钧地从两军之间穿过，与浅利信种的殿后部队战成一团。看到"地黄八幡"的战旗在山下来回驰突，不少辎重兵吓得赶紧放弃辎重翻山逃命。眼看全军即将崩溃，内藤昌丰与浅井信种急忙各自回头与北条纲成展开死斗。外围的马场信房与诹访胜赖也在其余北条诸军的围攻下苦苦死撑。诹访胜赖队与北条氏照之子大石远江守的部队接触，冲在阵前的诹访胜赖一度被大石旗下的四名武士相川甚五兵卫、伊藤玄蕃允、原大隅守、石坂甚兵卫围攻，后来从骑赶到才脱离了险局。

信玄在山上看到战况不妙，一面命武田左马助信丰带队上前收拢四散奔逃的辎重兵，另一面又传令让山县昌景的游骑赶往东边支援。然而在东面，浅利信种队已陷入了绝境，浅利信种本人在来回驰突奋战中被北条纲成队的铁炮打中，落马而死，他下属的部队开始全面崩溃。前来接应的旗本武将曾根内匠介随后奋勇上前，高喝道："军监曾根内匠介在此，汝等若临阵逃跑，怎对得起浅利殿的名将之誉，是勇士就请留下来！"随后曾根接替战死的浅利信种，将败军收集到一起，继续抵挡北条纲成的突击。

在另一边，马场信房独挡着北条氏照、北条氏忠、成田长泰、富永四郎左卫门等武藏军团的冲击。赶来增援的武藤喜兵卫昌幸抢先杀到，还取得了最先突入敌阵的"一番枪"大功，马场阵中的两个大力和尚根来法师与鸢大贰房也不甘落后，跟着武藤昌幸杀入北条军中。三人左砍右劈，连续斩倒北条方八名武士，马场队也跟着一拥上前，暂时与对方战成了平手。

片刻之后，山县昌景的九队5000人终于从岭西下山，在平原上摆成雁行之阵，朝着战场疾速前进，岭上的武田左马助信丰也率军下山加入战局。山县昌景的骑兵队到达战场后，对北条军发起分段轮番突击，躲在最后方的北条弓箭手最先被打散，北条军各阵跟着也被一一突破，随着山县军九队骑兵如阵阵黑云般卷入战团，北条方最后陷入总溃退。

等到北条氏康的嫡子北条氏政带着后续部队到达战场的时候，满山遍野净是尸体和逃兵，武田家的部队已安然撤往山另一边的甲斐，到此氏政也只好悻悻地收拾残军，退回小田原城，事后他因为晚到战场一步，还受到了父亲氏康的责骂。这一战双方出动的总兵力接近5万人，号称日本战国时代最大规模的山地战。战后的统计是北条方战死者达到3270人，负伤者9000余人，武田家也有900多人战死。北条氏康后来感叹道："吾一生出战三十六度，只有三增岭一战惨败，信玄公真乃日本第一之名将。"而信玄则对随从们说道："能打败年长我六岁的氏康，实在是这辈子没有奢望过的事。"另外，战死的浅利式部丞信种，本是箕轮城城主和武田家在西上野的总大将，事后信玄便将内藤昌丰任命为箕轮城城主，接替了浅利的位置。

— 第六章 —

再战骏河

武田军的关东攻略与三增岭之战，使得北条家抽出驻守在骏河与伊豆的兵马回援关东。同年十一月五日，武田信玄又出兵伊豆、骏河，杀了北条家一个措手不及，北条方的足柄、新庄、鹰巢、长久保、山中、弘国寺、善德寺、神田、屋布等九座城池陆续陷落，守江芳贺伯耆守、北条常陆介、松田新次郎等陆续逃回小田原城。

骏河深泽城主，乃是北条纲成之子北条氏繁，自从地黄八幡在河越夜战中一战成名后，关东的武士们都尊称这一家为"八幡殿"。北条氏繁也是不逊于其父纲成的勇将，因为战功也从北条纲成处受赐过一杆"地黄八幡"旗。不久前的三增岭合战中，父亲北条上总介纲成再一次以其鬼神之勇名震天下，而北条氏繁驻守深泽城却未战先退，在撤退途中连"地黄八幡"旗也被武田军抢走，成为一时的笑谈。事后这杆名震关东的大旗被信玄赐给了真田幸隆的末子真田隐岐守信尹，成为真田家的家宝。

到了十二月五日，北条家在骏河东部的城池，仅剩下北条新三郎纲重镇守的蒲原城。北条纲重是北条氏康的堂兄弟，其父北条长纲入道幻庵是北条早云末子、北条家现存的年岁最高的长老，同时也是名动关东的武将。为了不让父辈的声名蒙羞，北条纲重决定死守蒲原城。武田军进至城下时，守城方的风魔忍者石卷弥三郎乘夜潜入信玄第二子海野龙宝的营中，搅得武田军人仰马翻，此事大大鼓舞了守城方的士气。而信玄根本不想在这座小城上耗费时间与兵力，于是也派出忍者，向城里放出风声：因为守城的忍者过于厉害，武田军准备放弃攻城，直接向西面的萨埵山进发。十二月六日天未亮时，武田军果然拔营起寨，由井仓泽向萨埵山行动。城内的北条纲重见状便带着守城军一起杀出，前去追击武田军。等北条军冲到近前，武田方埋伏好的小山田昌行与诹访胜赖一起杀出，从左右两边把北条纲重的部队冲成数段。到此时纲重终于知道中了陷阱，于是又掉转马头回城，但小山田与诹访一路紧咬着不放，最后守城军甚至来不及关门，武田的骑兵便紧跟着北条纲重冲进了城中，紧跟上来的步卒们也从四面八方拥入城内。眼看城池即将陷落，北条纲重与其弟箱根长顺带着仅余的28骑又向外突围。来回冲刺几次之后，杀到身边来的武田军却越来越多，而纲重身边的随从越来越少，片刻之后只剩下10骑。到了最后，武田军在纲重兄弟10骑身边围成一圈，静静地看着10人一起下马切腹自杀。武田方战后一统计，取下的首级足有710个之多，这一战，北条家的同族也在城内战死多人。

蒲原城攻落之后，武田信玄向西越过萨埵山，再度攻入今川家的领地。在骏府城下，武田军遭到今川方勇将冈部次郎右卫门尉正纲的抵抗，后来通过临济寺的和尚游说，冈部正纲打开城门向武田家投降。出于对正纲武勇的欣赏，信玄在保全他原有300贯领地的基础上，又给他加增了3000贯，任命他为统领50骑的侍大将。第二天正月，冈部正纲与其弟冈部正信一起作为武田家的骏河先方众，带着武田军攻落了花泽城，其余的藤枝、得一色等城陆续向武田家开城投降。第二年年初，原今川家领地基本上全部落入武田家之手。信玄又命令传承了勘助流筑城术的马场信房扩建江尻城，并将山县昌景配置于该城，作为骏河方面的军事重镇。

永禄十三年（1570）四月五日，趁着武田信玄率军回甲斐休整，北条氏政以松田宪秀的3000人为先锋，自己亲率38000人在后，攻落武田家的深泽城，乘势又陆续攻占了骏河东部的数座城池。七月，信玄走富士山下的大道，率领27000余人攻落神田、布屋两城，直指北条家在伊豆的首府韭山城。七月二十六日，北条方的先锋笠原能登守、芳贺伯耆守从板妻出阵，与武田家的山县昌景遭遇。一场力斗之后，山县昌景取下首级430余枚，将北条两将赶回了板妻城。接下来，惧于武田方的攻击力，北条氏政只是凭山为险死守，再不主动出战。从七月底到八月中，两军一直相持于伊豆的三岛—韭山一线，眼看对方无隙可乘，到了八月底，信玄留下山县昌景为骏河方面的主将，自己撤军返回了甲斐。

就在武田信玄与北条家相持期间，京都的局势出现了重大变化：织田信长于永禄十一年（1568）拥立足利义昭进京后，只是把这个新将军当作受自己指挥号令天下的傀儡，为此特地于永禄十二年和十三年初制定了一套名为《殿中御掟》的行事准则约束将军的行动，其核心内容是禁止将军直接与府外之人接触，所有要事都须先向织田家禀报。以堂堂大将军之身，却受到囚徒般的待遇，义昭怎会甘心，随后他便通过亲信向全国各地的大名们发出密信，要求大家联合起来消灭织田家。永禄十三年（1570）四月，先是越前的朝仓义景与近江国主浅井长政联合起来，于金崎对织田军进行了夹击，随后比睿山延历寺的僧众、摄津的三好三人众、大和的松永久秀也纷纷向信长宣战。同年九月，一向宗的座主显如上人也在石山本愿寺举兵。如日中天的织田家在畿内陷入了战争的海洋。九月上旬，足利义昭的两名使者松原道友与尼子新左卫门来到甲斐，将义昭的求援信交到了信玄的手上。为了让信玄放心地出兵，义昭同样还邀请了越后的上杉辉虎上京。

◇ 北条氏政

将军的求助，成为信玄上京的大义名分，为此与织田、德川绝交，发兵西上也被提上了武田家的日程。然而伊豆、骏河的北条大军已将信玄的主力拖住，武田家当年年底仅派出山县昌景对德川家的远江展开了小规模进攻。第二年年初，南信浓的秋山信友也率领2500人杀入织田家的东美浓，攻落明智、远山两座城池后便再无法前进。为了与德川、织田全力一战，信玄不得不准备谋求与北条家议和。

永禄十三年（1570）八月，关东的北条氏康由于患上胃癌，病入膏肓，在不久于人世之际，他一度也对同族与重臣们提出想与武田家媾和，因为北条与武田的骏河之争，只是领土与利益之争，论及道义，武田家并不亏欠北条，不仅在早年的河越夜战时给过氏康一个人情，而且在征战上野、武藏时期，每当北条家需要支援之时，信玄都会默契地出兵支持；上杉辉虎攻打小田原的危难时刻，信玄也派出数百骑的部队进入小田原协助守城。而北条与上杉结盟的两年中，从伊豆到小田原、再到三增岭之战，作为盟友，上杉辉虎对于北条家的求援一直都是敷衍了事，从未真正派出过一兵一卒，所以到临终的时候，丢开利益纷争来看，氏康觉得还是武田这个盟友较为厚道。然而在北条的家臣里面有丢掉了领国的女婿今川氏真，也有失去了爱子的叔父北条幻庵，由于他们的抗议，氏康不得不把讲和的念头暂时搁下。

永禄十三年年底，天皇诏令改年号为元龟元年，这一年的十二月，越后的上杉辉虎也出家为僧，法名为上杉辉虎入道谦信，和"武田信玄"类似，后世更多地称他为"上杉谦信"。

十二月中，北条氏政带着36000大军，与北条氏照、北条幻庵、北条氏繁等同族一起攻入武田在骏河东部的领地。元龟二年（1571）的元旦朝贺过后，信玄也倾力出兵，两军又在骏河边境相持了两个多月才各自退兵。这一年十月三日，关东巨人北条氏康在小田原城内病逝，享年57岁。临死前，他给继承人北条氏政留下的遗言是："破除与上杉家的盟约，和武田信玄重新结盟。"这位强大的对手与朋友离世的消息传到甲斐，武田信玄有些寂寥惆怅，对于氏康的遗言，他也是感慨万分，当即便下令停止与北条家在各地的战事，以示对氏康的哀悼。十一月，信玄又把从北条家手中夺下的御岳城等几座城池还给了北条氏政；而在北条氏政方面，则将弟弟北条氏规与氏忠送往甲斐做人质，又把今川氏真从伊豆流放，后者转而前往德川家寻求庇护。十二月二十七日，按照氏康的遗愿，武田信玄与北条氏政正式缔结了同盟。

武田与今川的同盟，是由武田信虎所缔结，并在信玄放逐父亲的基础上进行了强化，有着很明显的功利色彩。等到今川义元去世，信玄便毫不留情地撕毁了盟约；武田与北条的同盟，却是在北条受到今川与关东两上杉的围攻时缔结的，或许这也是因为信玄看到氏康身上的强者气质而做的早期投资。随着北条家在关东的壮大，武田在甲信的扩张，两家的同盟也可视作是一种强者之间的友谊，因为惺惺相惜所以才会持续多年。而北条家对今川的支援，相当程度上是出于亲情和道义，北条氏纲留给氏康的遗训五条中便有："无论大名或武士，万事以道义为先。违道义之人，纵能夺取一国，亦将受后世之辱詈。"所以北条氏康一生虽然背负着下克上的重担，但是对于盟友却是始终坚持道义为先，这也是北条家以外来者的身份，却能扎根关东，成为关东八州霸主的奥秘。武田信玄对今川家的无情与北条氏康对今川家的道义，成为两家苦战两年的死结之因，所以北条氏康最后借着死亡把自己的坚持带走，给继承人北条氏政留下了一副相对轻松的担子。

— 第七章 —

通往京都之路

元龟三年（1572）正月，越后的上杉谦信出阵关东，讨伐破弃了越相同盟的北条氏政。谦信率军进入上野厩桥城后，为了声援北条，武田信玄兵发西上野，最后两军隔着利根川对峙了数日，没有交战便各自撤军了。这是信玄与谦信的最后一次对阵，也许当事双方都把此次碰头当成了上京前的告别仪式。由于北条氏康的去世，接下来数月，号称关东八家的豪族小山、里见、佐竹、结城、小田、那须、宇都宫、千叶以及太田、由良等豪族陆续对北条家发起进攻。这一时期，信玄带着武田军出阵于关东，协助北条氏政镇抚各地的豪族，因为氏政不仅是盟友和北条之主，也是信玄的女婿。此时信玄嫁到北条家的女儿菊姬已经病逝，为氏政留下了三个儿子，把一个稳定的北条家留给外孙，也是信玄的心意。

等到关东之事初定，正要出阵上京时，一场肺病将信玄击倒，具体的病状大抵是肺炎或肺结核，由此出现了咯血。到了九月中，稍为有所好转，信玄便挣扎着起身，加紧部署上京作战的准备，因为这场大病他意识到自己的身体已经在迅速衰竭，再不向京都进发恐怕就没有时间了。

在上京之前，信玄命原昌胤及迹部大炊助胜资制定了十八条法度以约束诸国武士今后的行事，又招来马场信房、内藤昌丰、高坂昌信、山县昌景四将商议了几个事项：

• 我若上京成功，也不会在京都筑起居城，还是会回到领地上来。现在的居城蹴鞠崎馆处于平原之上，并不利于防守，一旦有逆臣作乱，危害难以控制。骏河的清水之地，乃是建筑居城、号令天下的最好去处，马场信房可以准备新城的设计图；

• 大阪的本愿寺显如上人是将军仰赖的对象，也是本家的盟友，可将我与油川夫人的女儿阿菊嫁给显如的嫡子教如上人，让两家结为永世之好；

• 在相模与甲斐的交界地星谷筑一座城池，名为"新镰仓"，今后会把足利将军迁于此处以便控制，再建立屋敷以便安置前来降伏的天下大名，并招徕京都与界町的商人及各个宗派的僧侣，将新镰仓建设成为关东第一的繁华之地，马场信房应着手此城的设计；

• 进入京都之后，由小山田信茂、高坂弹正忠昌信、三枝勘解由左卫门尉守友三人每年轮流担任京都的所司代（长官）；

• 一统天下后，全日本66国，除去京都所在的山城国外，有40国留给降伏的大名们，4个国作为武田本家的藏入地，另外20国将全部封赏给谱代的侍大将们。

在美好蓝图的驱策下,武田信玄集结起甲斐、信浓、上野、飞騨、越中、骏河六个国的兵力约28000人,加上北条氏政派出的援军2000人,开始了上京作战。九月二十九日,山县昌景率领5000人为先锋,由骏河向远江西进。十月三日,信玄自率2万人从踯躅崎馆出发,走南信浓,经伊奈郡的青崩岭向南攻入德川家的远江。另外秋山信友率领3000人,从南信浓向西攻入织田家的美浓。

◇ 武田进攻德川路线图

元龟元年(1570),德川家康在取得远江之后,便把居城由三河国冈崎城移到了远江的滨松城。武田信玄从南信浓向南攻,便是要切断滨松城与西面的三河以及织田家的联络,同时信玄与山县昌景两军开始对德川家在远江的据点进行各个击破。

十月十三日,在马场信房的进攻下,只来城开城投降,随后由于信玄的2万大军进逼,天方城、一宫城、饭田城、格和城、向笠城也在一天之内陷落。为了侦察武田军的动向,德川家康亲自带领3000人与本多忠胜和内藤正成前往战场,结果于十四日在一言坂与信玄的主力遭遇,一番激战后,寡不敌众的德川军又逃回了滨松城。而山县昌景则直接穿过远江进入三河,攻落德川方的井平城,又降伏了被称作"山家三方众"的三家三河豪族奥平氏、田峰管沼氏及长篠管沼氏,秋山信友也攻落了织田家在美浓的重镇岩村城,一时间原来臣从于织田、德川的豪族们纷纷转而投向武田家。

十月十五日,信玄本队攻落勾坂城,第二天包围了德川家的重镇二俣城。该城背靠天龙川,是滨松城最后的屏障,德川家在二俣城内配有守兵1200人,守将为中根平左卫门尉正照。由于二俣城位于天龙川与二俣川的丘陵之上,占尽险要,所以高坂昌信战前曾建议信玄放弃该城,径直西上,毕竟1200人的

◇ 井楼

战力也不会对战局造成太大的危害。而信玄则预计在滨松城下难免会有一场大战，二俣城正好可以作为后方的基地，于是否决了高坂的建议。十月十八日，武田军开始攻城，由于二俣城的正门位于陡坡之上，阻碍了武田军的冲击速度，加上城头密集的矢石，导致武田军多次冲击失败，从十月到十一月，信玄的主力一直被拖在了二俣城下。

到了十二月，武田军发现城内并没有水源，守城方在天龙川岸边设置了大量的井楼用以取水，这是断绝城内水源的机会。于是信玄让诹访胜赖与穴山梅雪、武田信丰等将领在天龙川上游编制竹筏，编好后乘竹筏顺水而下，用竹筏的冲击力将井楼一个个冲垮，然后再驱散井楼下的守军。以这样的方式，武田军终于断绝了二俣城的水源，到了十二月十九日，守将中根正照以带着守军退往滨松城为条件，开门让出了城池。

在长达一个月的围城战期间，在三河北部的山县昌景裹挟着山家三方众的兵力到达二俣城下与信玄会合，远江的豪族饭尾、神尾、奥山、天野、贯名等豪族逐渐认识到信玄与德川家康的实力之悬殊，纷纷前往信玄的阵中表示效忠。另一方面，织田信长也得到德川家危在旦夕的消息，但是信长却苦于被畿内的诸大名围攻，仅派出了部将佐久间信盛、林佐渡守秀贞、水野下野守信元、毛利河内守秀赖、平手甚左卫门汎秀以及"美浓三人众"稻叶一铁、安藤守就、氏家卜全作为援军，将领虽多，兵力却只有3000人。

取下二俣城之后，武田信玄隔着天龙川便可遥望到德川家康的居城滨松城，两城之间的距离还不到一里。

第八章

三方原之战

元龟三年（1572）十二月二十二日，武田信玄的 25000 大军从二俣城出发，渡过天龙川，进入滨松城北面的三方原台地，然而靠近滨松城时他却并未下令攻城，只是让诸队在前，马场信房、山县昌景、诹访胜赖三将在后守备，全军直接从滨松城的正北面通过，继续向西前进，丝毫不理会守城的德川军。暗地里信玄却已向众将交代过："德川家康乃是继今川义元之后的东海道第一良将，如若不将他的主力击败，向前有织田信长，向后被家康截断退路，万一上京路上作战失败，那么连甲斐都回不了了，当下的布置便是为了将德川军诱出城来野战。"

滨松城内的守军看到武田军离城远去，都欢呼雀跃，而德川家康却气得脸色苍白：他本以为武田军会围攻滨松，己方尚有 8000 兵力，加上织田家的援军 3000 人，守城绰绰有余，正好可以借城池拖住武田军，等待织田信长获胜后派出更大规模的兵力来援。现在武田信玄弃城不攻，直往西去，万一攻入了信长的尾张、美浓，自己作为盟友不仅会担上弃战自保的丑名而颜面无光，东海道的豪族也会陆续唾弃德川家，另外，信玄的行动也是在藐视自己。背负着众多的政治责任和咽不下去的一口气，德川家康不得不改变战术，出城与信玄一战。这一年，武田信玄 51 岁，德川家康 30 岁。

然而德川家康也没有贸然对武田军发起进攻，只是率军悄悄出城，到达武田军背后的祝田坂山坡上，准备从上往下向武田军的后队发起冲击。然而当德川军冲下的时候，武田家后方的侦骑已把敌方的动向报告给了信玄。信玄一声令下，武田军全部掉转了马头，这时本是作为殿后部队的马场信房、山县昌景、诹访胜赖三员勇将，转眼间便成了前锋，武田军摆出的是中央突破式的鱼鳞阵。

一看到武田军毫不慌乱地回头，并迅速摆出攻击阵形，德川家康便知道自

◇ 鱼鳞阵

己中了计，待要往回跑，背后却是陡峭的祝田坂，若是不顾武田军而去爬山，面临的将是敌方的追击与屠杀，到了这个境地，也不得不硬着头皮一战了。随后他摆出的是两翼展开的十二段鹤翼防守阵形，将本阵缩在最后方。

随着战鼓擂起，武田军各队并马向前，向鹤翼阵的两翼发起了冲击。

德川军的右翼最外层是小笠原氏助队，与武田家的马场信房队一接触便被打散，小笠原本人受到几次冲击便落荒而逃，连战旗和马印都被马场军的武士抢走。与马场信房并行前进的小山田信茂队，突入了德川方的第二层中根正照军，将中根逼退了300米左右，随后马场信房又追了上来，两军一夹击，便把中根队打散。事前中根正照与部将青木正治一直深以让出二俣城为耻，这一次又被武田军突破，当下也不再抱活下来的念头，各自高呼着自己的名字冲入武田军中奋勇战死。

进攻鹤翼阵左翼的山县昌景，本来已将德川方的前队打散，家康看到昌景的赤备骑兵，更不敢怠慢，急令后方的酒井左卫门尉忠次带着数队旗本上前截击，酒井诸军从侧翼横枪突入，使得山县军开始混乱。此时在距山县不远处鏖战的诹访胜赖见状，便将一把大刀缠在手上，喝令本队从混战中脱身出来，向左突进前去救援山县昌景。其亲随武士安部加贺守与土屋总藏紧随在胜赖身边，三人如凶神恶煞般冲入酒井阵中连斩数人，山县昌景得到喘息后也掉过头来与诹访胜赖会合，两军一起将酒井忠次部击溃。

德川军的两翼被打散后，武田军的土屋昌次、真田信纲、内藤昌丰、穴山梅雪、武田信丰、小幡信贞、迹部胜资、高坂昌信队也陆续杀入战局，德川方仅余的本多忠胜、鸟居元忠以及来自织田家的3000援军开始全面溃败。德川家的将领鸟居忠广、成赖正义、日下部兵右卫门、小栗中藏、岛田治兵卫以及织田家的平手汜秀都在乱军中战死。随着德川军陷入总溃退，家康身边的亲信赶紧扶家康上马逃走，其中一人夏目吉信穿上家康的铠甲，另一人铃木久三郎夺过家康的指挥扇，各自高呼着自己便是德川家康，作为替身冲入武田军中战死，德川家康逃跑时由于惊吓过度，甚至在马上泄出了大便。

◇ 德川家康的颦相

到了入夜时分，德川家康终于逃入滨松城中，入城吃过一碗茶泡饭，他才冷静下来，命令打开城门，在城内点起篝火。武田军的先锋马场信房与山县昌景追到城下，看到城内灯火通明、城门大开，便下令停止攻城。不过这个空城计与中国的三国时代诸葛亮对司马懿的故事过于相似，熟知兵法以及中华典故的信玄未必真的看不出来，或许是出于对家康的胆识与智计的赞赏，信玄到后来还是没有进攻滨松城，否则未来的德川幕府是否存在便是个未知数了。武田军退走之后，德川家康犹自两腿发软，浑身直冒冷汗，不过他仍然保持着绝对的清醒，急忙找来画师，画下了自己此刻极为窘迫的颦相，以做将来的警示。

战后的统计结果是，德川与织田方合计战死1535人，武田家战死409人。战后，信玄向在近江被织田信长打败的朝仓义景与浅井长政通知了胜报，并催促他们继续对信长出兵，织田信长本人则放弃了外围的战事，带领主力退回美浓，准备在美浓、尾张的老根据地与武田信玄一决胜负。

— 第九章 —

信玄之死

　　三方原之战以后，德川家在远江的防御体系已经全部崩溃，滨松城的家康也对武田军闻风丧胆。随后武田军在远江滨名湖北岸的刑部村休整半月，度过了新年。元龟四年（1573）正月初十，武田军从刑部村出发，越过宇利岭攻入德川家康的老家三河。

　　位于武田前方的，是由管沼定盈与松平忠昌所守的野田城，该城和二俣城类似，也是建在河边的丘陵之上，不过规模较小，仅有500人驻守。信玄到达城下仅是围而不攻，一个月之后调来甲斐的金掘众，挖地道掘断了城内的水源。到了二月十五日，守城方便被迫开城投降。随后管沼定盈与松平忠昌被送往滨松城，交换回了山家三方众在德川家康处做人质的妻子儿女。

　　然而攻落野田城之后，武田军再未采取进攻行动，而是撤往三河北部的长篠城，据说是因为武田信玄的肺病进一步恶化。据记载，早在永禄十一年（1568）信玄出阵骏河之前，医师板坂法印便已诊出他染上了肺病，同时多年的战争生活也让他的心力衰竭，最后竟成沉疴。而按照《松平记》等史料的说法，情况如下：武田军围攻野田城时，晚上城中常会传出悠扬的笛声，后来信玄时常会在晚上立在城墙不远的一棵大树下听笛，时间一长，他骑马的身影被城头德川方的士兵注意到。虽然黑暗之中，不知树下坐的是何人，但是德川军也猜测到对方大概是侍大将之类的人物，便找来神枪手鸟居三左卫门，等到信玄再一次坐到树下时，鸟居于暗夜中射出一弹，竟然鬼使神差地射中信玄，使他受了致命伤。不管真相究竟如何，到了这个时候，武田信玄已逐渐走到了他人生的终点。

　　随着信玄的病情加重，诸将护送他的病榻离开长篠，往北经信浓向甲斐返回。到了南信浓伊那郡的驹场，病情又进一步恶化，四月十一日夜，肺部的病导致信玄呼吸不畅，牙龈也开始肿大，为了缓解疼痛，医师帮他拔掉了六颗牙齿，但此时信玄已是出气多进气少了。眼看大限将至，信玄将亲人与谱代重臣们招至榻前嘱托后事，当时三个儿子诹访四郎胜赖、葛山三郎信贞、仁科五郎盛信以及弟弟武田信廉、一条信龙、武田信实与同族的穴山梅雪尽皆服侍在信玄身边，山县昌景等四大重臣也守在榻下。

　　信玄先是命人取来一个盒子交给胜赖，说道："这里有800张白纸，我已在上面画好花押，今后诸国有书状送到，便用这些带有花押的纸回信。我去世的消息，对外保密三年。在三年之后的四月，再把尸身穿上铠甲沉到诹访湖底水葬。"花押，类似于现代的签名，一般签名者都会在花押上附上某些特殊的图案作为自己独有的记号，外人即使模仿了，也会因为细节上的不同而被当事人识破。

◇ 武田信玄的花押

　　对于武田家的继承人选，信玄的安排更出人意料："继承武田家家督之位的，将是年方七岁的武田太郎信胜，信胜的父亲诹访胜赖作为辅佐人，在信胜16岁元服之前暂摄武田家的国政，等到信胜成年，把政务与御旗、盾无铠传给信胜。"信玄跟着又向胜赖交代道："越后的上杉谦信是我死之后唯一能打败织田信长的人，兼之他恪守武家之正义，今后你可与上杉家修好，一旦有难便向他求助。"另外信玄又把自己的"诹访法性兜"传给了胜赖，并任命武田左马介信丰与穴山梅雪为胜赖的副将。诸事交代完毕之后，信玄再也支撑不住，又躺下昏睡了过去。当夜，为了蒙蔽敌国的忍者，长相酷似信玄的武田逍遥轩信廉打扮成信玄的样子坐上乘舆，由六七人抬着前往甲斐。四月十二日申时，信玄最后一次醒过来，这一回拉住山县昌景的手，挣扎着说道："源四郎，明日一定要把旗帜插上京都的濑田！"继而抓起纸笔，写下自己的辞世词："大底还他肌骨，不涂红粉自风流。"搁笔之后便溘然长逝，享年52岁。

　　信玄去世之后，诹访胜赖回归本宗，改名为武田胜赖，成为家中的主事者。由于武田军突然撤军，德川家康也怀疑信玄已经遭遇不测，故而于当年五月试探性地攻击骏河、远江的武田领地，又策反了山家三方众的奥平贞能、奥平信昌父子，并将他们配置在夺回来的长篠城中。一连串军事行动的顺利以及奥平父子的回归，让德川家康确信武田信玄已经去世。到了1574年五月，武田胜赖率领 25000 大军南下，攻取德川家的坚城远江高天神城，才使得德川家全面反击的势头暂时被扼制下来。

信玄的去世，标志着信长包围网的瓦解。在元龟四年（1573）武田信玄军锋最盛之时，京都的足利义昭也在山城国的槙岛城举兵，与织田信长正式对战，信长在腹背受敌的情况下向天皇求助。同年四月，正亲町天皇颁下了令义昭与信长讲和的敕令。到了七月，足利义昭再度据二条城与槙岛城起兵，这时信长已从德川家康处获得武田信玄去世的情报，于是率领大军攻入山城国，将义昭的城池全部攻落，又把足利义昭从京都流放，统治日本 300 年的室町幕府就此灭亡。

足利义昭没落后，作为将军御伽众的武田信虎也失去了靠山，京都已成为织田家的势力范围，很难再有他的容身之处，与此同时，武田信玄去世的流言早已传遍天下，信虎听闻后也将信将疑地写信向甲斐询问家中的情况。借着这个机会，武田胜赖回信邀请信虎回归甲斐，从信虎被流放时算起，到这一年已有 32 年。

1574 年年底，80 岁的武田信虎与 29 岁的武田胜赖在南信浓的高远城正式会面。一番问候之后，信虎便问道："胜赖公的外祖父是谁？"长坂钓闲斋作为胜赖的侍从代为回答："胜赖殿下的母亲是故诹访赖满公的女儿。"信玄竟然纳了自己的外甥女为侧室，信虎闻言不禁开始变色，接着他又在家臣中寻找跟随过自己的老臣，然而坐在上席的尽是一些新面孔，不禁有些失落。长坂钓闲斋随后为他一一介绍道："这位是马场美浓守信房，原名教来石民部少辅，继承了故马场伊豆守虎贞的名迹；饭富兵部少辅之弟源四郎，继承了山县家，现名山县三郎兵卫；那一位是工藤下总输虎丰之子工藤源左卫门，继承了内藤相模守虎资的家名，现叫内藤修理亮，以上三人与甲州伊泽乡住民春日大隅之子高坂弹正忠昌信并列为家中四大首席重臣。"信虎一听，不免尴尬万分，这些重臣的家名或是被自己灭绝过，或是有亲人死在自己的刀下，但是以他的身份与傲骨，自然也不会向众将道歉，于是信虎索性两眼一翻，须发怒张地抽出宝刀，对内藤昌丰厉声说道："内藤修理，当年我连斩家中 50 余人，汝父便是死在我的刀下，你若想要报仇，也来吃我一刀！"这一装疯搞得家内诸人紧张万分，胜赖也不禁手心捏了一把冷汗。这时胜赖身边的侧近小笠原庆安斋走上前道："听说您手上这把刀也是武田家世代相传的奇宝之一，在下仰慕多年，今天有机会一见，想借来仔细一观。"信虎一愣，想来这也是个下台的办法，便把刀和刀鞘一起交给了小笠原，小笠原庆安斋拿过刀之后根本不看，只是将刀收入鞘中，交给了长坂钧闲斋。

事后，武田胜赖向信虎请辞先回甲斐，再派人来接信虎，但以长坂钧闲斋为首的亲信们却向胜赖谏言万不可让信虎回到甲斐，因为武田信廉、信实、一条信龙、穴山梅雪多是信虎之亲族，一旦信虎回到甲斐，胜赖将无法直接指挥这些人，而诸将多与信虎有着家仇，把信虎带在身边也会让众多谱代重臣无法安心，于是一番计议之后，武田胜赖便把信虎留在了高远城城主武田信廉身边。

自被放逐之后，对儿子武田信玄的仇恨与期待，这两种感情纠缠在心中互相争斗一直无法化解，反而成为支撑信虎继续度过人生的精神力量。但是随着信玄的去世，信虎这个解不开的人生之结突然消失得无影无踪，剩下的便只有心灵的空虚寂寞。第二年三月五日，武田信虎在高远城病逝，享年81岁。就在这一年，信浓的真田一德斋幸隆也去世了。

— 第十章 —

从长篠到天目山

武田信玄临终之前，将武田太郎信胜立为继承人，而没有立信胜的父亲武田胜赖，因为他知道自己这个儿子作为一个猛将表现很出色，但却没有当君主的气量。由于胜赖是在信玄去世后才由诹访家回归武田家，故而自执掌家政时起，胜赖就担心自己的威望不足以压服众多老臣，善于谄媚的长坂钧闲斋光坚与迹部大炊助胜资，由于主动向胜赖靠拢而成为近臣，这两人又利用胜赖对自己的信任而诋毁打压内藤昌丰、马场信房、高坂昌信、山县昌景四大重臣，长期的内斗成为武田家的衰亡之始。

在足利义昭被信长放逐之后，越前的朝仓义景、近江的浅井长政也陆续被

◇ 武田胜赖像

信长讨伐，第一次信长包围网几乎全面瓦解，在这个时期，武田胜赖却为了证明自己的实力，不顾信玄三年不出兵的遗言和众多老臣的反对，向如日中天的织田信长与德川家康展开了频繁进攻。

天正三年（1575）四月二十一日，武田胜赖率领15000人马进攻驻守长篠城的奥平贞能、奥平信昌父子，长篠城内的守军仅500人，奥平父子一面固守，另一面派人向德川家康求援，家康收到消息后马上向织田信长请求支援。不久织田信长亲率3万人东上三河，与德川家康的8000人会合，在长篠城下的设乐原布下阵势。当时山县昌景、马场信房与内藤昌丰得知织田信长此番亲自出阵，便向胜赖建议撤军，但在长坂光坚的怂恿下，胜赖仍决定进攻。

五月二十日夜，德川军的酒井忠次与织田军的金森长近率领约4000人的别动队，夜袭了武田家设在长篠城外的监视点鸢巢山砦，武田家的守将武田信实（信玄异母弟）与三枝守友、五味贞成、和田业繁、名和宗安、饭尾助友等武将陆续战死。而后援军又与守城军会合，对武田的败兵展开追击，在阻挡追兵的过程中，代替高坂昌信出阵、驻守在长篠城西有海村的高坂昌澄（高坂昌信之子）战死。由于鸢巢山砦被攻落，武田军便没了退路，不得不在设乐原上与联军决一死战。

战前织田与德川在设乐原上设置了大量的拒马栅，信长还带来了3000挺铁炮布置在栅的后面。五月二十一日，当武田的骑兵发起冲锋的时候，遭到联军的铁炮队分三段轮番射击，在向拒马栅突击的过程中，山县昌景与三枝守友最先被铁炮击中。随着攻势被打散以及猛将的战死，武田军逐渐开始溃退，织田—德川联军乘势发起了总攻。在掩护胜赖撤退的过程中，马场信房、内藤昌丰、原昌胤与真田兄弟也陆续战死，最后武田军几乎全灭，胜赖仅由百余名旗本武士护卫着逃回了信浓。

长篠一战德川与织田的战死者仅600人，而武田家的死伤则达到12000人，将领中的战死者除去以上提及的诸人外，还有土屋昌次、土屋直规、安中景繁、望月信永、米仓重继等等，可以说信玄时代积攒起来的精兵良将一扫而空。战后，武田四名臣中仅存的高坂昌信为了重建武田家的声势日夜操劳，在三年后也因劳累过度而去世。在长篠合战的同年十一月，织田信长向武田家在美浓的领地发起进攻，包围了秋山信友驻守的岩村城，到了十二月，秋山信友在援军到来无望的情况下开城投降，结果开城之后，信长却毁弃约定，将信友绑至长良川边处以磔刑。以上的种种失败，使武田胜赖的对外方针转入守势。

天正四年（1576），以上杉谦信为盟主的第二次信长包围网组成，随后上杉谦信也展开了上京作战。天正五年（1577），上杉军连续平定越中、能登之后，攻入信长控制的加贺。九月二十三日，上杉谦信以2万人在加贺国手取川击破了织田家大将柴田胜家率领的18000大军。当年年底，谦信返回越后，随

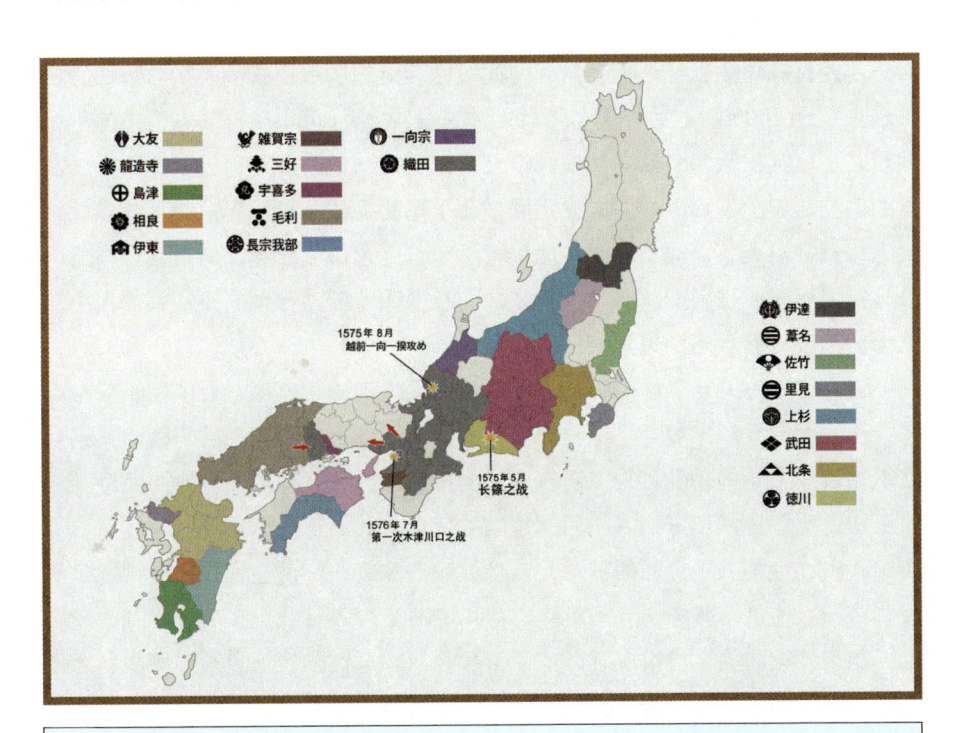

◇ 天正三年（1575）的日本形势地图

后发出总动员令，计划在第二年三月十五日开始上京作战，但是到了出征的前六天，即天正六年（1578）三月九日，上杉谦信却突然于越后春日山城去世，享年49岁。其死因据说是中风。

在谦信去世的前一年，经过高坂昌信的奔走，武田家与上杉家结为了同盟，随后胜赖又娶北条氏政的妹妹为继室，由此形成了短暂的甲相越同盟，但是随着上杉谦信的去世形势又发生了翻天覆地的变化。由于谦信去世前没有明确定下继承人，结果两个养子上杉景胜（长尾政景与谦信之姐仙桃院的儿子）与上杉景虎（北条氏康第七子、北条氏政之弟）为家督之位起了纷争，史称"御馆之乱"。在这场动乱中，上杉景胜获得了原来的谦信拥立派支持，其中最大的助力是直江大和守景纲的婿养子直江兼续，而上杉景虎则找来隐居的关东管领上杉宪政作为后盾，由此也获得了以前一直被新兴实力派压制着的旧守护家臣派支持，另外关东北条家毫无疑问也是上杉景虎的支持者。

最初上杉景胜受到上杉景虎、北条氏政、武田胜赖的联合进攻，一直处于劣势，经直江兼续献计，上杉景胜向武田胜赖身边的近臣长坂光坚与迹部胜资各送上黄金2000两，另外又赠予胜赖本人黄金1万两。在长坂与迹部的推波助澜之下，武田胜赖将妹妹菊姬嫁给上杉景胜，结成了新的甲越同盟。由于武田的倒戈，加上越后冬季的大雪阻碍了北条军的支援，孤立无援的上杉景虎终被上杉景胜消灭。而武田胜赖由此分得了东上野沼田的领地。但是武田与北条氏政的甲相同盟也因此便自动消亡了，而且受贿背盟与分地之事让武田家中的武士们尽皆对胜赖感到失望。

御馆之乱的另一个直接后果，就是北条氏政与德川家康、织田信长联合起来，从三面向武田家展开了进攻，而刚刚平定了越后的上杉景胜，随即又因封赏不均引发了新的动乱，根本没有余力支援武田胜赖，他的12000两黄金和一块沼田之地，让武田家陷入了四面楚歌的境地。此后在信浓、远江、骏河、上野，武田胜赖陷入了全面的被动，一旦胜赖进军远江，便会在骏河受到北条的侵扰；一旦他进军骏河与北条对阵，德川家康又会攻打武田家的远江、骏河之地。在这种顾此失彼的情况下，武田家在骏河、远江的领地逐渐被德川、北条蚕食，从上到下都弥漫着一种无助的气馁情绪。

从天正九年（1581）起，武田胜赖不再积极作战，而是在甲斐的韭崎地区建起一座新的居城"新府城",准备借着坚城防备有朝一日敌人攻入甲斐。为了筑城和军备,胜赖对各领地的领主都课以重税,进一步导致了重臣们的离心。天正十年(1582)二月,由于对筑造新府城而加重税赋不满,信玄的女婿、南信浓木曾福岛城城主木曾义昌投向了织田家。待武田胜赖讨伐木曾之际,却被木曾义昌带着织田家的援军打败。随后由熟悉信浓地理的木曾义昌引路,织田信忠从伊奈,金森长近从飞驒,德川家康从骏河,北条氏政从伊豆、关东全面向武田发起进攻。在南信浓,饭田城城主保科正直、大岛城城主武田信廉陆续弃城逃走,松尾城城主小笠原信岭向织田军投降;骏河的田中城城主依田信蕃在织田德川联军的攻击下降伏,武田同族的重臣穴山梅雪则由德川家康引荐,向织田信长投降。武田家中进行顽强抵抗的只有胜赖的五弟仁科盛信及武田信繁之子武田信丰,最后仁科盛信所守的高远城、武田信丰所守的小诸城相继被攻破,两人尽皆战死。

到了三月,随着织田军的步步逼近,武田胜赖放火烧掉还未完工的新府城逃走,这时甲斐的岩殿城城主小山田信茂,以及信浓岩柜真田家之主真田昌幸都邀请胜赖过去避难。真田昌幸是真田幸隆第三子,原名武藤喜兵卫昌幸,在两个兄长真田信纲、真田昌辉战死于长篠之后继承了真田家。由于真田家是武田家中地位逊于谱代的信浓先方众,而且昌幸本人继任不久,其实力如何并不为人所知;而小山田信茂却是武田家的谱代重臣兼郡内的大领主,信茂本人也是成名已久的猛将,另外胜赖或许还幻想着可以凭借小山田信茂为中介,与北条家达成和解,从而在关东得到一块容身之地,所以他最终以岩柜城雪深路远、无法成行为由,拒绝

◇ 武田信玄铜像

了真田昌幸，带着一家老小前往小山田家的岩殿山城。

三月七日，织田信忠进入新府城，将留在城中的武田家一门众、亲族众重臣全部处死，其中包括一条信龙、武田信廉。三月九日，武田胜赖带着嫡子武田信胜一行到达岩殿城外的竹子岭，然而岩殿城的小山田信茂此时却已倒向织田家，不但拒绝胜赖入城，还向胜赖一行发起攻击。到了这个时候，武田胜赖终于心灰意冷，他将家宝日之丸御旗与盾无铠交给途中盐山寺的僧人收藏，自己与从人一起逃往天目山。164 年前的应永二十四年（1417），武田家的第十三代家主武田信满遭到关东管领的进攻以及守护代逸见有直的背叛而走投无路，最后在这座山中自杀，由于这个典故，武田胜赖也把天目山选为自己的死地。三月十一日，胜赖一行在天目山下的田野被织田家的泷川一益队追上，土屋昌恒、小宫山友晴奋力抵抗，一度将织田军击退，土屋昌恒在这场最后的战斗中还留下了"单手千人斩"的名声。但是织田军的后续部队也在源源不断地赶来，众人最后一起爬上天目山，在山顶上，武田胜赖与嫡子信胜及正室北条夫人一起自杀，享年 37 岁，长坂钓闲斋光坚、土屋昌恒、秋山纪伊守等家臣为胜赖殉死。出自清和源氏新罗三郎义光的名门甲斐武田氏，绵延 450 年历经 20 代之后，就此灭亡。

武田信玄的名言："作战五分胜最好，七分胜为中，十分胜为下。五分胜让人继续自励，七分胜便生懈怠，十分胜让人骄傲自大。若一战取得十分之胜利，必然生出骄傲之心，随后必有大败。非战争如此，世事皆是如此。""人即城、人即石垣、人即堀；对己方有情义，待敌人如寇仇。"以这些质朴却又浑厚的精神，武田信玄一手缔造了日本战国时代最强大的军团。然而战国时代是一个群星璀璨的时代，前有村上义清、上杉谦信、北条氏康、今川义元，后有织田信长、德川家康等劲敌或朋友，周边这些强者的存在，给武田家的扩张造成了一层又一层的束缚，尽管武田家的辉煌最终没有能够延续到后世，但是武田信玄以层出不穷的谋略、宏大的决战来努力挣脱这些束缚，展现在世人面前的，是智者的谋略、勇者的激情，以及乱世中奋发图强的生命力，无论是其中的智慧还是勇气，都为当今人们应对现代社会中日益激烈的生存与发展竞争提供了典范。